Wert- und bedürfnisorient Segmentierung von Konsumgütermärkten

Sehr geehrter Herr Glaser,

ich freue mich, Ihnen heute ein Exemplar meiner fein erschienenen Dissertationsschrift übermitteln zu können.

Mit freundlichen Grüßen

Dr. [Unterschrift]

Norbert Georg Medelnik

Wert- und bedürfnisorientierte Segmentierung von Konsumgütermärkten

Eine empirische Analyse am Beispiel der Augenoptikbranche

Mit einem Geleitwort von Prof. Dr. Martin Benkenstein

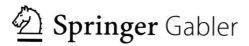

RESEARCH

Norbert Georg Medelnik
München, Deutschland

Dissertation Universität Rostock, 2010

ISBN 978-3-8349-3607-3　　　　　　ISBN 978-3-8349-3608-0 (eBook)
DOI 10.1007/978-3-8349-3608-0

Die Deutsche Nationalbibliothek verzeichnet diese Publikation in der Deutschen Nationalbibliografie; detaillierte bibliografische Daten sind im Internet über http://dnb.d-nb.de abrufbar.

Springer Gabler
© Gabler Verlag | Springer Fachmedien Wiesbaden 2012
Das Werk einschließlich aller seiner Teile ist urheberrechtlich geschützt. Jede Verwertung, die nicht ausdrücklich vom Urheberrechtsgesetz zugelassen ist, bedarf der vorherigen Zustimmung des Verlags. Das gilt insbesondere für Vervielfältigungen, Bearbeitungen, Übersetzungen, Mikroverfilmungen und die Einspeicherung und Verarbeitung in elektronischen Systemen.

Die Wiedergabe von Gebrauchsnamen, Handelsnamen, Warenbezeichnungen usw. in diesem Werk berechtigt auch ohne besondere Kennzeichnung nicht zu der Annahme, dass solche Namen im Sinne der Warenzeichen- und Markenschutz-Gesetzgebung als frei zu betrachten wären und daher von jedermann benutzt werden dürften.

Einbandentwurf: KünkelLopka GmbH, Heidelberg

Gedruckt auf säurefreiem und chlorfrei gebleichtem Papier

Springer Gabler ist eine Marke von Springer DE.
Springer DE ist Teil der Fachverlagsgruppe Springer Science+Business Media
www.springer-gabler.de

Geleitwort

Der Markt für augenoptische Produkte und Dienstleistungen ist seit Jahren im Umbruch. War diese Branche bis in die 80er Jahre des letzten Jahrhunderts noch eine der renditeträchtigsten, so hat sich diese Situation vor allem durch neue, discountorientierte Wettbewerber und durch Eingriffe der Gesundheitsgesetzgebung nachhaltig geändert. Deshalb hat diese Branche relativ spät zu einer markt- und bedürfnisorientierten Unternehmensführung gefunden. Marktsegmentierungskonzepte, die über eine rein soziodemographische Typologisierung der Kunden hinausgehen, sind für die Augenoptikbranche deshalb nicht bekannt.

Diese Herausforderung greift der Verfasser der vorliegenden Schrift auf. Er hat sich die Aufgabe gestellt, einen Segmentierungsansatz für das mittelständische Augenoptikerhandwerk zu konzipieren und empirisch zu überprüfen.

Als Ausgangspunkt seiner Überlegungen kennzeichnet der Verfasser der vorliegenden Schrift zunächst den Strukturwandel in der augenoptischen Gesundheitsbranche. Er geht dabei auf fünf wesentliche Determinanten der Branchenrendite ein, und zwar auf die Gesundheitsgesetzgebung, die Distributionsstruktur, die Einzelhandelskonjunktur, den technischen Fortschritt und das veränderte Konsumentenverhalten. Im Ergebnis zeigt sich, wie über die letzten Jahrzehnte die Wettbewerbsintensität in der Augenoptikbranche gestiegen ist. Auf diesem Status quo aufbauend erläutert der Verfasser das Grundkonzept der Marktsegmentierung und geht dabei sowohl auf die Markterfassungs- als auch auf die Marktbearbeitungsseite ein. Er weist dann darauf hin, dass – ausgehend vom Industriegütermarketing – mehrstufige Segmentierungsverfahren in der Wissenschaft und auch in der Praxis etabliert sind. Weiterhin wird konstatiert, dass sich die Diskussion um die Marktsegmentierung im augenoptischen Gesundheitshandwerk aktuell entwickelt.

Darauf aufbauend diskutiert der Verfasser sehr umfassend mögliche Kriterien zur Segmentierung des Marktes für augenoptische Gesundheitsprodukte und -dienstleistungen. Dazu werden zunächst fünf zentrale Anforderungsdimensionen genannt, an denen diese Segmentierungskriterien zu beurteilen sind. Im Anschluss werden sehr detailliert nahezu sämtliche in der Literatur diskutierten Segmentierungskriterien – untergliedert in vier Kriteriengruppen – erläutert. Dabei wird immer auch hinterfragt, inwieweit diese Kriterien geeignet sind, im Rahmen eines Segmentierungsansatzes in der Augenoptik eingesetzt zu werden.

Darüber hinaus werden die Kriterien sehr systematisch anhand der fünf Anforderungsdimensionen bewertet. So wird – untergliedert nach den vier Kriteriengruppen – ein Set von Segmentierungskriterien erarbeitet, das für den Einsatz in der Augenoptikbranche geeignet ist.

Aufbauend auf dieser systematisierenden Analyse wird dann ein zweistufiges Modell zur Segmentierung von Kunden im Markt augenoptischer Produkte und Dienstleistungen entworfen. Der Verfasser greift dabei auf die Erkenntnisse seiner konzeptionellen Überlegungen zurück und nutzt auf der ersten Segmentierungsebene den Customer Lifetime Value als Segmentierungskriterium. Die Ermittlung des CLV wird sehr kenntnisreich hergeleitet. Hier zeigt sich, dass der Verfasser ein intimer Kenner des augenoptischen Gesundheitshandwerks ist. Die Ausführungen zur Mikrosegmentierungsebene folgen dann den Überlegungen zu den klassischen mehrdimensionalen Segmentierungskonzepten. Im Folgenden wird dieses zweistufige Segmentierungsmodell dann einem empirischen Test unterworfen. Dabei gelingt es, zwei Datenquellen zu erschließen und kundenindividuell zusammenzuführen, nämlich interne Kundendaten eines Augenoptikers und eine vom Verfasser durchgeführte Kundenbefragung. Nur so wird es möglich, das Segmentierungsmodell empirisch zu testen. Im Rahmen der Prüfung des Modells kann nachgewiesen werden, dass der von ihm entworfene zweistufige Segmentierungsansatz im augenoptischen Gesundheitshandwerk eingesetzt werden kann und Ergebnisse liefert, die es dem Augenoptiker ermöglichen, seine Marktbearbeitung systematisch auf verschiedene Kundengruppen auszurichten.

Im Anschluss wird dann geprüft, ob ein einstufiger Segmentierungsansatz zu ähnlichen Ergebnissen führen würde wie der zweistufige. Diese Prüfung ist unter informationsökonomischen Gesichtspunkten ausgesprochen interessant, weil bei einem einstufigen Segmentierungsansatz die Integration der internen und externen Datenquelle nicht mehr erforderlich wäre. Der Augenoptiker könnte allein auf die externe Quelle, die Kundenbefragung, zurückgreifen. Vor diesem Hintergrund untersucht der Verfasser zunächst die Zusammenhänge zwischen den in der Kundenbefragung erhobenen Segmentierungskriterien und dem CLV. Es zeigt sich, dass eine Reihe dieser Kriterien einen signifikanten Einfluss auf den CLV haben. Immerhin kann der Verfasser ca. 60 % der Streuung des CLV mit diesen Kriterien erklären. Auf diesen Erkenntnissen aufbauend führt er eine einstufige Segmentierung seines Datensatzes durch und vergleicht die Ergebnisse dann mit denen aus dem zweistufigen Vorgehen. Es zeigt sich, dass zwischen den beiden Segmentierungslösungen ein hochsignifikanter Zusammenhang besteht, die Stärke dieses Zusammenhangs aber nur ein mittleres Niveau erreicht. Insbesondere zeigt sich, dass der zweistufige Ansatz deutlich stärker polarisiert und sich so die einzelnen Segmente auf der zweiten Segmentierungsebene schärfer gegeneinander abgrenzen lassen. Dies hat dann auch zur Folge, dass die Marketingaktivitäten gezielter auf die jeweiligen Zielgruppen ausgerichtet werden können. Somit zeigt sich insgesamt, dass der zweistufige dem einstufigen Segmentierungsansatz überlegen ist.

Der Verfasser legt insgesamt eine konsequent entscheidungsorientierte Arbeit vor, welche nicht nur hinterfragt, wie ein mehrstufiger Segmentierungsansatz in der augenoptischen Gesundheitswirtschaft angelegt werden kann. Er weist darüber hinaus nach, dass ein solcher mehrstufiger Ansatz einem einstufigen überlegen ist. Es ist deshalb zu wünschen, dass die vorliegende Schrift in Theorie und Praxis eine weite Verbreitung findet.

Prof. Dr. Martin Benkenstein

Inhalt

A	**Marktsegmentierung in der Augenoptikbranche als neuartige Disziplin für das Management**	1
1	Die bundesdeutsche Augenoptikbranche im Strukturwandel	1
2	Marktsegmentierung als Basisstrategie des Marketing	12
3	Ziel und Gang der Untersuchung	19
B	**Auswahl relevanter Kriterien im Hinblick auf die Konzeption eines Augenoptik-Segmentierungsansatzes**	23
1	Anforderungen an die Segmentierungskriterien	23
2	Kategorien potenzieller Segmentierungskriterien	25
2.1	Allgemeine beobachtbare Segmentierungskriterien	27
	2.1.1 Eindimensionale Segmentierungskriterien	27
	2.1.2 Mehrdimensionale Segmentierungskriterien	31
2.2	Bewertung der allgemeinen beobachtbaren Segmentierungskriterien	33
2.3	Allgemeine nicht beobachtbare Segmentierungskriterien	36
	2.3.1 Soziologische Segmentierungskriterien	37
	2.3.2 Psychologische Segmentierungskriterien	41
2.4	Bewertung der allgemeinen nicht beobachtbaren Segmentierungskriterien	50
2.5	Nicht beobachtbare produktspezifische Segmentierungskriterien	52
	2.5.1 Elastizitäten als Segmentierungskriterien	52
	2.5.2 Psychologische Segmentierungskriterien	53
2.6	Bewertung der nicht beobachtbaren produktspezifischen Kriterien	61
2.7	Beobachtbare produktspezifische Segmentierungskriterien	64
	2.7.1 Produktbezogene Segmentierungskriterien	64
	2.7.2 Distributionsbezogene Segmentierungskriterien	66
	2.7.3 Preissensitivität als Segmentierungskriterium	67
	2.7.4 Kommunikations- und Adoptionsverhalten als Segmentierungskriterien	68
	2.7.5 Wertbasierte Segmentierungskriterien	72

		2.7.5.1	Statische, eindimensionale Segmentierungskriterien 72

       2.7.5.1   Statische, eindimensionale Segmentierungskriterien 72
       2.7.5.2   Statische mehrdimensionale Segmentierungskriterien 75
       2.7.5.3   Dynamische eindimensionale Segmentierungskriterien 77
       2.7.5.4   Dynamische mehrdimensionale Segmentierungskriterien 79
2.8   Bewertung der beobachtbaren produktspezifischen
       Segmentierungskriterien 79

3   Zusammenfassende Bewertung der vier behandelten Kategorien von
      Segmentierungskriterien 83

**C   Konzeption und empirische Überprüfung eines zweistufigen
      Segmentierungsansatzes für die Augenoptikbranche** 87

1   Konzeptionelle Grundlagen des Segmentierungsansatzes 87

2   Konzeption der Makro- und Mikrosegmentierungsebene 88
2.1   Konzeption der Makrosegmentierungsebene 88
2.2   Konzeption der Mikrosegmentierungsebene 96
       2.2.1   Konzeptionelle Grundlagen der Mikrosegmentierungsebene 96
       2.2.2   Auswahl der Kriterien der Mikrosegmentierungsebene 98
       2.2.3   Messung der ausgewählten Segmentierungskriterien 101

3   Empirische Überprüfung des konzipierten Segmentierungsansatzes 104
3.1   Beschreibung der Stichprobenstruktur 104
3.2   Empirische Überprüfung der Makrosegmentierungsebene 107
       3.2.1   Abgrenzung der Makrosegmente 107
       3.2.2   Beschreibung und Bewertung der Makrosegmente 109
3.3   Empirische Überprüfung der Mikrosegmentierungsebene 110
       3.3.1   Auswahl kaufverhaltensrelevanter Segmentierungskriterien 111
       3.3.2   Durchführung der Mikrosegmentierung 116
       3.3.2.1   Bedürfnisorientierte Analyse der Kundengruppen im
                    Makrosegment der Mengenkunden 118
       3.3.2.2   Bedürfnisorientierte Analyse der Kundengruppen im
                    Makrosegment der Gehobenen Kunden 123
       3.3.3   Überprüfung der identifizierten Clusterlösung 129

4   Zusammenfassende Darstellung und Beurteilung des zweistufigen
      Augenoptik-Segmentierungsansatzes 133

D	**Vergleich des zweistufigen mit einem einstufigen Segmentierungsansatz**	135
1	Zielsetzung und Konzeption einer vergleichenden Betrachtung	135
2	Empirische Überprüfung eines einstufigen Segmentierungsansatzes	135
2.1	Auswahl der Segmentierungskriterien	135
2.2	Wert- und bedürfnisorientierte Analyse der Kundengruppen	143
2.3	Überprüfung der identifizierten Clusterlösung	150
3	Zusammenfassende Darstellung und Beurteilung des einstufigen Augenoptik-Segmentierungsansatzes	153
4	Vergleich des zweistufigen mit dem einstufigen Segmentierungsansatz über die Segmentpopulationen	155
E	**Schlussbetrachtung und Ausblick**	161
1	Zusammenfassung der Untersuchungsergebnisse	161
2	Implementierung des zweistufigen Augenoptik-Segmentierungsansatzes	164
3	Ansatzpunkte für die weitere Forschung	166
Anhang		167
Literatur		177

Abbildungsverzeichnis

Grafik 1:	Reduktion der Branchenrentabilität durch fünf eindämmend wirkende Marktdeterminanten des Augenoptikerhandwerks	1
Grafik 2:	Entwicklung der Augenoptik-Marktvolumina zu Endverbraucherpreisen in Mio. € im Betrachtungszeitraum 1988 bis 2008	4
Grafik 3:	Entwicklungsprognose der Vertriebswege im Augenoptikmarkt bis 2011	6
Grafik 4:	Anzahl der Niederlassungen und Umsatz im Jahr 2003 der „Top-Ten" in Deutschland	7
Grafik 5:	Entwicklung des realen Bruttoinlandsproduktes der Bundesrepublik Deutschlands im Betrachtungszeitraum 1991 bis 2008	8
Grafik 6:	Komponenten der Marktsegmentierung	14
Grafik 7:	Schematische Darstellung der Makroebene des Augenoptik-Segmentierungsansatzes	90
Grafik 8:	Schematische Darstellung des Customer Lifetime Value (CLV)	92
Grafik 9:	Schematische Darstellung eines zweistufigen Augenoptik-Segmentierungsansatzes	97
Grafik 10:	Vergleichende Gegenüberstellung der Altersstruktur in Kundenstamm und Stichprobe	105
Grafik 11:	Vergleichende Gegenüberstellung von Kundenstamm und Stichprobe nach Geschlecht	106
Grafik 12:	Definition der Segmentgrenzen für die vier Makrosegmente nach Höhe des CLV	108
Grafik 13:	Bedürfnisprofil der Mikrocluster im Makrosegment der Mengenkunden	118
Grafik 14:	Bedürfnisprofil der Mikrocluster im Makrosegment der Gehobenen Kunden	125
Grafik 15:	Zusammenfassende Darstellung des zweistufigen Augenoptik-Segmentierungsansatzes	133
Grafik 16:	Bedürfnisprofil der Cluster des einstufigen Segmentierungsansatzes	143

Grafik 17:	Zusammenfassende Darstellung des einstufigen Augenoptik-Segmentierungsansatzes	153
Grafik 18:	Visualisierung des „Elbow-Kriteriums" im Rahmen des zweistufigen Segmentierungsansatzes (Feinsegmentierung Mengenkunden)	167
Grafik 19:	Visualisierung des „Elbow-Kriteriums" im Rahmen des zweistufigen Segmentierungsansatzes (Feinsegmentierung Gehobene Kunden)	168
Grafik 20:	Visualisierung des „Elbow-Kriteriums" im Rahmen des einstufigen Segmentierungsansatzes	168

Tabellenverzeichnis

Tabelle 1:	Entwicklung der Operationszahlen in Deutschland, Europa und den USA in 1.000 Eingriffen pro Jahr im Zeitraum von 1996 bis 2008 (2008: Prognose)	11
Tabelle 2:	Klassifikationsschema alternativer Segmentierungskriterien	26
Tabelle 3:	Der Rokeach Value Survey	44
Tabelle 4:	Abschließende Bewertung der diskutierten Segmentierungskriterien (folgende Seite)	84
Tabelle 5:	Überblick über 16 ausgewählte Segmentierungskriterien	99
Tabelle 6:	Regressionsanalytische Überprüfung potenzieller metrisch skalierter Segmentierungskriterien	113
Tabelle 7:	Varianzanalytische Überprüfung potenzieller metrisch skalierter Segmentierungskriterien	115
Tabelle 8:	Gegenüberstellung der Mikrocluster im Makrosegment der Mengenkunden	123
Tabelle 9:	Gegenüberstellung der Mikrocluster im Makrosegment der Gehobenen Kunden	129
Tabelle 10:	Homogenitätsanalyse der Mikrocluster im Makrosegment Mengenkunden	130
Tabelle 11:	Homogenitätsanalyse der Mikrocluster im Makrosegment Gehobene Kunden	130
Tabelle 12:	Trennungswirkung der Segmentierungsvariablen im Segment Mengenkunden	131
Tabelle 13:	Trennungswirkung der Segmentierungsvariablen im Segment Gehobene Kunden	132
Tabelle 14:	Abschließende Beurteilung des Segmentierungsansatzes gemäß der in Kapitel B 1 definierten Anforderungen	134
Tabelle 15:	Signifikante Prädiktoren des Customer Lifetime Value	136
Tabelle 17:	Trennungswirkung der Segmentierungsvariablen im Segment Mengenkunden	141
Tabelle 18:	Trennungswirkung der Segmentierungsvariablen im Segment Gehobene Kunden	141

Tabelle 19:	Vergleichende Gegenüberstellung der segment-konstituierenden Kriterien des zweistufigen und des einstufigen Augenoptik-Segmentierungsansatzes	142
Tabelle 20:	Vergleichende Gegenüberstellung der Mikrocluster der einstufigen Segmentierungslösung	150
Tabelle 21:	Homogenitätsanalyse der Mikrocluster der einstufigen Segmentierungslösung	151
Tabelle 22:	Trennungswirkung der Segmentierungsvariablen des einstufigen Ansatzes	152
Tabelle 23:	Abschließende Beurteilung des einstufigen Segmentierungsansatzes	155
Tabelle 24:	Paarweiser Vergleich der beiden Segmentierungslösungen	156
Tabelle 25:	Abbildung von Cluster I der zweistufigen Segmentierungslösung durch die einstufige Segmentierungslösung	157
Tabelle 26:	Abbildung des Makroclusters der Top-Kunden der zweistufigen Segmentierungslösung durch die einstufige Segmentierungslösung	157
Tabelle 27:	Abbildung des Makroclusters der Basiskunden der zweistufigen Segmentierungslösung durch die einstufige Segmentierungslösung	158
Tabelle 28:	Kreuztabelle der Übereinstimmungen zwischen ein- und zweistufiger Segmentierungslösung	158
Tabelle 29:	Inhaltlicher Vergleich des zweistufigen Segmentierungsansatzes mit der einstufigen Variante gemäß den in Kapitel B1 definierten Anforderungen	160
Tabelle 30:	Variable für die Feinsegmentierung der Makrosegmente Mengenkunden und Gehobenen Kunden	169
Tabelle 31:	Metrik der Merkmale für die Clusteranalyse	170

Abkürzungsverzeichnis

AG	Aktiengesellschaft
AIO	Activities, Interests, Opinions
Aufl.	Auflage
bzw.	beziehungsweise
ca.	circa
CLV	Customer Lifetime Value
d. h.	das heißt
DM	Deutsche Mark
DOZ	Deutsche Optikerzeitung
dpt	Dioptrie
EPPS	Edwards Personal Preference Schedule
ERFA	Erfahrungsaustausch
et al.	et alii, et alia, et alteri
f., ff.	folgende, fortfolgende
GKV	gesetzliche Krankenkasse
GmbH	Gesellschaft mit beschränkter Haftung
GRG	Gesundheitsreformgesetz
GSG	Gesundheitsstruktur-Gesetz
Hrsg.	Herausgeber
i. d. R.	in der Regel
Kap.	Kapitel
LOV	List of Values
Mio.	Millionen
No.	Number
Nr.	Nummer
o. V.	ohne Verfasser
RFMR	Recency, Frequency, Monetary Ratio
S.	Seite
SPSS	Statistical Product and Service Solutions
u. a.	und andere, unter anderem
u. Ä.	und Ähnliches
USA	United States of America
VALS	Value Lifestyle Groups

vgl.	vergleiche
Vol.	Volume
VSDAR	Verband der Spezialkliniken Deutschlands für Augenlaser und Refraktive Chirurgie e. V.
z. B.	zum Beispiel
ZFP	Marketing – Zeitschrift für Forschung und Praxis (ZFP)
z. T.	zum Teil

A Marktsegmentierung in der Augenoptikbranche als neuartige Disziplin für das Management

1 Die bundesdeutsche Augenoptikbranche im Strukturwandel

Spätestens seit Anfang der siebziger Jahre befindet sich die Augenoptikbranche in einer Phase fortschreitender Umstrukturierung[1]. Die „goldenen Zeiten" des deutschen Augenoptikerhandwerks wurden nach und nach durch fünf eindämmend wirkende Marktdeterminanten beendet:

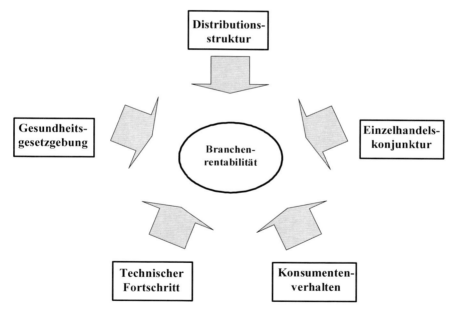

Grafik 1: Reduktion der Branchenrentabilität durch fünf eindämmend wirkende Marktdeterminanten des Augenoptikerhandwerks

---

1 Vgl. Zdrowomyslaw, N., Der bundesdeutsche Augenoptikmarkt im Wandel, Daten, Fakten und Perspektiven; ein Beitrag zur praktischen Marktforschung, Spardorf 1989, S. 70

Die *Abhängigkeit des Augenoptikerhandwerks von der Gesundheitsgesetzgebung* bildete sich durch die Entwicklungen gegen Ende des 19. Jahrhunderts heraus.[2] Der Übergang von der Manufaktur zur Industriefertigung veränderte die Arbeitsbedingungen für Millionen Menschen. Es wuchs die Anzahl an schweren und tödlichen Arbeitsunfällen, deren Ursache oft Bedienungsfehler infolge von Fehlsichtigkeit waren. Vor diesem Hintergrund erhob Otto von Bismarck die Forderung: „Gebt dem Volk die Brille!"[3] Im Jahre 1883 erfolgte die Einführung der gesetzlichen Krankenversicherung, in der unter anderem ein Anspruch auf eine Sehhilfe festgeschrieben wurde.

In der Bundesrepublik Deutschland haben im Laufe der Jahrzehnte die verfassungsrechtliche Bedeutung des Rechts auf Gesundheit und das Leitbild vom gesunden Menschen im System der sozialen Sicherung zu einem komplexen, unübersichtlichen Gesundheitsgesetz sowie einer Explosion der Gesundheitskosten geführt. Daher wurden seit Ende der achtziger Jahre von unterschiedlichen Bundesregierungen mehrfach Versuche unternommen, die Kostenexplosion durch Strukturreformen im Gesundheitswesen einzudämmen[4]:

- Gesundheitsreform-Gesetz (GRG) vom 01.01.1989
- Gesundheitsstruktur-Gesetz (GSG) vom 01.01.1993
- Beitragsentlastungs-Gesetz vom 01.01.1997
- Dritte Stufe der Gesundheits-Reform vom 01.07.1997
- Gesetz zur Stärkung der Solidarität in der GKV (gesetzlichen Krankenversicherung)
- Gesundheitsreform 2000
- Gesundheitsreformgesetz (GRG) vom 01.01.2004

Davon wirkten sich folgende Gesetzesänderungen direkt auf das Augenoptikerhandwerk aus:[5]

Im Zuge des Gesundheitsreform-Gesetzes (GRG) von 1989 wurde der GKV-Zuschuss zur Brillenfassung von rund DM 36 auf DM 20 herabgesetzt. Voraussetzung für den Zuschuss für eine neue Sehhilfe war künftig die Änderung der benötigten Korrekturwirkung um mindestens 0,5 dpt (unabhängig vom Alter der Sehhilfe) oder eine Verbesserung des $Visus_{cc}$ durch die neu verordnete Sehhilfe um mindestens 20 %. Durch das Gesundheitsreform-Gesetz (GRG) 1989 gelang es den gesetzlichen Krankenkassen, ihren Ausgabenanteil für Sehhilfen, gemessen an den

---

2 Vgl. Zdrowomyslaw, N., Der bundesdeutsche Augenoptikmarkt im Wandel, S. 26 f.
3 O. V., Die Krankenversicherungen und ihre Leistungen, Bismarcks Wille: Gebt dem Volk die Brille!, in: Goldene Gesundheit, Heft 8, 1985, S. 10
4 Vgl. Eichholz-Klein, S., BBE-Branchen-Outlook Augenoptik, Köln 2003, S. 102
5 Vgl. Eichholz-Klein, S., BBE-Branchen-Outlook Augenoptik, S. 102

Gesamtausgaben, von 1,8 auf 1,0 % zu reduzieren. Die Gesamtunterstützung der Versicherten wurde dadurch um 43 % abgesenkt. Durch das Beitragsentlastungsgesetz 1997 erfolgte dann die Streichung des Zuschusses für Brillenfassungen. Die Festbeträge für Brillengläser wurden auf durchschnittlich 90 DM in den alten und 82 DM in den neuen Bundesländern abgesenkt. Nach Inkrafttreten des Beitragsentlastungsgesetzes 1997 betrug der Anteil der Ausgaben für Sehhilfen nur noch 0,63 % der Gesamtausgaben der gesetzlichen Krankenversicherung.

Mit dem Gesundheitsreformgesetz (GRG) 2004 wurde die Streichung der Festbeträge für Augenglasbestimmung und Brillengläser aus dem Leistungskatalog der gesetzlichen Krankenversicherung (GKV) beschlossen. Ausnahmen gelten lediglich für Versicherte bis zur Vollendung des 18. Lebensjahres sowie für Personen, die aufgrund ihrer Sehschwäche oder Blindheit spezielle Sehhilfen bzw. Brillen benötigen. Auch therapeutische Sehhilfen, die zur Behandlung von Augenverletzungen bzw. Augenkrankheiten dienen, werden weiterhin subventioniert.[6]

Damit ist der Anteil der Krankenkassen am Gesamtumsatz der Augenoptikbranche von rund 40 % in den achtziger Jahren auf rund 2,5 % im Jahr 2004 gefallen.[7]

Mit dem Gesundheitsreformgesetz 2004 wurde faktisch die Ausgrenzung von Sehhilfen aus dem Leistungskatalog der gesetzlichen Krankenkassen vollzogen.[8] Der 1989 begonnene Prozess der allmählichen Herauslösung der Augenoptikbranche aus der Gesundheitsgesetzgebung wurde somit im Januar 2004 abgeschlossen.

Folglich durchläuft der Augenoptikmarkt aktuell eine Metamorphose von einem ehemals weitgehend öffentlich finanzierten Gesundheitsmarkt hin zu einem herkömmlichen Konsumgütermarkt mit marktwirtschaftlichen Funktionsmechanismen.[9] Insofern wird das, was Höninger bereits 1988 in der augenoptischen Fachzeitschrift Focus feststellte, rund 16 Jahre später endgültig Realität: „Jetzt erst beginnt der Kapitalismus auch das augenoptische Handwerk mit seiner Logik zu durchsetzen. Entweder akzeptiert man diese Logik, oder man ist zukünftig zum Scheitern verurteilt."[10]

---

6 Vgl. O. V., ZVA-Jahrespressekonferenz, in: Deutsche Optikerzeitung (DOZ), Heft 05, 2005, S. 12
7 Vgl. O. V., ZVA-Jahrespressekonferenz, S. 107; vgl. auch SPECTARIS, Zentralverband der Augenoptik, Die Augenoptik, Markt und Tendenzen 2003/2004, Berlin, Düsseldorf 2004 und DOZ 01/2005, S. 6
8 Vgl. O. V., ZVA-Jahrespressekonferenz, S. 12
9 Vgl. Eichholz-Klein, S., BBE-Branchen-Outlook Augenoptik, S. 1
10 Höninger, H. J., Kaviar und Fast Food, in: Focus, Heft 04, 1988, S. 62

4　A Marktsegmentierung in der Augenoptikbranche als neuartige Disziplin für das Management

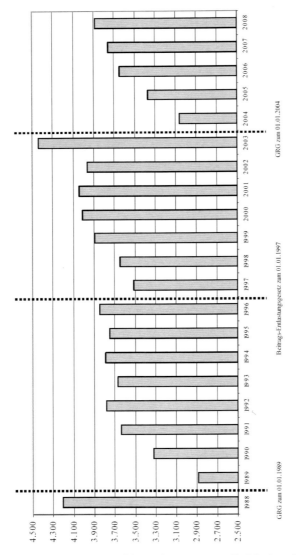

Grafik 2: Entwicklung der Augenoptik-Marktvolumina zu Endverbraucherpreisen in Mio. € im Betrachtungszeitraum 1988 bis 2008[11]

---

11 Quelle: Auskunft des Zentralverbands der Augenoptiker (ZVA), Düsseldorf, vom 02.10.2009

Betrachtet man die Entwicklung des Augenoptik-Marktvolumens über den Zeitraum von 1988 bis 2008, so lässt sich am Trendverlauf um die Jahre 1989, 1997 und 2004 die Anfälligkeit der augenoptischen Branche für von der Gesundheitsgesetzgebung verursachte Störungen ablesen: Nach erhöhten Marktvolumina infolge vorgezogener Käufe folgten nach jeder der drei Reformmaßnahmen deutliche „Umsatzdellen". So hatte die Augenoptikbranche im Geschäftsjahr 2004 einen durchschnittlichen Umsatzrückgang von 35 % gegenüber dem Vorjahr zu verkraften.[12]

Die *Distributionsstruktur* stellt sich in der Augenoptikbranche wie folgt dar: Der Augenoptikmarkt teilt sich in den Kern- und den Zusatzmarkt auf.[13]

Innerhalb des Kernoptikmarktes sind heute noch rund 80 % der Betriebe mittelständisch geprägt. Dennoch setzen sich die Konzentrationsprozesse wie in vielen anderen Einzelhandelsbranchen kontinuierlich fort. So wurde Anfang der neunziger Jahre lediglich jeder fünfte Brillenkauf bei einem Augenoptikfilialisten getätigt. Mit einem Anteil i. H. v. rund 40 % hat sich dieser Anteil bis heute verdoppelt.[14] Dabei lässt sich beobachten, dass die Nachfrage gerade in schwierigen Jahren wie beispielsweise 1997 oder 2004 stärker zu den Augenoptikfilialisten tendiert.[15] Bis zum Jahr 2011 wird die Verteilung des Marktvolumens nach Vertriebswegen wie folgt prognostiziert:

---

12 Vgl. Nosch, Thomas, Auf geht's!, in: Deutsche Optikerzeitung (DOZ), Heft 01, 2005, S. 2. Für den Fall, dass die Umsätze in den nächsten beiden Folgejahren nicht wieder anzögen, befürchtete der ZVA bis zu 1.500 Insolvenzen augenoptischer Unternehmen als Auswirkung des GRG 2004, vgl. Klähn, A., Gedämpfte Stimmung, in: Optic und Vision, Magazin für Augenoptik-Unternehmer, Heft 11/12, 2004
13 Im Kernoptikmarkt werden Brillen mit nach individueller Verordnung gefertigter Korrektionswirkung, also Sehhilfen im klassischen medizinischen Sinne, sowie Kontaktlinsen vertrieben. Laut Gesetz darf der Vertrieb im Augenoptikkernmarkt nur durch ausgebildete Augenoptikermeister erfolgen. Im Augenoptik-Zusatzmarkt werden Sonnenbrillen und Schutzbrillen ohne Korrektionswirkung, Fertig-Lesebrillen mit Standard-Korrektionswerten sowie sonstiges Zubehör wie z. B. Brillenetuis angeboten. Zu den Anbietern im Zusatzmarkt gehören neben den Anbietern des Kernmarktes Warenhäuser, Kaufhäuser, Drogerieketten, Tankstellen, Lebensmittel-Discounter und andere branchenfremde Anbieter, vgl. Eichholz-Klein, S., BBE-Branchen-Outlook Augenoptik, S. 30
14 Vgl. Stumpf, J., Branchen- und Betriebsformenentwicklung, Wolnzach 2010, S. 24
15 Vgl. Stumpf, J., Branchen- und Betriebsformenentwicklung, S. 37

6   A Marktsegmentierung in der Augenoptikbranche als neuartige Disziplin für das Management

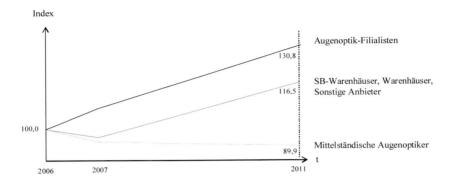

Grafik 3:   Entwicklungsprognose der Vertriebswege im Augenoptikmarkt bis 2011[16]

Aus Grafik 3 lässt sich entnehmen, dass die Marktbedeutung der mittelständischen Augenoptiker bis zum Jahre 2011 weiter sinken wird, während die Marktanteile der Augenoptikfilialisten und branchenfremden Anbieter wie Warenhäuser, Lebensmittel-Discounter usw. einem steigenden Trend folgen werden. So erzielen die zehn größten Filialisten in Deutschland mit einem Anteil von ca. 16 % der Betriebsstätten rund 42 % des Branchenumsatzes.[17] Betrachtet man in Grafik 4 die zehn größten Filialisten Deutschlands, so wird die Dominanz des deutschen Marktführers Fielmann unmittelbar ersichtlich. Mit ca. 5 % der Betriebsstätten erreicht er einen Umsatzanteil i. H. v. 41,5 % und einen Stückzahlenanteil i. H. v. ca. 48 %. Somit stammt mittlerweile rund jede zweite in Deutschland erworbene Brille aus dem Hause Fielmann.[18] Der bedeutendste Wettbewerber des deutschen Marktführers Fielmann ist Apollo Optik. Durch die Übernahme der 48 Synoptik-Niederlassungen Anfang 2005 und eine starke Expansion durch die Gewinnung neuer Franchise-Partner verfügt der preisaggressiv auftretenden Anbieter mittlerweile insgesamt über 630 Filialen. Somit ist es Apollo Optik gelungen, den großen Rivalen Fielmann im Hinblick auf die Dichte des Filialnetzes deutlich zu überflügeln.

---

16   Vgl. Meding, J., Wellness & Pharma, in: Hauptverband des Deutschen Einzelhandels, BBE Retail Experts Unternehmensberatung GmbH & Co. KG (Hrsg.): Factbook Einzelhandel 2010, Neuwied 2009, S. 72
17   Vgl. Deutscher Sparkassen- und Giroverband e. V. (Hrsg.), Branchenreport Augenoptik 2009, Stuttgart 2009, S. 18
18   Vgl. Stumpf, J., Branchen- und Betriebsformenentwicklung, S. 24 sowie Fielmann AG, Geschäftsbericht 2007, Hamburg 2008, S. 1

1 Die bundesdeutsche Augenoptikbranche im Strukturwandel

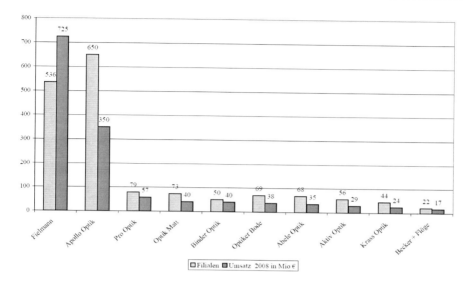

Grafik 4: Anzahl der Niederlassungen und Umsatz im Jahr 2008 der „Top-Ten" in Deutschland[19]

Wettbewerbsverschärfende Wirkung entfaltet darüber hinaus die fortschreitende Atomisierung der Augenoptikbranche: Seit Jahren steigt die Zahl der augenoptischen Hauptbetriebe weiter kontinuierlich an. Waren im Jahr 1999 noch 8.395 handwerkliche Hauptbetriebe registriert, so betrug diese Zahl im Jahr 2008 bereits 8.608.[20]

Eine zentrale Rahmenbedingung für die Entwicklung des deutschen Einzelhandels und somit auch des augenoptischen Gesundheitshandwerks bildet die *gesamtwirtschaftliche Entwicklung* der Bundesrepublik Deutschland.

---

19 Vgl. SPECTARIS, Zentralverband der Augenoptiker, Die Augenoptik, Markt und Tendenzen 2003/ 2004, S. 9
20 Vgl. SPECTARIS, Zentralverband der Augenoptiker, Die Augenoptik, Markt und Tendenzen 2003/ 2004, S. 8 sowie Deutscher Sparkassen- und Giroverband e. V., Branchenreport Augenoptik 2009, S. 7. Zusätzlich unterstützt wurde der Trend zur Atomisierung der Augenoptikbranche durch das wirtschaftlich schwierige Jahr 2004. Nicht selten suchten gerade in diesem Zeitraum aufgrund rückläufiger Umsätze freigesetzte Augenoptikermeister das eigene Heil in der Selbstständigkeit, um der drohenden Arbeitslosigkeit zu entgehen.

8　A Marktsegmentierung in der Augenoptikbranche als neuartige Disziplin für das Management

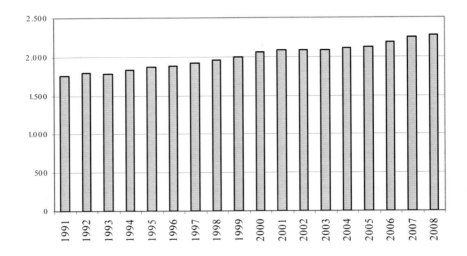

Grafik 5:　Entwicklung des realen Bruttoinlandsproduktes der Bundesrepublik Deutschland im Betrachtungszeitraum 1991 bis 2008[21]

Die Entwicklung des realen Bruttoinlandsproduktes weist im Betrachtungszeitraum mehrere Phasen wirtschaftlicher Stagnation auf. So lagen die Wachstumsraten im Zeitraum 2000 bis 2005 lediglich zwischen -0,2 und 1,2 %. Darüber hinaus hat sich die Anfälligkeit der deutschen Wirtschaft gegenüber internationalen Entwicklungen und Ereignissen in den letzten Jahren deutlich verstärkt. Betrachtet man darüber hinaus die Entwicklung der Anteile des Einzelhandels am privaten Konsum von 1970 bis 2004, so lässt sich ein weitgehend linearer Rückgang von rund 38 % im Jahr 1970 auf nur noch ca. 28 % im Jahr 2008 beobachten.[22] Die Gründe dafür dürften u. a. in einer insgesamt rückläufigen Beschäftigung, einem real eher stagnierenden Volkseinkommen bei gestiegenen Lebenshaltungskosten sowie in einer Erhöhung der Sparneigung zu suchen sein. Wie

---

21　Vgl. Statistisches Bundesamt: Lange Reihen ab 1970, Bruttoinlandsprodukt (Vierteljahres- und Jahresangaben),
　　http://www.destatis.de/jetspeed/portal/cms/Sites/destatis/Internet/DE/Navigation/Statistiken/ VolkswirtschaftlicheGesamtrechnungen/Inlandsprodukt/Tabellen.psml
22　Vgl. Handelsverband Deutschland (HDE): Auszug aus HDE-Zahlenspiegel 2009, http:// www.einzelhandel.de/pb/site/hde/node/33454/Lde/index.html, Basisdaten Einzelhandel 2009 – Umsatz, Beschäftigung, Verkaufsfläche

alle übrigen Einzelhandelsbranchen wird auch die Augenoptikbranche durch die rückläufigen Konsumausgaben getroffen.

Eine weitere Determinante der Entwicklung im Augenoptikerhandwerk ist in der *Veränderung des Konsumentenverhaltens* zu sehen. Fasst man die mannigfachen Veröffentlichungen zum modernen Konsumenten komprimiert zusammen, so ergeben sich u. a. folgende Kernaussagen:[23]

Der moderne Konsument ...
- ist multipler und daher durch existierende Kundentypologien kaum zu fassen,
- vagabundiert und zeigt in seinem Kaufverhalten einen kaleidoskopartigen Wechsel,
- pendelt in einer hybriden Verhaltensweise zwischen den Standards,
- verkörpert in seinem Konsumverhalten immer mehr ein „Sowohl-als-auch" denn ein „Entweder-oder".

Speziell in der Augenoptikbranche lassen sich im Vergleich zu den achtziger und neunziger Jahren vermehrt folgende Verhaltensweisen beobachten:

- Die über alle Einzelhandelsbranchen hinweg auftretende Kaufzurückhaltung der Verbraucher schlägt sich in der Augenoptikbranche vor allem in längeren Kaufintervallen sowie einem steigenden Wiederverglasungsfaktor[24] sowie der Bevorzugung der Filialisten nieder.
- Die Nachfrage polarisiert sich in die beiden Pole „günstig" und „hochwertig", während das mittlere Preis- und Qualitätsniveau kontinuierlich an Boden verliert.[25]
- Gegensätze werden in holistischer Weise vereinigt: Der Konsument setzt die ihm zur Verfügung stehenden Mittel strategisch ein und zeigt folglich ein zunehmend hybrides Kaufverhalten[26]; beispielsweise spart er bei der ausschließlich „in den eigenen Wänden" benutzten Lesebrille, um seinen Status „nach draußen" durch eine hochwertige Markensonnenbrille demonstrieren zu können.
- Die Einkaufsstättentreue lässt gerade bei jüngeren Konsumenten stark nach, der Kunde weist eine zunehmende Wechselbereitschaft auf.

---

23 Vgl. Scobel, C.-H., Trends im Konsumentenverhalten, eine Analyse der Veränderung von Verbrauchersensibilität und Verbraucherverhalten, München 1995, S. 43
24 Der Wiederverglasungsfaktor definiert sich als Quotient aus „Gläser pro Fassung."
25 Vgl. SPECTARIS, Zentralverband der Augenoptiker, Die Augenoptik, Markt und Tendenzen 2003/2004, S. 6
26 Vgl. Scobel, C.-H., Trends im Konsumentenverhalten, S. 43

- Der Augenoptikkunde zeigt ein zunehmend extensives Entscheidungsverhalten. Er kauft nicht mehr sofort, sondern informiert sich zunächst unverbindlich, vergleicht alternative Anbieter, lässt sich auch mehrmals beraten, nimmt ggf. Brillen zur Auswahl mit nach Hause und entscheidet sich erst danach für einen Anbieter.
- Der Konsument ist besser gebildet, kritischer und fordernder geworden.[27] Folglich werden die Verkaufsgespräche länger und verlangen vom Augenoptiker eine bessere Argumentation. Nicht selten erfolgt die Frage nach Preisnachlässen und Rabatten.
- Die reine Deckung des Bedürfnisses „Scharfes Sehen" reicht oftmals nicht mehr aus, da der Kunde in seinem Verhalten eine zunehmende Erlebnisorientierung zeigt.[28]
- Der Trend zum Einkaufserlebnis geht mit einer wachsenden Design-Orientierung[29] des Konsumenten einher, welche sich in gestiegenen Anforderungen an eine ästhetische Gestaltung des Ladenbaus, der Warenpräsentation und des Sortimentes an modernen Brillenfassungen manifestieren.
- In jüngster Zeit wurde von Augenoptikern berichtet, dass vereinzelt Konsumenten mit dem Wunsch aufgetreten seien, bereits vorhandene, aber noch ungerandete[30] Brillengläser in eine ebenfalls bereits vorhandene, neue Brillenfassung einzuarbeiten.[31]

Die Veränderung des Konsumentenverhaltens erhöht die Anforderungen an die Betriebs- und Geschäftsausstattung, die Managementfähigkeiten wie Sortimentsplanung und Einkauf sowie das Kommunikations- und Verkaufsgeschick des Augenoptikunternehmers und seiner Mitarbeiter.[32] Denn die Konsumenten bilden die finalen Zielgruppen, welche hinsichtlich personen- und verhaltensbezogener

---

27 Vgl. Kochanowski, K., Die 13 Schlüsseltrends im Konsumentenverhalten II, BBE-Praxis-Leitfaden, Köln o. J., S. 9
28 Vgl. Kroeber-Riel, W., Weinberg, P., Konsumentenverhalten, 8. Auflage, München 2003, S. 114
29 Vgl. Kochanowski, K., Die 13 Schlüsseltrends im Konsumentenverhalten, BBE-Praxis-Leitfaden, S. 15
30 Brillengläser werden vom Hersteller rohrund an den Augenoptiker geliefert; dieser schleift die Brillengläser dann nach der Form der jeweiligen Brillenfassung und setzt anschließend die Gläser in die Fassung ein.
31 In der Reifenbranche hat sich dieses Konsumentenverhalten gerade in jüngeren Kundenkreisen bereits heute etabliert: Neue Reifen werden vom Endverbraucher vornehmlich über den Vertriebskanal des Internet direkt vom Hersteller nach Hause geordert. Die Montage erfolgt dann durch einen lokalen Reifenhändler, der vom Verkauf des Kernproduktes Reifen ausgeschlossen bleibt. Auch in der Augenoptikbranche ist zukünftig gerade in jüngeren Kundenkreisen mit einer zunehmenden Etablierung des Internetvertriebs zu rechnen.
32 So ist die regelmäßige Teilnahme an Fortbildungsveranstaltungen betriebswirtschaftlicher, branchenfachspezifischer und verkaufspsychologischer Ausrichtung heute zu einer grundlegenden Voraussetzung zur Generierung von Verkaufserfolgen geworden.

Merkmale identifiziert und definiert werden müssen. So können die Marketinginstrumente gerade auf gesättigten Märkten nur durch die genaue Kenntnis aktueller Trends im Konsumentenverhalten umsatzmaximierend ausgerichtet werden.[33]

Der *technologische Fortschritt* hat den Menschen der westlichen Industrienationen auf vielen Forschungsgebieten neue Möglichkeiten und Wege eröffnet, die noch vor wenigen Jahrzehnten undenkbar waren. So ist es heute möglich, die klassische Korrektur von Fehlsichtigkeiten mittels Brille oder Kontaktlinse durch unterschiedliche operative Verfahren zu substituieren.[34] Bereits 2005 wurden weltweit ca. 14 Millionen Operationen unter dem Excimer-Laser registriert.[35] Betrachtet man die internationale Verbreitung dieses noch relativ jungen medizinischen Verfahrens anhand der Anzahl der durchgeführten Operationen, so bleiben Deutschland und Europa auf den ersten Blick deutlich hinter den USA zurück.[36] Errechnet man jedoch die durchschnittlichen Wachstumsraten für den Betrachtungszeitraum 1996 bis 2008, so liegt der deutsche Wert mit 35,6 % sogar über dem der USA i. H. v. 31,1 %.

	1996	1997	1998	1999	2000	2001	2002	2003	2004	2005	2006	2007	2008
Deutschland	7	8	14	38	60	115	90	104	87	80	74	97	120
Europa	74	97	143	271	419	713	796	976	1.147	1.259	1.312	1.397	1.524
USA	105	200	500	950	1.400	1.310	1.176	1.150	1.375	1.380	1.375	1.395	1.300

Tabelle 1: Entwicklung der Operationszahlen in Deutschland, Europa und den USA in 1.000 Eingriffen pro Jahr im Zeitraum von 1996 bis 2008 (2008: Prognose)[37]

Wenngleich also die absoluten Zahlen der durchgeführten Operationen nach den Verfahren der refraktiven Laserchirurgie in den USA und Europa auf einem wesentlich höheren Niveau liegen, so weist auch die Entwicklung in Deutschland über die vergangenen zehn Jahre ein deutliches Wachstum auf. Lag die Anzahl

---

33 Vgl. Scobel, C.-H., Trends im Konsumentenverhalten, S. 1
34 Diese werden in die beiden Gruppen der Hornhaut- sowie der Linsenchirurgie unterteilt, vgl. Kermani, O., Gerten, G., Schmiedt, K., Sehen Sie selbst: Die operative Korrektur der Kurzsichtigkeit, Weitsichtigkeit, Hornhautverkrümmung, Köln 2000, S. 10 ff. Je nach Indikation wird das für den betreffenden Patienten am besten geeignete Operationsverfahren ausgewählt. Dabei wird die Indikation durch mannigfaltige physiologische Konstellationen wie beispielsweise Art und Stärke der Fehlsichtigkeit, Dicke der Hornhaut usw. determiniert.
35 Albers, R., Gofferje, A. V., Endlich ohne Brille leben, in: Focus, Heft 30, 2005, S. 69
36 Vgl. Verband der Spezialkliniken Deutschlands für Augenlaser und Refraktive Chirurgie e. V., Newsarchiv 2004. 2004 – http://www.vsdar.de/news/newsarchiv2004.html
37 VSDAR, 12 Jahre LASIK, http://www.vsdar.de/presse/download/PM_12_JAhre_Lasik_082008.pdf, August 2008

der in Deutschland durchgeführten Augenoperationen im Jahr 1996 noch bei 7.000, so betrug sie im Jahr 2000 bereits 60.000 und stieg im Jahr 2007 auf 97.000 Operationen an. Das alleine in der Bundesrepublik Deutschland für die Verfahren der refraktiven Laserchirurgie theoretisch verfügbare Marktpotenzial ist immens: Von den rund 82 Millionen in Deutschland lebenden Menschen benötigen ca. 52 Millionen eine Sehhilfe. Davon könnten sich vom medizinischen Aspekt her etwa 18 Millionen[38] (34,6 %) einer Laserbehandlung unterziehen. Bei den übrigen Fehlsichtigen scheidet diese Behandlungsmöglichkeit aufgrund spezieller Indikationen[39] aus. Insgesamt wurden in Deutschland im Zeitraum von 1996 bis 2008 ca. 775.000 Laseraugenoperationen durchgeführt.[40] Neben der Lasertechnik besteht die Möglichkeit der Anwendung der Implantationstechnik bzw. von Kombinationsverfahren zwischen der Laser- und Implantationstechnik sowie der Schnitttechnik. Diese Verfahren kommen im Vergleich zur Lasertechnik allerdings weit seltener zum Einsatz.

Der Strukturwandel in der Augenoptikbranche hat zu einem *harten Verdrängungswettbewerb* geführt, welcher sich u. a. in Preiskämpfen für hochwertige Augenoptik-Produkte, aggressiven Rabattaktionen, die Gewährung weit reichender Garantien oder unentgeltlich erbrachten Dienst- und Serviceleistungen manifestiert.

Vor diesem Hintergrund sehen sich Inhaber und Geschäftsführer mittelständischer Unternehmen der Augenoptikbranche vornehmlich mit vier Problemen konfrontiert:

- Sinkende Verkaufszahlen infolge nachlassender Kundenfrequenz
- Notwendigkeit der Kostenreduktion infolge gesunkener Umsätze
- Steigende Ansprüche vonseiten der Konsumenten
- Nachlassende Kundenloyalität

Angesichts der aktuellen Situation der bundesdeutschen Augenoptikbranche kann die Marktsegmentierung dem Augenoptiker neue Lösungswege weisen.

2   Marktsegmentierung als Basisstrategie des Marketing

Begriff und Nutzen einer segmentalen Marktanalyse und Marktbearbeitung wurden in der wissenschaftlichen Literatur erstmals in den fünfziger Jahren disku-

---

38   Albers, R., Gofferje, A. V., Endlich ohne Brille leben, S. 65
39   Beispielsweise aufgrund zu geringer Hornhautdicke
40   Vgl. VSDAR, 12 Jahre LASIK, http://www.vsdar.de/presse/download/PM_12_JAhre_Lasik_082008.pdf, August 2008

tiert.⁴¹ Das Konzept der Marktsegmentierung entwickelte sich vor dem Hintergrund einer *zunehmenden Heterogenität der Nachfrage* im Zuge der Metamorphose der Verkäufermärkte der Nachkriegsjahre zu den heute in den hoch entwickelten Industrienationen vorherrschenden, durch *Güterüberangebot* und *hohe Wettbewerbsintensität geprägten Käufermärkten*.⁴² Die Marktsegmentierung stellt eines der in der wissenschaftlichen Literatur am häufigsten diskutierten Konzepte dar. Die weit reichende Beachtung erklärt sich aus der unmittelbaren Nähe des Konzeptes der Marktsegmentierung zum Marketingkerngedanken, welcher eine konsequente Ausrichtung sämtlicher Unternehmensaktivitäten an den Anforderungen der Kunden postuliert.⁴³ Zugrunde liegt die Annahme, dass ein Markt durch eine *Vielzahl von Konsumenten unterschiedlicher Bedürfnisstrukturen* repräsentiert wird. Um den heterogenen Kundenbedürfnissen durch ein differenziert ausgestaltetes Angebot möglichst gut entsprechen zu können, ist es notwendig, den Gesamtmarkt auf Basis geeigneter Konsumentenmerkmale in kaufverhaltenshomogene Segmente aufzuteilen.⁴⁴ Der *Prozess der Aufteilung und differenzierten Bearbeitung des*

---

41 So betonte erstmals Dean in seiner 1951 herausgegebenen Monographie „Managerial Economics" den Nutzen der Marktsegmentierung, vgl. Dean, J., Managerial Economics, Englewood Cliffs 1951, S. 478 f. und S. 512 ff. Einen maßgeblichen Beitrag zur Präzisierung und Popularisierung des Konzeptes leistete Smith im Jahr 1956, vgl. Smith, W. R., Product Differentiation and Market Segmentation as Alternative Marketing Strategies, in: Journal of Marketing, Vol. 21, 1956, No. 1, S. 3 ff. sowie Bauer, E., Markt-Segmentierung, Stuttgart 1977, S. 11. Der Begriff der Segmentierung entstammt ursprünglich dem lateinischen Verb „secare" (Aufteilen, zerschneiden), vgl. Perrey, J., Nutzenorientierte Marktsegmentierung, ein integrativer Ansatz zum Zielgruppenmarketing im Verkehrsdienstleistungsbereich, Wiesbaden 1998, S. 4

42 Vgl. Bauer, E., Markt-Segmentierung, S. 14 sowie Freter, H., Marktsegmentierung, Stuttgart u. a. 1983, S. 16 f. Dabei bleibt anzumerken, dass sich Empfehlungen, den Gesamtmarkt einer Produktart in homogene Teilmärkte aufzuteilen und anschließend differenziert zu bearbeiten, bereits in den volkswirtschaftlichen Abhandlungen zur Preisdifferenzierung sowie in den frühen Werken der Werbelehre der zwanziger und dreißiger Jahre finden, vgl. Böhler, H., Methoden und Modelle der Marktsegmentierung, Stuttgart 1977, S. 1

43 Vgl. Benkenstein, M., Entscheidungsorientiertes Marketing, eine Einführung, Wiesbaden 2001, S. 51, Meffert, H., Burmann, C., Kirchgeorg, M., Marketing, Grundlagen marktorientierter Unternehmensführung; Konzepte, Instrumente, Praxisbeispiele; 10. Auflage, Wiesbaden 2008, S. 182 und Freter, H., Marktsegmentierung, S. 16

44 Die Basisstrategie der Marktsegmentierung kann als direkter Gegensatz der Strategie der Produktdifferenzierung angesehen werden. Im Mittelpunkt der Strategie der Produktdifferenzierung steht der Versuch, unter extensivem Einsatz von Werbung und anderen Mitteln der Absatzförderung die Nachfrage innerhalb eines bestimmten Produktmarktes so zu beeinflussen, dass das Angebot des Beeinflussenden von möglichst vielen Konsumenten präferiert wird. Während also im Rahmen der Strategie der Produktdifferenzierung die Erringung möglichst hoher Gesamtmarktanteile durch eine Anpassung der Nachfrage an ein bestimmtes Angebot angestrebt wird, ist die Strategie der Marktsegmentierung darauf ausgerichtet, eine starke, monopolähnliche Marktposition durch die Anpassung des Angebotes an die Nachfrage eines ausgewählten bedürfnishomogenen Käufersegmentes zu erreichen. Als eine dritte Alternative führt Bauer neben Marktsegmentierung und Produktdifferenzierung die Basisstrategie der Marktuni-

Marktes wird nachfolgend als Marktsegmentierung bezeichnet.[45] Wie Grafik 6 zu entnehmen ist, umfasst die hier gewählte Begriffsabgrenzung sowohl die *Markterfassungs- bzw. Informationsseite* als auch die *Marktbearbeitungs- bzw. Aktionsseite der Marktsegmentierung*, was einer Marktsegmentierung im weiteren Sinne entspricht. Im Unterschied dazu beschränkt sich eine Marktsegmentierung im engeren Sinne auf den Aspekt der Markterfassung.

Grafik 6: Komponenten der Marktsegmentierung[46]

---

fizierung ein. Diese basiert auf der marktbezogenen unternehmerischen Grundhaltung, die Gesamtheit der aktuellen und potenziellen Käufer einer Produktart aus unterschiedlichen Beweggründen ungeachtet möglicherweise vorhandener Kaufverhaltensunterschiede als eine homogene Einheit zu betrachten und den relevanten Gesamtmarkt bewusst mit nur einem einzigen Marketingprogramm zu bearbeiten, vgl. Bauer, E., Markt-Segmentierung, S. 12 sowie S. 24 f.

45 Vgl. Benkenstein, M., Entscheidungsorientiertes Marketing, S. 51
46 Vgl. Freter, H., Markt- und Kundensegmentierung, kundenorientierte Markterfassung und -bearbeitung, 2. Auflage, Stuttgart 2008, S. 27 und Benkenstein, M., Entscheidungsorientiertes Marketing, S. 52

2 Marktsegmentierung als Basisstrategie des Marketing

Auf der Markterfassungsseite steht zunächst der *konsumentenorientierte Ansatz* im Vordergrund, welcher unter Bezugnahme auf das Käuferverhalten die Auswahl geeigneter Segmentierungskriterien umfasst.[47] Darüber hinaus beinhaltet die Informationsseite der Marktsegmentierung den *methodenorientierten Ansatz*, in dessen Mittelpunkt die Informationsgewinnung und Analyse der verhaltenswissenschaftlich relevanten Zusammenhänge mittels mathematisch-statistischer Verfahren steht.[48] Der *managementorientierte Ansatz* umfasst den Aktions- bzw. Marktbearbeitungsaspekt der Marktsegmentierung. In diesem Zusammenhang stehen die Auswahl der Zielsegmente sowie der segmentspezifische Einsatz des Marketinginstrumentariums unter entscheidungsorientierten Gesichtspunkten im Vordergrund der Betrachtung.[49]

Somit ist unter dem Konzept der Marktsegmentierung eine *Marketingstrategie* zu verstehen, innerhalb derer zunächst die *Aufteilung eines heterogenen Gesamtmarktes in homogene Teilmärkte* und anschließend eine *segmentspezifische Marktbearbeitung* erfolgt.[50] Dabei besteht das *Hauptziel der Marktsegmen-*

---

47 Vgl. Freter, H., Marktsegmentierung, S. 15
48 Als mathematisch-statistische Analyseverfahren kommen vornehmlich multivariate Verfahren wie Cluster- Diskriminanz- und Faktorenanalyse, Multidimensionale Skalierung oder Conjoint-Analyse zum Einsatz, vgl. Meffert, H., Burmann, C., Kirchgeorg, M., Marketing, S. 183 f. In diesem Zusammenhang ist zu beachten, dass eine mangelnde Abstimmung zwischen verhaltenswissenschaftlichen Überlegungen und den eingesetzten mathematisch- statistischen Verfahren zur Datenanalyse als eine der Hauptursachen für erfolglose Segmentierungsanwendungen zu sehen ist. So wurden nicht selten Methoden angewandt, welche mit dem vorliegenden Segmentierungsproblem bzw. dem vorliegenden Datenmaterial inkompatibel waren, vgl. Böhler, H., Methoden und Modelle der Marktsegmentierung, S. 2
49 Vgl. Benkenstein, M., Entscheidungsorientiertes Marketing, S. 52. Im Rahmen des managementorientierten Ansatzes ist die Konfrontation eines gewissen Zielsegmentes mit einem adäquaten Marketingprogramm als eine erfolgskritische Herausforderung anzusehen, vgl. Frank, R. E., Massy, W. F., Wind, Y., Market Segmentation, Englewood Cliffs, New York 1972, S. 6. Zusammenfassend stellen die konsumenten-, methoden- sowie managementorientierte Ansatz die Schwerpunkte der bisherigen Forschungsbemühungen zur Marktsegmentierung dar, vgl. Freter, H., Marktsegmentierung, S. 15
50 Vgl. Böhler, H., Methoden und Modelle der Marktsegmentierung, S. 1, Benkenstein, M., Entscheidungsorientiertes Marketing, S. 51, Meffert, H., Burmann, C., Kirchgeorg, M., Marketing, S. 182, Freter, H., Marktsegmentierung, S. 13. Neben dem strategischen Aspekt wird das Konzept der Marktsegmentierung in der Literatur von mehreren Autoren auch als eine Marktforschungsmethode interpretiert, anhand derer die Gesamtheit der aktuellen und potenziellen Käufer bzw. Konsumenten einer gewissen Produktart nach einer bestimmten Systematik zu strukturieren ist, vgl. Ahlert, D., Probleme der Abnehmerselektion und der differenzierten Absatzpolitik auf der Grundlage der segmentierenden Markterfassung, in: Der Markt, Heft 04, 1973, S. 103 f. und Lignel, J., Cadet, A., The Problems of Market Segmentation, in: The European Marketing Research Review, Vol. 2, 1967, S. 24 ff. Bauer differenziert innerhalb der Interpretation des Konzeptes der Marktsegmentierung als Marktforschungsmethode weiter zwischen verhaltenswissenschaftlichen und entscheidungsorientierten Ansätzen. Während die Zielsetzungen der verhaltenswissenschaftlichen Ansätze in einer Überprüfung der Existenz von

tierung darin, die angebotenen Marktleistungen mit den heterogenen Erwartungen und Ansprüchen ausgewählter Zielgruppen möglichst gut in Übereinstimmung zu bringen, um auf diese Weise *Kundennähe* und *Wettbewerbsvorteile* aufzubauen.[51] Darüber hinaus führt die Strategie der Marktsegmentierung zu einer *Reihe weiterer Vorteile*, von denen nachfolgend fünf wesentliche genannt werden:[52]

- Profunderes Verständnis des individuellen Konsumentenverhaltens durch sorgfältige Analyse der Bedürfnisstrukturen aktueller und potenzieller Konsumenten
- Operationale Formulierung und präzise Kontrolle von Marketingzielen
- Gezielter, wirkungsvoller Einsatz der Marketingressourcen
- Möglichkeit einer besseren Einschätzung der in den einzelnen Segmenten zu erwartenden Wettbewerbssituation
- Frühzeitige Erkennung von Strukturveränderungen durch eine kontinuierliche Marktbeobachtung

Zur Segmentierung von Konsumgütermärkten haben sich in den vergangenen Jahren *zunehmend mehrdimensionale* bzw. *mehrstufige Verfahren* etabliert, während eindimensionale Segmentierungsansätze der zunehmenden Komplexität des

---

Kaufverhaltensunterschieden, einer Erfassung der Ausprägungen sowie der Erläuterung der Ursachen liegt, wird im Rahmen der entscheidungsorientierten Ansätze die Existenz von Kaufverhaltensunterschieden bereits als gegeben angenommen. Der Fokus der Betrachtung liegt auf der Fragestellung, auf welche Weise eine homogene, aus Sicht des betreffenden Unternehmens als lukrativ erachtete Zielgruppe aus dem heterogenen Gesamtmarkt herausgelöst und operational identifiziert werden kann, vgl. Bauer, E., Markt-Segmentierung, S. 49 ff. sowie Frank, R. E., Massy, W. F., Wind, Y., Market Segmentation, S. 11 ff.

51 Vgl. Benkenstein, M., Entscheidungsorientiertes Marketing, S. 53, Weinstein, A., Handbook of Market Segmentation, Strategic Targeting for Business and Technology Firms, New York u. a. 2004, S. 15 f., Stuhldreier, U., Mehrstufige Marktsegmentierung im Bankmarketing, ein Erfolgsfaktor für das Privatkundengeschäft, Wiesbaden 2002, S. 10 sowie Nagl, A., Dienstleistungsmarketing in der Augenoptik, ein Ratgeber für die Praxis, Heidelberg 2004, S. 42

52 Vgl. Bauer, E., Markt-Segmentierung, S. 38 f. sowie McDonald, M., Dunbar, I., Market Segmentation, How to Do It, How to Profit from It, Oxford 2004, S. 29. Unter der Zielsetzung einer objektiven Darstellung der Basisstrategie der Marktsegmentierung sind den genannten Vorteilen allerdings auch mehrere Kritikpunkte gegenüberzustellen. So wurde als Nachteil der Strategie der Marktsegmentierung häufig der Verlust von Größendegressionseffekten infolge höherer Produktions-, Personal-, Organisations- und Marktforschungskosten angeführt, wobei dieser Nachteil bereits 1972 mit Hinweis auf neue technologische Möglichkeiten zu relativieren war, vgl. Frank, R. E., Massy, W. F., Wind, Y., Market Segmentation, S. 4 f. Weitere Nachteile bzw. Risiken können aus der Segmentierung nach irrelevanten Kriterien, durch die Konzentration auf eine zu hohe Anzahl von Segmenten, aber auch durch eine mangelnde Risikostreuung in Form der Konzentration auf ein einziges Segment erwachsen, vgl. Bauer, E., Markt-Segmentierung, S. 39 f.

Käuferverhaltens nicht mehr genügen.⁵³ Der Ursprung mehrstufiger Segmentierungsansätze liegt auf dem Fachgebiet des Industriegütermarketing.⁵⁴ Mehrstufigen Segmentierungsansätzen werden insbesondere die Vorteile der *Vermeidung von Einseitigkeit* sowie einer *besseren Übersichtlichkeit* zugeschrieben.⁵⁵ Eine bereits bearbeitete, aber nach wie vor interessante Thematik besteht in der Fragestellung, inwieweit sich die *Segmentierungslösungen unterschiedlicher Segmentierungsansätze voneinander unterscheiden.*⁵⁶

Eine erfolgreiche Implementierung der Strategie der Marktsegmentierung erfordert die *Erfüllung mehrerer Voraussetzungen*, welche sich nach *unternehmens-, produkt-* und *marktbezogenen Determinanten* systematisieren lassen. ⁵⁷ So kann die Höhe der verfügbaren Unternehmensressourcen die Entscheidung begünstigen, sich ausschließlich auf wenige Teilmärkte zu konzentrieren. Ein Produkt, welches kaum bzw. von den Konsumenten nicht wahrnehmbare Gestaltungsmöglichkeiten bietet, ist im Hinblick auf die Strategie der Marktsegmentierung grundsätzlich als

---

53 Eindimensionale Segmentierungen liegen dann vor, wenn lediglich ein einziges Segmentierungskriterium eingesetzt wird. Bei mehrdimensionalen Segmentierungen dagegen erfolgt die Segmentbildung simultan auf Basis mehrerer Segmentierungskriterien. Dabei herrscht in der Literatur inzwischen Einigkeit darüber, dass eindimensionalen Segmentierungsansätzen lediglich eine begrenzte Aussagekraft zuzuschreiben ist, da sie der Vielschichtigkeit des modernen Konsumentenverhaltens nicht gerecht werden und lediglich eine rudimentäre Unterteilung des Marktes erlauben, vgl. Baum, F., Marktsegmentierung im Handel, Göttingen 1994, S. 130 f. und Freter, H., Marktsegmentierung, S. 98

54 Vgl. Frank, R. E., Massy, W. F., Wind, Y., Market Segmentation, S. 92 ff., Backhaus, K., Industriegütermarketing, 8. Auflage, München 2007, S. 121 ff., Baum, F., Marktsegmentierung im Handel, S. 134 f. So haben Wind/ Cardozo im Rahmen des Investitionsgütermarketing einen zweistufigen, Scheuch und Gröne einen dreistufigen und Bonoma/ Shapiro einen fünfstufigen Segmentierungsansatz konzipiert, vgl. Backhaus, K., Industriegütermarketing, S. 121 ff. Im Zuge der mehrstufigen Marktsegmentierung erfolgt die Identifikation von Marktsegmenten in mehreren Etappen bzw. in einem stufenweisen Filterungsprozess, vgl. Baum, F., Marktsegmentierung im Handel, S. 130 f. und Backhaus, K., Industriegütermarketing, S. 122 f. In jüngster Zeit wird diese Systematik zunehmend auf Konsumgütermärkte übertragen, vgl. Kohrmann, O., Mehrstufige Marktsegmentierung zur Neukundenakquisition, am Beispiel der Telekommunikation, Wiesbaden 2003, S. 93 f. und Stuhldreier, U., Mehrstufige Marktsegmentierung im Bankmarketing, ein Erfolgsfaktor für das Privatkundengeschäft, S. 75. Um dem modernen, komplexen Konsumentenverhalten besser gerecht werden zu können und gleichzeitig eine gute Übersichtlichkeit zu gewährleisten, liegt die Übertragung einer mehrstufigen Marktsegmentierung auch für Konsumgütermärkte wie die Augenoptikbranche nahe.

55 Vgl. Backhaus, K., Industriegütermarketing, S. 124 und Stuhldreier, U., Mehrstufige Marktsegmentierung im Bankmarketing, S. 75

56 Vgl. Stegmüller, B., Hempel, P., Empirischer Vergleich unterschiedlicher Marktsegmentierungsansätze über die Segmentpopulationen, in: Marketing – Zeitschrift für Forschung und Praxis (ZFP), 1996, Heft 01, S. 25 ff. und Deyle, H.-G., Ansätze der mehrdimensionalen Segmentierung – Eine Simulationsstudie, Arbeitspapier Nr. 135 des Lehrstuhls für Marketing der Universität Erlangen-Nürnberg, Nürnberg 2006, S. 83 ff.

57 Vgl. Bauer, E., Markt-Segmentierung, S. 40 ff.

ungeeignet anzusehen.[58] Gut eignen sich dagegen solche Produkte, welche über eine ausreichend komplexe Warengestalt verfügen und somit Raum für subjektiv wahrnehmbare Gestaltungsvariationen bieten. Über unternehmens- und produktbezogene Determinanten der Strategiewahl hinaus können nur in solchen Märkten unterschiedliche Käufersegmente identifiziert werden, in denen ein ausreichend hoher Grad an Konsumentenheterogenität besteht.[59]

Die genannten *Voraussetzungen* für eine Implementierung der Marktsegmentierung sind *in der Augenoptikbranche* als *grundsätzlich gut erfüllt* anzusehen. So bieten das Kernprodukt Brille und die damit im Zusammenhang stehenden vom Augenoptiker zu erbringenden Dienstleistungen eine *Vielzahl von Gestaltungsmöglichkeiten*, welche von den Konsumenten wahrgenommen werden können.[60] Darüber hinaus ist in der Augenoptikbranche von der *Existenz deutlicher Kaufverhaltensunterschiede* auszugehen.[61]

Im Rahmen des konsumenten- und methodenorientierten Ansatzes der Marktsegmentierung kann sich der Augenoptiker durch eine sorgfältige Analyse der Bedürfnisstrukturen aktueller und potenzieller Konsumenten ein *vertieftes Verständnis des individuellen produktspezifischen Konsumentenverhaltens* verschaffen. Ausgehend von der Annahme, dass jeder unternehmerische Erfolg letztendlich vom Markt abhängt, kann der Augenoptiker in mehrfacher Hinsicht von spezifischen Marketinginformationen profitieren.[62] So wird er den *gestiegenen Ansprüchen der Augenoptikkonsumenten* grundsätzlich besser gerecht werden. Die genaue Kenntnis der Beschaffenheit und Bedürfnislage ausgewählter Zielgruppen ermöglicht es dem Augenoptiker, seine *Treffsicherheit im Hinblick auf die Marktbearbeitung zu erhöhen*. Eine solche Optimierung scheint geeignet,

---

58 Als Beispiel eines solchen Produktes könnte etwa die in vielen Haushalten gebräuchliche Alufolie dienen.
59 Vgl. Bauer, E., Markt-Segmentierung, S. 42 f.
60 Zweifellos handelt es sich bei einer Brille grundsätzlich um ein komplexes, stark erklärungsbedürftiges Produkt. Besonders gilt dies für hochwertige Brillengläser und Fassungen. So können beispielsweise starke Unterschiede im Hinblick auf die Fassungsqualität auch von Laien oftmals leicht erkannt werden. Darüber hinaus besteht sowohl im Fassungs- als auch im Gläserbereich ein ausgeprägter Variantenreichtum, so dass der Konsument, angeleitet durch das Fachwissen des Augenoptikers, grundsätzlich zwischen einer Vielzahl unterschiedlicher Gestaltungsoptionen wählen kann.
61 So gibt es beispielsweise Kunden, welche sich erst nach mehreren Besuchen, der Einholung alternativer Konkurrenzangebote sowie einer Konsultierung des engsten sozialen Umfeldes für eine neue Brille entscheiden. Andere Kunden benötigen für diese Entscheidung weniger als 15 Minuten. Mancher Kunde entscheidet sich stets für eine hohe Produktqualität und ist bereit, einen hohen Kaufpreis zu bezahlen. Andere Kunden begnügen sich dagegen mit der günstigsten Grundausstattung. Weiterhin gibt es Kunden, welche gerne Brille tragen, während andere eine Aversion dagegen verspüren usw.
62 Vgl. Freter, H., Marktsegmentierung, S. 16

maßgeblich zu einer *verbesserten Marketingeffizienz* sowie einer *erhöhten Kundenfrequenz* beizutragen.

Soll der *aktuelle Status quo der Marktsegmentierung in der Augenoptikbranche* beurteilt werden, so scheint eine Differenzierung zwischen Branchenfachliteratur und Unternehmenspraxis sinnvoll. In der *deutschsprachigen augenoptischen Fachliteratur* haben zum gegenwärtigen Zeitpunkt erste Autoren begonnen, die *wissenschaftliche Diskussion des Konzeptes der Marktsegmentierung* zu eröffnen.[63] Diese Beiträge weisen zweifellos in die richtige Richtung, beschränken sich allerdings derzeit noch auf ausgewählte Teilaspekte der Marktsegmentierung oder bewegen sich auf einem recht hohen Abstraktionsniveau. *In der Unternehmenspraxis* nehmen inzwischen viele mittelständische Augenoptiker regelmäßig *Kundenselektionen* zur Vorbereitung unterschiedlicher *Direktmarketingaktionen* vor. Dabei selektiert der Augenoptiker seinen Kundenstamm unter Einsatz seiner Branchensoftware nach unterschiedlichen Kriterien.

3 Ziel und Gang der Untersuchung

Ausgehend von den aktuellen Entwicklungen in der bundesdeutschen Augenoptikbranche wurde die Bedeutung der Marktsegmentierung herausgestellt. Vor diesem Hintergrund besteht das *Hauptziel* der vorliegenden Untersuchung in der Konzeption und empirischen Überprüfung eines Segmentierungsansatzes für das mittelständische Augenoptikerhandwerk, wobei der Auswahl der Segmentierungskriterien eine hohe Bedeutung beigemessen wird.[64] Darüber hinaus soll die

---

63 So wird in den Abhandlungen von Deckers, Medelnik, Nagl und Rath die zentrale Bedeutung der Marktsegmentierung für die Augenoptikbranche wiederholt herausgestellt, vgl. Deckers, R., Medelnik, N., Den Blech- zum Goldkunden entwickeln, in: DOZ, Heft 05, 2002, S. 36 f. und Deckers, R., Medelnik, N., Den Marketingaufwand nach dem Wert der Kundenbeziehung steuern, in: DOZ, Heft 01, 2003, S. 56 f. sowie Nagl, A., Rath, V., Customer Relationship Management: Kundenpflege statt Produktverkauf, in: DOZ, Heft 03, 2005, S. 24 ff. und Nagl, A., Dienstleistungsmarketing in der Augenoptik, Ein Ratgeber für die Praxis, S. 42 f. Weitere Ausführungen befassen sich mit der Segmentierung ausgewählter Teilmärkte wie beispielsweise dem Seniorenmarkt, vgl. Nagl, A., Rath, V., Seniorenmarketing: Potenziale einer reifen Zielgruppe, in: DOZ, Heft 12, 2005, S. 34 ff. Darüber hinaus finden sich in branchenspezifischen Monografien Kundentypologien nach Qualitätsansprüchen, vgl. Köhler, J., Dienstleistungsmarketing, Leitfaden für die Augenoptik, Berlin 1998, S. 126 ff. und Köhler, J., Auf die Kunden, fertig, los!, Praxishinweise für Beratung, Marketing und Kundenmanagement in der Augenoptik, Heidelberg 2006, S. 23 ff. Schließlich empfehlen Hering und Baumgärtel eine Marktunterteilung nach soziodemografischen Kriterien und anderen verfügbaren Kundeninformationen wie beispielsweise Freizeitbeschäftigungen usw., vgl. Hering, E., Baumgärtel, H., Managementpraxis für Augenoptiker, Heidelberg 2000, S. 364 ff.

64 Eine solche Einteilung scheint gerechtfertigt, da die Auswahl geeigneter Segmentierungskriterien im Mittelpunkt der Markterfassung steht, vgl. Freter, H., Marktsegmentierung, S. 6 und

Ausarbeitung Aufschluss darüber geben, ob eine mehrstufige Marktsegmentierung einer einstufigen überlegen ist. Somit liegt der *Forschungsschwerpunkt der Arbeit* auf dem methodenorientierten Ansatz der Marktsegmentierung. Das genannte Hauptziel der vorliegenden Untersuchung setzt sich aus folgenden *Teilzielen* zusammen:

- Gewährung eines Überblickes über die unterschiedlichen Kategorien potenzieller, möglicherweise auch in der Augenoptikbranche einsetzbarer Segmentierungskriterien. Gleichzeitig sind in diesem Zuge Anforderungen an die zu untersuchenden Segmentierungskriterien zu definieren.
- Darstellung der einzelnen Segmentierungskriterien und anschließende Diskussion ihrer Brauchbarkeit im Hinblick auf einen Augenoptik-Segmentierungsansatz. Dabei soll die Vielzahl der potenziellen Segmentierungskriterien einer ordnenden Struktur zugeführt werden.
- Ableitung einer zweistufigen Segmentierungskonzeption für das mittelständische Augenoptikerhandwerk. Die Auswahl und Anordnung der dabei eingesetzten Segmentierungskriterien folgt den Erkenntnissen der vorangegangenen Kriteriendiskussion.
- Empirische Überprüfung des neu konzipierten Augenoptik-Segmentierungsansatzes am Beispiel eines Unternehmens des mittelständischen Augenoptikerhandwerks.
- Vergleich der zweistufigen Segmentierungslösung mit einer einstufigen Variante.

Mit der Aufspaltung der generellen Zielsetzung in die Unterziele ist der *Gang der Untersuchung* bereits vorgezeichnet. So beginnt *Teil B* der Arbeit mit der Definition von fünf Anforderungen an die Marktsegmentierungskriterien. Anschließend wird ein Überblick über die vier Kategorien potenzieller Marktsegmentierungskriterien gegeben. Es folgt eine Darstellung, Diskussion und Bewertung der Brauchbarkeit der einzelnen Marktsegmentierungskriterien. Abschnitt B

Böhler, H., Methoden und Modelle der Marktsegmentierung, S. 2 f. sowie S. 57. Darüber hinaus ist die Auswahl relevanter Segmentierungskriterien als ein fundamentaler Erfolgsfaktor der Marktsegmentierung anzusehen. Wird ein Markt nach irrelevanten Kriterien segmentiert, so kann das gesamte Vorhaben scheitern und somit einen wirtschaftlichen Schaden verursachen, vgl. Bauer, E., Markt-Segmentierung, S. 39. Da zunächst nicht bekannt ist, welche Segmentierungskriterien im jeweiligen Kontext von Relevanz sind, muss zunächst eine erste Grobauswahl auf Basis verhaltensorientierter Aspekte erfolgen. Informationen zur Identifikation der jeweils am besten geeigneten Segmentierungskriterien lassen sich erst in einem weiteren Schritt durch den Einsatz geeigneter mathematisch-statistischer Rechenverfahren gewinnen, vgl. Böhler, H., Methoden und Modelle der Marktsegmentierung, S. 2 f.

3 Ziel und Gang der Untersuchung

der Arbeit schließt mit einer Übersicht über im Hinblick auf einen Augenoptik-Segmentierungsansatz brauchbare bzw. unbrauchbare Segmentierungskriterien.

In *Teil C* der Arbeit wird auf Basis der vorangegangenen Erkenntnisse ein Segmentierungsansatz für die Augenoptikbranche konzipiert und im Anschluss daran einer empirischen Überprüfung unterzogen. Als Untersuchungsgegenstand wird ein im Zuge einer Befragung von Kunden eines regional tätigen, mittelständischen Augenoptikunternehmens gewonnener Datensatz dienen. Nach Beschreibung des Untersuchungsdesigns sowie der Stichprobenstruktur erfolgt die Analyse des Datenmaterials durch Einsatz multivariater, mathematisch-statistischer Rechenverfahren. Auf diese Weise werden unterschiedliche Marktsegmente identifiziert und beschrieben.

In *Teil D* wird auf mathematisch-statistischem Wege sowie durch ergänzende inhaltliche Überlegungen geprüft, ob der neu konzipierte zweistufige Segmentierungsansatz auch durch eine einstufige Variante ersetzt werden kann.

In *Teil E* werden die wesentlichen Ergebnisse der Untersuchung zusammengefasst. Anregungen für weitere wissenschaftliche Forschungsarbeiten schließen die Arbeit ab.

B Auswahl relevanter Kriterien im Hinblick auf die Konzeption eines Augenoptik-Segmentierungsansatzes

1 Anforderungen an die Segmentierungskriterien

Wie bereits dargestellt, steht auf der Informationsseite der Marktsegmentierung zunächst die Auswahl der Segmentierungskriterien im Vordergrund. Dabei hat die Auswahl der Segmentierungskriterien nach dem Grad der Erfüllung festzulegender Anforderungen zu erfolgen. Als Grundlage der Eignungsbeurteilung von Segmentierungskriterien haben sich in der Literatur eine Reihe von Anforderungen an die Segmentierungskriterien etabliert,[65] welche nachfolgend zu fünf Kriterien verdichtet werden:

(1) Mess- und Operationalisierbarkeit
Die Ausprägungen der gewählten Segmentierungskriterien müssen durch die gängigen Methoden der Marktforschung erfassbar und messbar sein.[66] Diese Anforderung bildet auch die Voraussetzung, um zu einem späteren Zeitpunkt statistische Analysemethoden zur Identifikation unterschiedlicher Kundensegmente einsetzen zu können.[67] Folglich ist der Anforderung der Mess- und Operationalisierbarkeit eine hohe Relevanz hinsichtlich der praktischen Anwendung der Marktsegmentierung zuzuschreiben.[68]

(2) Marktrelevanz
Unter der Anforderung der Marktrelevanz werden die drei Kriterien Kaufverhaltensbezug, Aussagewert für die Gestaltung der Marketinginstrumente zum Zwecke einer differenzierten Marktbearbeitung sowie die Erreichbarkeit der identifi-

---

65 Vgl. Frank, R. E., Massy, W. F., Wind, Y., Market Segmentation, S.227 f., Wedel, M., Kamakura, W., Market Segmentation, Conceptual and Methodological Foundations, Boston, Mass. u. a. 2001, S 4 f., Meffert, H., Burmann, C., Kirchgeorg, M., Marketing, S. 190 f., Freter, H., Marktsegmentierung, S. 43 f., McDonald, M., Dunbar, I., Market Segmentation, S. 28 f.
66 Vgl. Frank, R. E., Massy, W. F., Wind, Y., Market Segmentation, S. 28 und Meffert, H., Burmann, C., Kirchgeorg, M., Marketing, S. 190
67 Vgl. Meffert, H., Burmann, C., Kirchgeorg, M., Marketing, S. 190
68 Vgl. Freter, H., Marktsegmentierung, S. 44

zierten Kundensegmente zusammengefasst.[69] Durch Einsatz der gewählten Segmentierungskriterien müssen sich Käufergruppen identifizieren lassen, welche hinsichtlich ihres Kaufverhaltens als intern homogen, extern aber heterogen zu klassifizieren sind.[70] Um die identifizierten Käufersegmente im Anschluss an die Markterfassung nach Zielgruppen differenziert bearbeiten zu können, müssen die Segmentierungskriterien Rückschlüsse auf die Gestaltung des Marketinginstrumentariums zulassen.[71] Um die Effizienz einer differenzierten Marktbearbeitung zu erhöhen, sollen die gewählten Segmentierungskriterien darüber hinaus Hinweise geben, über welche Kommunikations- und Distributionskanäle die identifizierten Käufersegmente erreicht werden können.[72]

(3)   Wirtschaftlichkeit
Die Verbesserung der wirtschaftlichen Stellung eines Unternehmens bildet das übergeordnete Ziel der Basisstrategie der Marktsegmentierung. Diese Anforderung ist dann erfüllt, wenn die mithilfe der Marktsegmentierung zusätzlich erzielten Erlöse die zusätzlich entstandenen Kosten der Informationsbeschaffung, -verarbeitung sowie segmentspezifischen Marktbearbeitung übersteigen.[73] Eine Voraussetzung zur Erfüllung besteht folglich darin, dass die identifizierten und zur differenzierten Bearbeitung ausgewählten Segmente über ein ausreichendes Deckungsbeitragspotenzial verfügen.[74] Folglich sollen durch die gewählten Segmentierungskriterien solche Käufergruppen identifiziert werden, deren differenzierte Bearbeitung sich unter wirtschaftlichen Gesichtspunkten für das Unternehmen lohnt.[75]

Dabei ist festzustellen, dass es in der Praxis kaum möglich sein wird, die Wirkung eines potenziellen Segmentierungskriteriums auf das wirtschaftliche Ergebnis eines Segmentierungsprozesses[76] ex ante zu prognostizieren.[77] Daher muss sich die Beurteilung potenzieller Segmentierungskriterien hinsichtlich ihrer Wirtschaftlichkeit zum Zeitpunkt der Kriterienwahl in der Regel auf die verglei-

---

69 In Anlehnung an Stuhldreier, U., Mehrstufige Marktsegmentierung im Bankmarketing, S. 30
70 Vgl. Meffert, H., Burmann, C., Kirchgeorg, M., Marketing, S. 190
71 Vgl. Wedel, M., Kamakura, W., Market Segmentation, S. 5
72 Vgl. Wedel, M., Kamakura, W., Market Segmentation, S. 4
73 Vgl. Meffert, H., Burmann, C., Kirchgeorg, M., Marketing, S. 190
74 Vgl. McDonald, M., Dunbar, I., Market Segmentation, S. 15, Wedel, M., Kamakura, W., Market Segmentation, S. 4
75 Vgl. Freter, H., Marktsegmentierung, S. 44
76 Der Begriff des Segmentierungsprozesses ist hier im Sinne einer weiten Definition zu verstehen, welche die beiden Phasen der Markterfassung und Marktbearbeitung integriert.
77 Vgl. Meffert, H., Burmann, C., Kirchgeorg, M., Marketing, S. 190

chende Gegenüberstellung des zu erwartenden Erfassungsaufwandes beschränken.[78]

(4) Zeitliche Stabilität
Eng mit der Anforderung der Wirtschaftlichkeit verknüpft ist die Notwendigkeit, dass die Wirksamkeit der gewählten Segmentierungskriterien über einen längeren Zeitraum erhalten bleibt. Begründen lässt sich diese Anforderung damit, dass sich die Prozesse der Markterfassung sowie der Konzeption einer differenzierten Marktbearbeitung erfahrungsgemäß über einen längeren Zeitraum erstrecken.[79] Darüber hinaus treten die erwünschten Wirkungen einer differenzierten Marktbearbeitung i. d. R. erst mit einer zeitlichen Verzögerung ein.[80] Folglich muss die Wirksamkeit der gewählten Segmentierungskriterien über einen längeren Zeitraum hinweg gewährleistet sein.[81]

(5) Praxistauglichkeit
Aufgrund der starken Integration des Kunden bei der Auswahl und Anfertigung einer Brille kann die erfolgreiche Implementierung eines Segmentierungskonzeptes nur dann gewährleistet werden, wenn dieses vom Kundenkontaktpersonal verstanden, akzeptiert und im operativen Tagesgeschäft aktiv mitgetragen wird. Folglich müssen die gewählten Segmentierungskriterien den Besonderheiten des Käuferverhaltens im Markt für augenoptische Produkte und Dienstleistungen entsprechen. Darüber hinaus müssen die Segmentierungskriterien leicht verständlich und interpretierbar sowie eindeutig und schnell erfassbar sein.

2 Kategorien potenzieller Segmentierungskriterien

Grundsätzlich kann zwischen einer großen Anzahl unterschiedlicher Segmentierungskriterien ausgewählt werden. Wie Tabelle 2 zeigt, lassen sich die Segmentierungskriterien u. a. in vier grundlegende Kategorien einteilen:[82]

---

78 Vgl. Perrey, J., Nutzenorientierte Marktsegmentierung, S. 25 und Stuhldreier, U., Mehrstufige Marktsegmentierung im Bankmarketing, S. 30
79 Vgl. Freter, H., Marktsegmentierung, S. 44
80 Vgl. Meffert, H., Burmann, C., Kirchgeorg, M., Marketing, S. 190 f.
81 Vgl. Wedel, M., Kamakura, W., Market Segmentation, S. 5
82 Das hier gewählte Einteilungsschema lehnt sich in leicht abgewandelter Form an die Systematik nach Wagner/ Kamakura an, vgl. Wedel, M., Kamakura, W., Market Segmentation, S. 7. In der Literatur finden sich allerdings mehrere Grundmuster zur Einteilung der Segmentierungskriterien. Eine kompakte Übersicht über alternative Systematisierungen von Segmentierungskriterien nach Hauptgruppen gewährt Becker, vgl. Becker, J., Marketing-Konzeption, Grundlagen des strategischen Marketing-Managements, München 1993, S. 230. So unterscheidet beispielsweise Meffert im Rahmen einer „4-er Systematik" zwischen verhaltensorientierten,

	Allgemeine	Produktspezifische
Beobachtbare	z. B. sozioökonomische, geografische, kulturelle Kriterien	Benutzungshäufigkeit und -intensität, Verwendungssituation, Einkaufsstättentreue
Nicht Beobachtbare	Psychografische, Werte, Motive, Einstellungen, Lebensstil	Erwarteter Nutzen und Anforderungen, individ. Präferenzen, Elastizitäten usw.

Tabelle 2: Klassifikationsschema alternativer Segmentierungskriterien[83]

Die erste Kategorie bildet die Gruppe der beobachtbaren allgemeinen Segmentierungskriterien. Dieser Gruppe sind die demographischen, sozioökonomischen, geographischen und kulturellen Kriterien zuzurechnen. Die zweite Gruppe besteht aus allgemeinen nicht beobachtbaren Kriterien. Sie umfasst psychographische Kriterien wie Motive, allgemeine Einstellungen, den Lebensstil von Konsumenten usw. Eine dritte Gruppe bilden die nicht beobachtbaren produktspezifischen Segmentierungskriterien. Dazu gehören Kriterien wie der von einem Produkt erwartete Nutzen, spezifische Produktanforderungen, individuelle Präferenzen und Elastizitäten. Die vierte Kategorie besteht aus beobachtbaren produktspezifischen Segmentierungskriterien. Diese Gruppe umfasst sämtliche Kriterien des beobachtbaren Kaufverhaltens wie Benutzungshäufigkeit und Nutzungsintensität, die Kaufhäufigkeit, die Verwendungssituation, Einkaufsstättentreue usw.

---

psychographischen, soziodemographischen und geographischen Kriterien. Nieschlag/ Dichtl/ Hörschgen dagegen beschränken sich durch die Differenzierung zwischen demographischen, psychographischen und verhaltensorientierten Kriterien auf eine „3-er Systematik". Böhler schließlich unterteilt gemäß einer „2-er Systematik" zwischen persönlichen Merkmalen der Konsumenten („Consumer´s Personal Characteristics") und den Kriterien des Reaktionsverhaltens („Consumer´s Response to Product").

83 In Anlehnung an Wedel, M., Kamakura, W., Market Segmentation, S. 7

Die Segmentierungskriterien der vier umrissenen Kategorien sollen nachfolgend zunächst im Rahmen einer Einzelbetrachtung in knapper Form beschrieben und anschließend hinsichtlich ihrer Relevanz und Praktikabilität im Hinblick auf ihre Eignung für ein Marktsegmentierungskonzept in der Augenoptikbranche beurteilt werden. Abschließend wird jede der vier Kategorien von Segmentierungskriterien einer kritischen Würdigung bezüglich ihrer Stärken und Schwächen unterzogen.

2.1 Allgemeine beobachtbare Segmentierungskriterien

Zu den allgemeinen beobachtbaren Segmentierungskriterien gehört die Gruppe der demographischen und sozioökonomischen Kriterien.[84] Innerhalb dieser Gruppe kann zwischen eindimensionalen und mehrdimensionalen Segmentierungskriterien differenziert werden.[85] Nachfolgend soll mit der Beschreibung und Diskussion der eindimensionalen Segmentierungskriterien begonnen werden.

2.1.1 Eindimensionale Segmentierungskriterien

Ein grundlegendes Segmentierungsmerkmal aus der Reihe der eindimensionalen, demographischen Kriterien stellt das *Geschlecht* dar.[86] Physiologische, psychologische, soziale und kulturelle Ursachen führen dazu, dass sich Frauen und Männer in ihrem Konsumentenverhalten zum Teil stark unterscheiden.[87] Dabei fallen die Unterschiede je nach Produktgattung unterschiedlich groß aus.[88] Traditionell gut eignen sich für eine Segmentierung nach Geschlecht Produkte der persönlichen Ausstattung wie Textilien oder Körperpflegeartikel. Aber auch in anderen Branchen wie beispielsweise der Automobil- oder Motorradbranche wird zunehmend nach Geschlecht segmentiert[89].

---

84 Zur Gruppe der demographischen Segmentierungskriterien werden die Merkmale Geschlecht, Alter, Familienstand, Zahl und Alter der Kinder, Haushaltsgröße, Wohnort und Kultur gerechnet, während sich die sozioökonomischen Kriterien aus den Bestandteilen Einkommen, Schulbildung und Beruf zusammensetzen, vgl. die Systematik nach Bauer, E., Markt-Segmentierung, S. 59
85 Vgl. Becker, J., Marketing-Konzeption, S. 231 und Böhler, H., Methoden und Modelle der Marktsegmentierung, S. 68
86 Vgl. Freter, H, Markt- und Kundensegmentierung, kundenorientierte Markterfassung und -bearbeitung, S. 167
87 Vgl. Meffert, H., Burmann, C., Kirchgeorg, M., Marketing, S. 194 und Freter, H., Marktsegmentierung, S. 51 sowie Frank, R. E., Massy, W. F., Wind, Y., Market Segmentation, S. 30
88 Vgl. Frank, R. E., Massy, W. F., Wind, Y., Market Segmentation, S. 31
89 Vgl. Kotler, P., Bliemel, F., Marketing-Management, Stuttgart 1995, S. 433

In der Augenoptikbranche kommt besonders bei weiblichen Käufergruppen neben dem funktionalen Aspekt der optimalen Sehleistung den Dimensionen Mode und Ästhetik eine größere Bedeutung zu. Folglich dürfte das Kriterium Geschlecht für eine Segmentierung in der Augenoptikbranche von Relevanz sein.

Das *Lebensalter* zählte in der Vergangenheit zu den am häufigsten eingesetzten Segmentierungskriterien.[90] Die Verwendung dieses Kriteriums basiert auf der Beobachtung, dass sich die Bedürfnisse und Konsumgewohnheiten im Laufe des Lebens zum Teil sehr stark verändern.[91] In diesem Sinne konzipieren Spielzeughersteller ihre Produkte in Abhängigkeit vom Entwicklungsstadium der fokussierten Alterszielgruppe. In der Lebensmittelbranche wird neben Standardprodukten auch Spezialnahrung für Kleinkinder sowie Alterskost angeboten.[92]

In der Augenoptikbranche kommt dem Lebensalter der Konsumenten eine tragende Rolle zu: Ab dem Alter von ca. 40 Jahren macht sich die nachlassende Fähigkeit der menschlichen Augenlinse, sich auf unterschiedliche Entfernungen scharf einstellen zu können, bemerkbar. Daher benötigt der Brillenkäufer ab diesem Alter Mehrstärkengläser, deren Kaufpreis im Vergleich zu Einstärkengläsern wesentlich höher liegt. Dies führt dazu, dass der Augenoptiker mit Kunden ab ca. 40 Jahren einen deutlich höheren Deckungsbeitrag erwirtschaftet.[93] Darüber hinaus haben empirische Untersuchungen[94] nachgewiesen, dass das Kaufmotiv „Attraktives Aussehen" in jüngeren Kundengruppen eine wesentlich größere Bedeutung besitzt als in älteren Kundenkreisen. Folglich ist dem Segmentierungskriterium Lebensalter in der Augenoptikbranche eine hohe Relevanz zuzuschreiben.

Auch der *Familienstand* kann in bestimmten Branchen als sinnvolles Segmentierungskriterium dienen. So kommen für Anbieter von Hochzeitsmode als potenzielle Kundengruppe ausschließlich ledige Singles infrage.

In der Augenoptikbranche kann sich der Familienstand auf das Beratungsgespräch und das Entscheidungsverhalten eines Brillenkunden auswirken. So wird bei Verheirateten der Ehepartner regelmäßig in die Auswahlentscheidung vornehmlich der Brillenfassung einbezogen. Dadurch wird die Individual- zu einer Gruppenentscheidung, was die Komplexität des Beratungsgespräches sowie des Kaufentscheidungsprozesses erhöhen kann. Insgesamt wird dem Familienstand in der Augenoptikbranche allerdings eine eher geringe Bedeutung zukommen.

Ebenso wie der Familienstand kann die *Anzahl der Kinder* für gewisse Branchen ein sinnvolles Segmentierungskriterium darstellen. So wurden die Familien-

---

90 Vgl. Freter, H., Markt- und Kundensegmentierung, S. 98
91 Vgl. Freter, H., Marktsegmentierung, S. 51
92 Vgl. Kotler, P., Bliemel, F., Marketing-Management, S. 433
93 O. V.: 5. SPECTARIS-Trendforum in: DOZ, Heft 12, 2006, S. 8
94 Vgl. empirische Untersuchungen der BBE Unternehmensberatung GmbH, Köln

größe, das Alter des Haushaltsvorstandes sowie das Einkommen als wichtigste Einflussfaktoren auf die Erwerbsprognose eines Eigenheimes identifiziert.[95]

In der Augenoptikbranche dürfte lediglich ein schwacher Bezug zwischen der Anzahl der Kinder und dem Brillenkauf bestehen. Allerdings liegt die Vermutung nahe, dass das Budget für die persönliche Ausstattung mit zunehmender Familiengröße bzw. höheren Haushaltskosten tendenziell geringer ausfallen wird, was sich in erhöhter Preissensibilität oder längeren Brillenbeschaffungsintervallen niederschlagen könnte.

Das *Alter der Kinder* kann sich in einigen Branchen auf das Kaufverhalten der Eltern auswirken. So stellte sich heraus, dass die Ausgaben für die Anschaffung von Waschmaschinen, Wäschetrocknern und Kühlschränken bei Familien mit Kindern unter sechs Jahren ihren Höhepunkt erreichen. Die Ausgaben für Fahrräder, Klaviere, Gartengeräte usw. sind dagegen in Familien am höchsten, in denen Kinder im Alter zwischen sechs und elf Jahren leben.[96]

In der Augenoptikbranche dürfte sich das Alter der Kinder lediglich auf die Produktausführung auswirken. So erhalten Produkteigenschaften wie Stabilität, Flexibilität und Unzerbrechlichkeit einer Brille durch die Eltern kleiner Kinder eine stärkere Gewichtung. Insgesamt ist dem Kriterium Alter der Kinder aber lediglich eine geringe Relevanz zuzuschreiben.

Die vorhandene *Ausbildung* kann sich gerade für eine Segmentierung auf solchen Produktmärkten eignen, in denen konsumentenseitig ein spezielles Fachwissen für die Erfassung der Produkteigenschaften und deren Beurteilung von Bedeutung ist.[97]

Erfahrungsgemäß führen Unterschiede hinsichtlich des vorhandenen Bildungsniveaus zu einem veränderten Kauf- und Anspruchsverhalten eines Brillenkunden. So zeigen gerade Studenten und Absolventen technisch geprägter Fakultäten regelmäßig ein starkes Interesse am Herstellungsprozess und der Funktionalität der angebotenen augenoptischen Produkte, während Aspekte des Designs und des Aussehens eher in den Hintergrund treten. Völlig gegensätzlich sind erfahrungsgemäß die Interessen künstlerisch-ästhetisch geprägter Kunden gelagert. Folglich erscheint die Erhebung der vorhandenen Ausbildung bei der Generierung eines empirischen Datensatzes mit dem Ziel der Konzeption und empirischen Überprüfung eines Segmentierungsansatzes für die Augenoptikbranche als sinnvoll.

Eine Segmentierung nach dem ausgeübten *Beruf* als eigenständiges Kriterium ist besonders dann als sinnvoll anzusehen, wenn die Nachfrage nach einem bestimmten Produkt in engem Zusammenhang mit dem ausgeübten Beruf steht.

---

95 Vgl. Frank, R. E., Massy, W. F., Wind, Y., Market Segmentation, S. 34
96 Vgl. Frank, R. E., Massy, W. F., Wind, Y., Market Segmentation, S. 35
97 Vgl. Meffert, H., Burmann, C., Kirchgeorg, M., Marketing, S. 195

Als beispielhafte Produktkategorie sei branchenspezifische Berufs- und Arbeitsbekleidung genannt.[98] Darüber hinaus hat sich aber auch gezeigt, dass sich unterschiedliche Berufsgruppen z. T. stark im Hinblick auf ihr Ausgabeverhalten für gewisse Produktgruppen unterscheiden.[99]

In einem professionellen Beratungsgespräch kommt dem Verwendungszweck einer Brille eine tragende Rolle zu. Dieser wird regelmäßig durch den ausgeübten Beruf determiniert, was unmittelbar zu Unterschieden im Kaufverhalten führt. Folglich ist dem Kriterium Beruf in der Augenoptik eine hohe Relevanz zuzuschreiben.

Das *Einkommen* gehört zu den in der Vergangenheit am häufigsten eingesetzten Segmentierungskriterien.[100] Eine besondere Rolle spielt es beispielsweise in der Automobil-, Boots-, Bekleidungs-, Kosmetik- und Touristikindustrie.[101] Dabei ist zu beachten, dass das Einkommen lediglich einen Indikator für die Fähigkeit eines Konsumenten, einen Kauf zu tätigen, darstellt. Daneben wird die Kaufwahrscheinlichkeit in hohem Maße durch soziologische und sozialpsychologische Determinanten beeinflusst.[102] Extreme Einkommensunterschiede sind häufig mit stark unterschiedlichem Konsumverhalten verbunden.[103]

Da gerade bei länger nutzbaren Gebrauchsgütern wie der Brille von einem Einfluss des Einkommens auf das Kaufverhalten auszugehen ist[104], erscheint die Integration des Kriteriums Einkommen im Rahmen einer empirischen Studie grundsätzlich sinnvoll.

Der *Wohnort* als Ursache für Unterschiede im Konsumentenverhalten steht im Mittelpunkt der geographischen Marktsegmentierung, welche bereits eine langjährige Tradition aufweist.[105] Die Systematik der geographischen Segmentierung basiert einerseits auf Modellen der Bevölkerungsverteilung und andererseits auf der Beobachtung, dass jedes Gebiet seine eigene Kultur entwickelt, was auch zu Unterschieden im Konsumentenverhalten führen kann.[106] Die geographische Segmentierung lässt sich auf unterschiedlichen Ebenen einsetzen. Diese reichen von der Länderebene über Nielsen-Gebiete, Bundesländer, Kreise und Postleit-

---

98 Vgl. Meffert, H., Burmann, C., Kirchgeorg, M., Marketing, S. 195
99 Vgl. Freter, H., Markt- und Kundensegmentierung, S. 119 f.
100 Vgl. Freter, H., Markt- und Kundensegmentierung, S. 120 f.
101 Vgl. Kotler, P., Bliemel, F., Marketing-Management, S. 433 f.
102 Vgl. Frank, R. E., Massy, W. F., Wind, Y., Market Segmentation, S. 42
103 Vgl. Meffert, H., Burmann, C., Kirchgeorg, M., Marketing, S. 195
104 Vgl. Meffert, H., Burmann, C., Kirchgeorg, M., Marketing, S. 195
105 Bereits im Jahr 1889 stellte Charles Booth mikrogeographische Untersuchungen an, indem er das Stadtgebiet von London nach bestimmten Kriterien unterteilte, so dass räumliche Unterschiede in der Sozialstruktur der ansässigen Bevölkerung abgelesen werden konnten, vgl. Froböse, M., Mikrogeographische Segmentierung von Einzelhandelsmärkten, Wiesbaden 1995, S. 37
106 Vgl. Frank, R. E., Massy, W. F., Wind, Y., Market Segmentation, S. 40 und Freter, H., Markt- und Kundensegmentierung, S. 110 ff.

zahlgebieten bis hin zu Ortsteilen, Straßenzügen und Gebäudegruppen. Letztere werden unter der Bezeichnung Mikrogeographische Segmentierung subsumiert.[107] So haben sich in vielen Großstädten Studenten- und Künstlerviertel, Gastarbeiterviertel, Villenvororte der Wohlhabenden usw. herausgebildet.[108]

Wenngleich der Wohnort beim Kauf von Brillen nicht in ursächlicher Weise Verhaltensunterschiede hervorrufen dürfte, so könnte ihm doch eine gewisse Indikatorwirkung für unterschiedliche Lebens- und Konsummuster zukommen. Folglich sollte in einer empirischen Studie der Wohnort erhoben bzw. zumindest eine Unterscheidung zwischen innerstädtischem und ländlichem Wohnort getroffen werden. Darüber hinaus dürfte der Wohnort in gewissen Naturräumen die Produktspezifikation beeinflussen.[109]

2.1.2 Mehrdimensionale Segmentierungskriterien

Gewisse Segmentierungskriterien weisen von Natur aus mehrere Dimensionen auf. Darüber hinaus kann die Erklärung des Kaufverhaltens durch den mechanistischen Einsatz eindimensionaler, demographischer und sozioökonomischer Segmentierungskriterien für die Mehrheit der Konsumgüter nur in unzureichendem Maße erfolgen, weshalb man in der Vergangenheit hin und wieder dazu überging, einzelne demographische und sozioökonomische Segmentierungskriterien zu erklärungsfähigeren Konstrukten zu kombinieren.[110]

Ein mehrere Dimensionen umfassendes Segmentierungskriterium ist die *Kultur*, durch die ein Mensch geprägt ist. Die Kultur wird unter Verhaltensforschern als eine zentrale Ursache unterschiedlichen, menschlichen Verhaltens

---

107 Vgl. Froböse, M., Mikrogeographische Segmentierung von Einzelhandelsmärkten, S. 46
108 Vgl. Kotler, P., Bliemel, F., Marketing-Management, S. 432
109 Beispielsweise wird die Nachfrage nach Sonnenschutzgläsern und Tönungen in den Gebirgs- und Küstenregionen stärker ausfallen.
110 Häufig eingesetzte, aus mehreren demographischen bzw. sozioökonomischen Kriterien zusammengesetzte und somit mehrdimensionale Segmentierungskriterien stellen der Familienlebenszyklus sowie die Soziale Schicht dar, vgl. Böhler, H., Methoden und Modelle der Marktsegmentierung, S. 73. Wenngleich das Konstrukt der Sozialen Schicht regelmäßig aus den drei allgemeinen beobachtbaren Kriterien Bildung, Beruf und Einkommen gebildet wird und folglich, ausgehend von den Einzelkomponenten, zu den allgemeinen nicht beobachtbaren mehrdimensionalen Kriterien zu rechnen wäre, so ist die soziale Schicht von ihrem Charakter her doch den soziologischen Segmentierungskriterien zuzurechnen. Daher wird dieses Kriterium innerhalb der Kategorie der allgemeinen nicht beobachtbaren Segmentierungskriterien behandelt. Darüber hinaus werden teilweise auch andere Merkmalskombinationen eingesetzt. Ein Beispiel stellt die Verknüpfung von Einkommen, Familiengröße und Alter dar, wobei dieser Kombination kein eigener Terminus verliehen wurde, vgl. Becker, J., Marketing-Konzeption, S. 231 f., Meffert, H., Burmann, C., Kirchgeorg, M., Marketing, S. 196 f. sowie Kotler, P., Bliemel, F., Marketing-Management, S. 168

angesehen.[111] Große Unterschiede können sich durch die Herkunft aus unterschiedlichen Nationen, Regionen oder der Zugehörigkeit zu einer bestimmten Religion ergeben, die sich auch im Kaufverhalten niederschlagen.[112] Beispielsweise wurde in einer empirischen Untersuchung festgestellt, dass sich die Einkaufsstättenwahl der deutschtürkischen Bevölkerung im Lebensmitteleinzelhandel deutlich von der Einkaufsstättenwahl der deutschen Bevölkerung unterscheidet.[113] Aufgrund der kulturbedingten Kaufverhaltensunterschiede sind bereits mehrere deutsche Großunternehmen dazu übergegangen, ausländische Bevölkerungsgruppen im Sinne eines „Ethno-Marketing" differenziert anzusprechen.[114]

Es ist davon auszugehen, dass sich der kulturelle Hintergrund eines Konsumenten auch beim Kauf einer Brille auswirkt. So zeigt das Kaufverhalten ausländischer Mitbürger identischer Herkunftsländer immer wieder Parallelen im ästhetischen Empfinden sowie im Hinblick auf das gewählte Qualitäts- und Preisniveau. Folglich eignet sich die kulturelle Herkunft als Segmentierungskriterium einer empirischen Untersuchung besonders dann, wenn im Einzugsgebiet des betrachteten Augenoptikers ein hoher Anteil ausländischer Mitbürger lebt.

Unter der Zielsetzung, die Aussage- und Erklärungsfähigkeit der Einzelkriterien Alter, Familienstand, Anzahl und Alter der Kinder zu erhöhen, wurden diese Kriterien simultan zum Konstrukt des *Familienlebenszyklus* kombiniert.[115] Dabei wird davon ausgegangen, dass das Konsumverhalten durch die Lebensphase, in der sich eine Person befindet, beeinflusst wird.[116] Gemäß einer Einteilung in neun Lebensphasen[117] werden folgende Abschnitte unterschieden:[118]

---

111 Vgl. Frank, R. E., Massy, W. F., Wind, Y., Market Segmentation, S. 39 ff.
112 Vgl. Freter, H., Markt- und Kundensegmentierung, S. 115 f.
113 Aygün, T., Deutschtürkisches Konsumentenverhalten, eine empirische Untersuchung zur Einkaufsstättenwahl im Lebensmitteleinzelhandel, Köln 2005, S. 151
114 So haben die Deutsche Telekom, DaimlerChrysler und Arcor spezielle Marketingprogramme für die deutschtürkische Bevölkerungsgruppe konzipiert, vgl. Cinar, M., Ethnospezifisches Marketing für Deutschtürken: Probleme und Chancen, in: Thexis, Heft 04, 2003, S. 29
115 Vgl. Becker, J., Marketing-Konzeption, S. 231
116 Vgl. Trommsdorff, V., Konsumentenverhalten, Stuttgart 2004, S. 222 und Freter, H., Markt- und Kundensegmentierung, S. 101 ff.
117 In der Literatur existieren zum Konzept des Lebenszyklus eine Vielzahl unterschiedlicher Systematiken, welche sich durch die berücksichtigten Variablen sowie die Anzahl der resultierenden Lebensphasen unterscheiden. So findet sich beispielsweise bei Kotler/ Bliemel eine Einteilung des Lebenszyklus in acht Phasen. Dabei dienen als Abgrenzungskriterien der einzelnen Phasen das Lebensalter des Konsumenten, der Familienstand, das Alter der Kinder sowie eine Differenzierung zwischen Berufstätigkeit und Ruhestand, vgl. Kotler, P., Bliemel, F., Marketing-Management, S. 289. Dagegen unterscheidet Trommsdorff im Rahmen des Lebenszyklusmodells lediglich vier Phasen, wobei der Familienstand dabei unberücksichtigt bleibt, vgl. Trommsdorff, V., Konsumentenverhalten, S. 222. Müller-Hagedorn schließlich präsentiert ein aus zehn Abschnitten bestehendes Lebenszyklusmodell, vgl. Müller-Hagedorn, L., Handelsmarketing, S. 103
118 Vgl. Freter, H., Markt- und Kundensegmentierung, S. 102

(1) Junge Singles, die nicht im Elternhaus leben
(2) Frisch verheiratete Paare, jung, keine Kinder
(3) Volles Nest I: Jüngstes Kind unter 6 Jahre
(4) Volles Nest II: Jüngstes Kind 6 Jahre oder älter
(5) Volles Nest III: Ältere Paare mit abhängigen Kindern
(6) Leeres Nest I: Ältere Paare, Kinder haben das Elternhaus verlassen
(7) Leeres Nest II: Ältere, verheiratete Paare, Ehemann pensioniert
(8) Ehepartner gestorben, Überlebender arbeitet
(9) Ehepartner gestorben, Überlebender pensioniert

Aus empirischen Untersuchungen wurden mehrere Tendenzaussagen zum Konsumverhalten in Abhängigkeit von der Familienlebenszyklusphase abgeleitet. So erreichen die Ausgaben für langlebige Gebrauchsgüter wie Haushaltsgeräte und Wohnungsausstattung in den ersten Jahren nach der Hochzeit ihren Höhepunkt.[119] Darüber hinaus zeigte sich in Abhängigkeit von der jeweiligen Familienlebenszyklusphase eine Präferenz für bestimmte Betriebsformen des Einzelhandels.[120]

Da die Notwendigkeit, eine Brille zu tragen, unabhängig von der Lebenszyklusphase auftritt, ist der direkte Aussagewert des Lebenszyklusmodells für die Augenoptikbranche als eher gering einzustufen. Allerdings ist es auch im Hinblick auf die Augenoptikbranche vorstellbar, dass die Kunden in gewissen Lebenszyklusphasen eher zum Kauf bei den großen Augenoptikfilialisten tendieren, während Kunden in anderen Lebenszyklusphasen tendenziell das mittelständische Augenoptikerhandwerk bevorzugen.

Da das Ziel der vorliegenden Arbeit aber in der Konzeption und empirischen Überprüfung eines Segmentierungsansatzes für das mittelständische Augenoptikerhandwerk besteht und sich der Fokus folglich auf diese Vertriebsform richtet, ist dem Lebenszykluskonzept angesichts der gegebenen Ausrichtung eine geringe Relevanz zuzuschreiben.

2.2 Bewertung der allgemeinen beobachtbaren Segmentierungskriterien

Nachfolgend soll geprüft werden, wie die demographischen und sozioökonomischen Segmentierungskriterien[121] auf Basis der eingangs dargestellten Anforderungen zu bewerten sind.

---

119 Vgl. Freter, H., Marktsegmentierung, S. 55 und Freter, H., Markt- und Kundensegmentierung, S. 107
120 Vgl. Müller-Hagedorn, L., Handelsmarketing, S. 105
121 Die demographischen und sozioökonomischen Segmentierungskriterien werden häufig auch als "klassische Segmentierungskriterien" bezeichnet.

Die direkte, leichte und rasche *Mess- und Operationalisierbarkeit* durch gängige Methoden der Marktforschung stellt grundsätzlich einen zentralen Vorzug der demographischen und sozioökonomischen Segmentierungskriterien dar.[122] So können im Rahmen empirischer Untersuchungen abzufragende eindimensionale Kriterien wie Geschlecht, Alter, Einkommen, Wohnort usw. mit geringem Aufwand erhoben und operationalisiert werden.[123]

Hinsichtlich der Beurteilung der *Marktrelevanz* projizieren die demographischen und sozioökonomischen Kriterien ein uneinheitliches Bild. So hat sich im Rahmen einer Vielzahl empirischer Analysen herausgestellt, dass die Indikatoreignung dieser Kriteriengruppe zur Aufdeckung von Unterschieden hinsichtlich des Konsumentenverhaltens u. a. in Abhängigkeit von der Produktgattung, den zu erklärenden bzw. zu prognostizierenden Variablen sowie dem Einsatz ein- oder mehrdimensionaler Segmentierungskriterien z. T. stark variiert.[124] Zwar geben die soziodemographischen Merkmale Anhaltspunkte zu den Umwelten, in denen Menschen leben, den Einflüssen, denen sie ausgesetzt sind, und dem Verhaltensrepertoire, über das sie verfügen.[125] Insgesamt ist aber festzustellen, dass der Erklärungsgehalt der demographischen und sozioökonomischen Segmentierungskriterien hinsichtlich der Auslöser und Bestimmungsgründe individuellen Kaufverhaltens als vergleichsweise rudimentär einzustufen ist.[126] Somit ist in dem i. d. R. schwachen und häufig hypothetischen Bezug zum Kaufverhalten der entscheidende Nachteil dieser Kriteriengruppe zu sehen.[127] Folglich kommt den soziodemographischen Kriterien hinsichtlich des Kaufverhaltens eine insgesamt begrenzte prognostische Relevanz zu.[128]

Wenngleich diese Kriteriengruppe durchaus einige generelle Rückschlüsse auf eine adäquate Konzeption der Marktbearbeitung zulässt, so ist deren Aussagefähigkeit für die konkrete Ausgestaltung des Marketingmix insgesamt doch als

---

122 Vgl. Meffert, H., Burmann, C., Kirchgeorg, M., Marketing, S. 196
123 Vgl. Freter, H., Marktsegmentierung, S. 57
124 So stellt Böhler zusammenfassend einen positiven Kausalzusammenhang zwischen soziodemographischen Merkmalen und dem Kaufverhalten bei höherwertigen Gebrauchsgütern fest. Des Weiteren führt Böhler aus, dass ein positiver Zusammenhang zwischen soziodemographischen Merkmalen und dem Konsumentenverhalten gerade hinsichtlich der Verhaltensvariablen Markenkenntnis, Kaufabsicht und Markentreue beobachtet werden konnte, vgl. Böhler, H., Methoden und Modelle der Marktsegmentierung, S. 71 ff.
125 Vgl. Kaiser, A., Identifikation von Marktsegmenten, Berlin 1978, S. 75
126 Vgl. Meffert, H., Bruhn, M., Dienstleistungsmarketing, Grundlagen, Konzepte, Methoden; mit Fallstudien, Wiesbaden 2006, S. 161
127 Vgl. Freter, H., Marktsegmentierung, S. 56
128 Vgl. Meffert, H., Burmann, C., Kirchgeorg, M., Marketing, S. 196

begrenzt einzustufen.[129] Allerdings können die sozioökonomischen Kriterien Hinweise auf die mediale Erreichbarkeit von Konsumentengruppen liefern.[130]

Zusammenfassend ist den soziodemographischen Segmentierungskriterien im Hinblick auf höherwertige Gebrauchsgüter eine mäßig ausgeprägte Marktrelevanz zuzusprechen.

Dagegen zeichnet sich die Gruppe dieser Segmentierungskriterien durch eine hohe *Wirtschaftlichkeit* aus.[131] Die Gründe dafür liegen einerseits darin, dass durch Kriterien wie Alter, Geschlecht usw. Segmente von ausreichender Größe abgegrenzt werden können. Folglich ist mit einer höheren Wahrscheinlichkeit davon auszugehen, dass sich deren Bearbeitung unter wirtschaftlichen Aspekten lohnt.[132] Andererseits zeichnen sich die soziodemographischen Segmentierungskriterien durch eine leichte und kostengünstige Mess- und Operationalisierbarkeit aus. Darüber hinaus lässt sich eine Vielzahl soziodemographischer Informationen auf dem Wege der Sekundärdatenanalyse beschaffen, so dass auf zeit- und kostenintensive Primärerhebungen verzichtet werden kann.[133] Da sich die Ausprägungen soziodemographischer Merkmale i. d. R. erst über einen längeren Zeitraum hinweg ändern oder auch wie beispielsweise das Geschlecht vollkommen unverändert bleiben, erfüllt diese Kriteriengruppe die Anforderung der *zeitlichen Stabilität* sehr gut.[134] Darüber hinaus sind zukünftige Veränderungen der Ausprägungen soziodemographischer Merkmale häufig absehbar. So kann beispielsweise die demographische Entwicklung der bundesdeutschen Bevölkerung bereits zum heutigen Zeitpunkt mit hinreichender Sicherheit über die nächsten Jahrzehnte hinweg prognostiziert werden.[135] Da sich die soziodemographischen Segmentierungskriterien durch eine leichte Verständlichkeit auszeichnen sowie eindeutig und schnell erfassbar sind, erfüllt diese Kriteriengruppe die Anforderungen der *Praxistauglichkeit* grundsätzlich gut, wobei auch hier zwischen eindimensionalen und mehrdimensionalen Segmentierungskriterien zu differenzieren ist. Die Anforderung der Praxistauglichkeit kann allerdings auch bei Integration von mehrdimensionalen Kriterien wie der sozialen Schicht dann als erfüllt gelten, wenn zu deren Messung ein in der Praxis leicht und eindeutig einsetzbares Messverfahren Anwendung findet.

Im Rahmen der Eignungsdiskussion nach der Darstellung der einzelnen Kriterien konnten Unterschiede hinsichtlich ihrer Brauchbarkeit für ein Segmentie-

---

129 Vgl. Freter, H., Marktsegmentierung, S. 56 f.
130 Vgl. Wedel, M., Kamakura, W., Market Segmentation, S. 10
131 Vgl. Freter, H., S. 107
132 Vgl. Frank, R. E., Massy, W. F., Wind, Y., Market Segmentation, S. 30
133 Vgl. Freter, H., Marktsegmentierung, S. 58
134 Vgl. Meffert, H., Burmann, C., Kirchgeorg, M., Marketing, S. 196 und Freter, H., Markt- und Kundensegmentierung, S. 107
135 Vgl. Freter, H., Marktsegmentierung, S. 58

rungskonzept in der Augenoptikbranche festgestellt werden. So ist den soziodemographischen Kriterien

- Geschlecht
- Lebensalter
- Ausbildung
- Beruf
- Einkommen
- Wohnort

eine hohe Relevanz zuzuschreiben, während sowohl den eindimensionalen Kriterien wie Familienstand, Anzahl und Alter der Kinder als auch dem mehrdimensionalen Segmentierungskriterium Familienlebenszyklus für ein Segmentierungskonzept in der Augenoptikbranche eine geringe Bedeutung zukommen wird.

Die Brauchbarkeit des Segmentierungskriteriums der Kultur ist aufgrund einer hohen Standortabhängigkeit differenziert zu beurteilen. Lebt in der unmittelbaren Umgebung des Augenoptikunternehmens ein hoher Anteil ausländischer Mitbürger, so scheint die Integration dieses Kriteriums sinnvoll.

Resümierend bleibt festzustellen, dass die Bedeutung der demographischen und sozioökonomischen, häufig auch als „klassisch" bezeichneten Segmentierungskriterien, in modernen Segmentierungsstudien aufgrund der beschriebenen Schwächen im Vergleich zu älteren Untersuchungen deutlich abgenommen hat. Gleichzeitig ist hinsichtlich des Einsatzzweckes dieser Kriteriengruppe ein Wandel weg von der segmentbildenden, hin zu der segmentbeschreibenden Funktion zu beobachten.[136] Demographische und sozioökonomische Segmentierungskriterien eignen sich darüber hinaus, um Marktpotenziale bestimmter Produkte und Dienstleistungen abzuschätzen.[137]

Aufgrund ihrer Vorzüge werden demographische und sozioökonomische Segmentierungskriterien in modernen Segmentierungsstudien nach wie vor eingesetzt, wobei sie dann mit anderen Kriteriengruppen kombiniert werden.[138]

2.3 Allgemeine nicht beobachtbare Segmentierungskriterien

Zur Gruppe der nicht beobachtbaren allgemeinen Segmentierungskriterien gehören die Persönlichkeitseigenschaften von Konsumenten. Persönlichkeit wird in diesem Zusammenhang als ein System von Faktoren definiert, welches das

---

136 Vgl. Meffert, H., Burmann, C., Kirchgeorg, M., Marketing, S. 197
137 Vgl. Meffert, H., Bruhn, M., Dienstleistungsmarketing, S. 161
138 Vgl. Wedel, M., Kamakura, W., Market Segmentation, S. 10

menschliche Verhalten in konkreten Situationen und gegenüber gewissen Reizen im Rahmen einer relativ einheitlichen Reaktionstendenz steuert.[139] Gemäß dieser Abgrenzung kann der Persönlichkeitsbegriff mehrere Konstrukte umfassen.[140] Nachfolgend richtet sich der Fokus auf die soziologische Dimension menschlichen Verhaltens. Anschließend werden einzelne Persönlichkeitsmerkmale sowie Konzepte zur kompakten Messung diverser Persönlichkeitsmerkmale vorgestellt. Die Betrachtung der Gruppe der allgemeinen nicht beobachtbaren Segmentierungskriterien schließt mit der Darstellung der Lebensstilforschung.

2.3.1 Soziologische Segmentierungskriterien

Analog zum Familienlebenszykluskonzept wurden die Einzelkriterien Ausbildung, Beruf, Einkommen und Wohnort häufig zum Segmentierungskonstrukt der *Sozialen Schicht*[141] kombiniert.[142] In mehreren Studien wurde die Rolle der sozialen Schicht zur Erklärung von Unterschieden im Konsumentenverhalten herausgestellt.[143] Allerdings ist es unter Experten umstritten, nach welchem Verfahren die Erfassung und Zuteilung der Konsumenten zu einer bestimmten sozialen Schicht zu erfolgen hat.[144] Die unterschiedlichen Verfahren sind einerseits nach direkten und indirekten Messungen, andererseits nach subjektiven und objektiven Bewertungsverfahren zu differenzieren.[145] Aufgrund der Einfachheit und Praktikabilität wurde in vielen Untersuchungen auf die Systematik nach Warner

---

139 Vgl. Böhler, H., Methoden und Modelle der Marktsegmentierung, S. 85 f.
140 Hinsichtlich der Komponenten, die zum Konstrukt der Persönlichkeit zu rechnen sind, besteht Uneinigkeit. Ergänzend zu den beiden etablierten Komponenten Motive und Einstellungen werden auch Merkmale wie Körperbau und Körperfunktionen, Temperamentszüge und persönliche Fähigkeiten wie die Intelligenz gerechnet, vgl. Böhler, H., Methoden und Modelle der Marktsegmentierung, S. 86
141 Soziale Schichten bzw. Klassen sind als im Zeitablauf relativ stabile, homogene gesellschaftliche Gruppen mit ähnlichen Werthaltungen, Interessen, Lebensstilen und Verhaltensmustern anzusehen, vgl. Freter, H., Markt- und Kundensegmentierung, S. 118 f.
142 Vgl. Becker, J., Marketing-Konzeption, S. 231
143 Vgl. Frank, R. E., Massy, W. F., Wind, Y., Market Segmentation, S. 44 f.
144 Vgl. Böhler, H., Methoden und Modelle der Marktsegmentierung, S. 76 f.
145 Im Rahmen der direkten subjektiven Messverfahren stufen die Befragten sich selbst oder andere Personen ein. Bei den indirekten subjektiven Messverfahren erfolgt die Selbst- oder Fremdeinstufung des Befragten auf Basis statusrelevanter Merkmale. Bei den objektiven indirekten Messverfahren wie dem Warner-Index erfolgt die Einteilung zunächst auf Grundlage mehrerer Skalen, deren Werte nachfolgend zu einem eindimensionalen Statusindex verdichtet werden. Als Alternative der Bildung von Statusindices finden statistische Verfahren wie die Faktoren- oder Latent-Structure-Analyse Einsatz, vgl. Böhler, H., Methoden und Modelle der Marktsegmentierung, S. 76 sowie Kroeber-Riel, W., Weinberg, P., Konsumentenverhalten, S. 566 f.

zurückgegriffen.[146] Dort erfolgt die Einteilung der Konsumenten mittels eines Scoring-Verfahrens, bei der jedes der drei Kriterien Ausbildung, Beruf und Einkommen zunächst separat mit einer Punktzahl bewertet wird. Nach Addition der Punktzahlen erfolgt dann die Zuteilung zu einer von sechs sozialen Schichten:[147]

(1) Obere Oberschicht
(2) Untere Oberschicht
(3) Obere Mittelschicht
(4) Untere Mittelschicht
(5) Obere Unterschicht
(6) Untere Unterschicht

In empirischen Studien konnten Unterschiede im Kaufverhalten einzelner sozialer Schichten nachgewiesen werden.[148]

Bei einer Anwendung der Systematik nach Warner in der Augenoptikbranche dürfte die soziale Schicht in mehrfacher Hinsicht zu Unterschieden im Kaufverhalten führen. So werden die regelmäßig durch grobe handwerkliche Arbeit geprägten Berufe der unteren sozialen Schichten zu höheren Anforderungen an die Stabilität und Langlebigkeit einer Brille führen, während in den mittleren und oberen Schichten Aspekte wie Ästhetik sowie Ausdruck der eigenen Persönlichkeit insgesamt deutlich stärker ausgeprägt sein dürften.

Darüber hinaus ist aufgrund des niedrigeren Einkommens in den unteren sozialen Schichten die Preissensibilität erfahrungsgemäß stärker ausgeprägt, was u. a. auch regelmäßig zu einer stärkeren Reaktion auf Sonder- und Rabattaktionen führt. In den mittleren und oberen sozialen Schichten dagegen nimmt die Produktqualität im Vergleich zum Verkaufspreis einen gleichrangigen bzw. deutlich höheren Stellenwert ein.

Hinzu kommt, dass es sich bei den Brillengläsern der neuesten Generation z. T. um stark erklärungsbedürftige Produkte handelt. Wenngleich die detaillierte, gleichzeitig aber verständliche Erläuterung der besonderen Produkteigenschaften und -vorteile wie beispielsweise kundenindividuell gefertigter Gleitsichtgläser nicht zuletzt vom Kommunikationsgeschick des Augenoptikers abhängen, so kann das Verständnis der Erläuterungen auch durch das geringe Bildungsniveau eines Kunden erschwert werden, wodurch eine Tendenz zur Empfehlung bzw. zum Kauf einfacherer, bereits bekannter Produktvarianten begünstigt werden könnte.

---

146 Vgl. Freter, H., Marktsegmentierung, S. 54
147 Vgl. Freter, H., Markt- und Kundensegmentierung, S. 119
148 Detaillierte Ausführungen zu den Forschungsergebnissen, vgl. Frank, R. E., Massy, W. F., Wind, Y., Market Segmentation, S. 46 ff.

Zusammenfassend bleibt festzustellen, dass in der Augenoptikbranche die Erfassung der sozialen Schicht gemäß der praxisorientierten Systematik nach Warner durchaus geeignet sein könnte, um Kundensegmente unterschiedlichen Konsumentenverhaltens zu identifizieren. Folglich ist das Segmentierungskriterium der sozialen Schicht als relevant einzustufen.

In seinen Untersuchungen zur Empfänglichkeit des Menschen für soziale Einflüsse führte Riesman Anfang der sechziger Jahre das Konzept des *sozialen Charakters* ein. Dabei identifizierte er drei unterschiedliche Kategorien sozialer Charaktere.[149] So zeichneten sich die Traditionsgeleiteten durch eine starke Orientierung an den Verfahrensweisen der Vorfahren, eine geringe Mobilität sowie eine ablehnende Haltung gegenüber Veränderungen aus. Das Segment der Von-innen-her-Geleiteten bestand aus Menschen, deren Handlungen durch eigene Werte und Überzeugungen geprägt waren, während das Segment der Fremdgeleiteten durch solche Menschen verkörpert wurde, deren Verhalten in hohem Maße durch Führungsimpulse der jeweiligen Umwelt determiniert wurde.[150]

Sicherlich wird sich der soziale Charakter eines Kunden beim Brillenkauf bemerkbar machen. So könnte sich beispielsweise eine Kundin, welche in einer durch ein traditionelles Rollenverständnis geprägten Ehe lebt, in ihrem Entscheidungsverhalten beim Kauf einer neuen Brille hinsichtlich des Kaufpreises und des Designs in hohem Maße von den Einstellungen ihres Ehegatten leiten lassen. Allerdings wird sich eine Messung, inwieweit ein Brillenkunde autark entscheidet oder mehr oder weniger stark von seiner Umwelt geleitet wird, in der Praxis relativ schwierig gestalten, so dass mit der Gefahr regelmäßiger Fehleinstufungen durch das angestellte Fachpersonal gerechnet werden muss. Schließlich ist die Frage aufzuwerfen, welchen Nutzenbeitrag die Messung des sozialen Charakters eines Kunden für ein Segmentierungskonzept in der Augenoptikbranche erbringt. Letztendlich dürfte dem sozialen Charakter eines Brillenkunden für die Konzeption eines Segmentierungsansatzes in der Augenoptikbranche eine geringe Relevanz beizumessen sein.

Konsumenten können sich darüber hinaus durch ihre *Gruppenzugehörigkeit* in ihrem Kaufverhalten voneinander unterscheiden. Dabei wird eine Gruppe als eine Mehrzahl von Personen verstanden, welche in regelmäßiger, wechselseitiger

---

149 Vgl. Frank, R. E., Massy, W. F., Wind, Y., Market Segmentation, S. 54
150 Ein alternativer Ansatz zur Messung der sozialen Prägung einer Person ist das Konzept des interpersonellen Reaktionsverhaltens („Interpersonal Response Trait") von Horney aus dem Jahr 1945. Mithilfe der CAD-Skala unterscheidet sie zwischen drei Gruppen sozialer Charaktere: Nachgiebige Personen („Compliant") möchten gerne in die Aktivitäten der anderen einbezogen werden. Aggressive Personen („Aggressive") sind geneigt, andere zu übertreffen und gegen sie vorzugehen. Sich entfernende Personen („Detached") zeigen regelmäßig die Tendenz, sich von anderen zu isolieren, vgl. Frank, R. E., Massy, W. F., Wind, Y., Market Segmentation, S. 55

Interaktion miteinander stehen.[151] Gruppen liegen häufig ähnliche Werte und Ziele zugrunde. Sie weisen eine soziale Ordnung auf, innerhalb derer die einzelnen Mitglieder gewisse Positionen besetzen. Grundsätzlich kann zwischen informellen und formellen Gruppen unterschieden werden.[152] Während sich informelle Gruppen durch eine ausgeprägte Zusammengehörigkeit und eine enge Interaktion auszeichnen, formieren sich formelle Gruppen meist auf einer rechtlichen Grundlage, wobei die Mitglieder in einem eher distanzierten Verhältnis zueinander stehen. Das Ausmaß, in dem die Gruppe Einfluss auf Kaufentscheidungen ausübt, fällt um so stärker aus, je häufiger Interaktionen stattfinden, je besser die Bedürfnisse durch die Gruppe befriedigt werden, je stärker die Gruppe im Hinblick auf definierte Ziele zusammenhält, je mehr Prestige mit der Gruppenzugehörigkeit verbunden ist und je geringer die Konkurrenz innerhalb der Gruppe ausgeprägt ist.[153]

Auch in der Augenoptikbranche wird das Kaufverhalten von Kunden durch die Zugehörigkeit zu den verschiedensten Gruppen beeinflusst. So kann ein Kunde bei der Auswahl seiner neuen Brille durch die Familie, aber auch durch Überlegungen hinsichtlich der Akzeptanz der neuen Brille im beruflichen Umfeld beeinflusst werden. Allerdings wird dem Augenoptiker in den meisten Fällen verborgen bleiben, welchen Gruppen ein Kunde angehört. Darüber hinaus ist die Nachhaltigkeit des Einflusses einer Gruppe auf einen Konsumenten durch einen Außenstehenden schwer zu beurteilen. Folglich ist der Gruppenzugehörigkeit für einen Augenoptik-Segmentierungsansatz lediglich eine geringe Relevanz zuzuschreiben.

Konsumenten können sich weiterhin durch ihre *Rolle* innerhalb des sozialen Systems voneinander unterscheiden. Rollen sind einerseits als Bündel von Erwartungen, welche andere Gruppenmitglieder an den Rolleninhaber stellen, zu verstehen.[154] Andererseits stellen Rollen Verhaltensweisen dar, welche typischerweise mit einer bestimmten sozialen Position einhergehen[155]. Rollen bestimmen die Positions-, Kommunikations- und Machtbeziehungen zwischen den Mitgliedern eines sozialen Systems.[156] So kann ein Rolleninhaber beispielsweise über Belohnungs-, Bestrafungs-, Legitimations- oder Expertenmacht verfügen.

---

151 Vgl. Pepels, W., Segmentierungsdeterminanten im Käuferverhalten, in: Marktsegmentierung, Marktnischen finden und besetzen, Pepels, W. (Hrsg.), Heidelberg 2000, S. 70
152 Darüber hinaus bestehen weitere Möglichkeiten der Systematisierung von Gruppen. So kann zwischen Primär- und Sekundärgruppen, Klein- und Großgruppen, temporären und dauerhaften, Mitgliedschafts- und Bezugsgruppen unterschieden werden, vgl. Pepels, W., Segmentierungsdeterminanten im Käuferverhalten, S. 70 f.
153 Vgl. Pepels, W., Segmentierungsdeterminanten im Käuferverhalten, S. 71
154 Vgl. Pepels, W., Segmentierungsdeterminanten im Käuferverhalten, S. 73
155 Vgl. Freter, H., Markt- und Kundensegmentierung, S. 131
156 Vgl. Pepels, W., Segmentierungsdeterminanten im Käuferverhalten, S. 74

Auch die Käufer von augenoptischen Produkten unterscheiden sich hinsichtlich ihrer Rollen innerhalb des sozialen Systems. Es ist durchaus vorstellbar, dass Unterschiede hinsichtlich der sozialen Rollen von Konsumenten auch Unterschiede hinsichtlich des Kaufverhaltens verursachen. So liegt es einerseits nahe, dass Führungskräfte grundsätzlich über höhere Einkommen und dadurch über eine höhere Kauffähigkeit verfügen, was sich möglicherweise in einer Tendenz zu qualitativ höherwertigen und damit meist auch teureren Produkten niederschlagen könnte. Darüber hinaus vermitteln die Käufer exklusiver, auffallender Brillenfassungen teilweise den Eindruck, mit der Brille den eigenen Status demonstrieren zu wollen. Insgesamt aber ist dem Segmentierungskriterium der sozialen Rolle im Hinblick auf die Konzeption eines Augenoptik-Segmentierungsansatzes lediglich eine untergeordnete Bedeutung zuzuschreiben.

2.3.2 Psychologische Segmentierungskriterien

Konsumenten können sich nach ihrem *Risikoempfinden* unterscheiden. Dabei handelt es sich um ein kognitives Konstrukt, welches mit der Möglichkeit des Eintretens nachteiliger Konsequenzen im Nachgang einer Entscheidung verbunden ist.[157] Das empfundene Risiko teilt sich in einen finanziellen, funktionalen, sozialen, psychologischen und einen physischen Aspekt auf.[158] So kann das finanzielle Risiko in einem überhöhten Kaufpreis oder in untragbaren, finanziellen Belastungen bestehen, während das funktionale Risiko die einwandfreie Funktionstüchtigkeit des gekauften Produktes betrifft. Ein soziales Risiko kann mit mangelnder gesellschaftlicher Akzeptanz eines Produktes einhergehen. Das psychologische Risiko besteht in einer mangelnden Identifikation mit dem Produkt, während ein physisches Risiko durch eine potenzielle Gefährdung durch das gekaufte Produkt entstehen kann.

Sicherlich kann angesichts eines Kaufpreises von über € 1.000,- für eine hochwertige Gleitsichtbrille auch von einem Augenoptikkunden ein Risiko bezüglich der anstehenden Investition empfunden werden. Darüber hinaus wird der eine oder andere Kunde die gesellschaftliche Akzeptanz der ausgewählten Brillenfassung in das Auswahlkalkül einbeziehen. Allerdings erscheint der Nutzen einer Segmentierung nach dem Kriterium des Risikoempfindens sowie der Erkenntnisgewinn im Hinblick auf die Marktbearbeitung als begrenzt. Darüber hinaus dürfte sich die Mess- und Operationalisierbarkeit dieses Kriteriums schwierig gestalten. Folglich ist auf die Integration des Kriteriums des Risikoempfindens im Rahmen der Konzeption eines Augenoptik-Segmentierungsansatzes zu verzichten.

---

157 Vgl. Pepels, W., Segmentierungsdeterminanten im Käuferverhalten, S. 83
158 Vgl. Pepels, W., Segmentierungsdeterminanten im Käuferverhalten, S. 83

Das Konzept des *Selbstbildes* hat in der Marketingpraxis verbreitete Beachtung erfahren. Das Selbstbild umfasst das Wissen und die komplexe Vorstellung von der eigenen Person.[159] Es ist davon auszugehen, dass sich die Wahrnehmung der eigenen Person auf das Verhalten auswirkt.[160] So liegt den Selbstimage-Kongruenzmodellen die Annahme zugrunde, dass gewisse Produkte dann von Konsumenten gewählt werden, wenn die Produktattribute Übereinstimmungen mit den Aspekten des Selbstimages aufweisen.[161] Einen direkten Bezug des Selbstbildes zum Konsumentenverhalten stellte Newman bereits im Jahr 1957 her: "One of the more important concepts is that an individual´s behaviour is a function of his image of what kind of person he is and how he wants others to see him. This self image is reflected to some extent in everything he does, including his buying of goods and services."[162] Empirische Untersuchungen unterstützten die These eines positiven Zusammenhanges zwischen dem Selbstbild von Konsumenten und deren Markenwahlverhalten.[163]

Auch für eine Marktsegmentierung innerhalb der Augenoptikbranche könnte dem Selbstbild eines Konsumenten eine gewisse Relevanz zukommen. So dürfte eine Brillenkäuferin, welche von sich selbst die Vorstellung einer attraktiven und kultivierten Person besitzt, eher zu einem eleganten, filigranen Fassungsdesign neigen und Wert auf ein hohes Qualitätsniveau ihrer Brille legen. Allerdings werden auf Basis des Selbstbildes lediglich allgemein gehaltene Tendenzaussagen möglich sein. Darüber hinaus ist das Selbstbild, welches ein Konsument von sich selbst hat, als eine recht persönliche Information einzustufen. Erfahrungsgemäß werden die wenigsten Kunden bereit sein, einem Dritten Auskunft über derart sensible Sachverhalte zu geben. Folglich dürfte sich die Erfassung und Messung des Selbstbildes eines Kunden als anspruchsvoll darstellen, so

---

159 Auf einer theoretischen Ebene kann weiterhin zwischen dem tatsächlichen Selbstbild, das eine Person von sich hat, dem Idealbild von sich selbst sowie der vermuteten Fremdeinschätzung durch andere Menschen differenziert werden, vgl. Kotler, P., Bliemel, F., Marketing-Management, S. 294
160 Vgl. Frank, R. E., Massy, W. F., Wind, Y., Market Segmentation, S. 53
161 Vgl. Salomon, M., Bamossy, G., Askegaard, S., Konsumentenverhalten, der europäische Markt, München 2001, S. 220
162 Vgl. Newman, J., Motivation Research and Marketing Management, Working Paper, Harvard University, Graduate School of Business, Division of Research, Boston 1957, S. 52
163 So stellte sich 1968 anlässlich einer empirischen Untersuchung, in deren Rahmen die Selbstbilder von Pontiac- und Volkswagen-Besitzern verglichen wurden, heraus, dass die Eigentümer einer Automarke anderen Eigentümern derselben Marke ein ähnliches Selbstbild zuteilten, während sich die den Eigentümern anderer Automarken zugeteilten Selbstbilder signifikant unterschieden, vgl. Frank, R. E., Massy, W. F., Wind, Y., Market Segmentation, S. 54. Weitere Produkt-Selbstimage-Kongruenzen konnten häufiger bei solchen Produkten beobachtet werden, welche eine der Eigenschaften zart/ rau, ruhig/ aufregend, rational/ emotional oder formell/ informell aufwiesen, vgl. Salomon, M., Bamossy, G., Askegaard, S., Konsumentenverhalten, S. 220 f.

dass in der Praxis Schwierigkeiten bei der Handhabung dieses Kriteriums zu erwarten wären. Daher ist dem Selbstbild im Rahmen eines Segmentierungsansatzes in der Augenoptik eine geringe Relevanz zuzuschreiben.

Die *Werte* eines Menschen werden allgemein als dessen Vorstellungen vom Wünschenswerten definiert. [164] Darin enthalten sind grundlegende Zielvorstellungen, welche eine Vielzahl von Motiven und Einstellungen umfassen, welche das beobachtbare Verhalten des Menschen prägen.[165] Werthaltungen von Personen sind allgemeingültig und spielen damit auch für das Konsumentenverhalten eine grundlegende Rolle. Daher muss sich auch die Konsumentenforschung mit der Erhebung und Messung von Werten auseinandersetzen. Dabei ist zwischen gesellschaftlichen Werten wie beispielsweise „Sicherheit" und konsumspezifischen Werten wie „komfortables Einkaufen" zu differenzieren. Eine hohe Bedeutung im Zusammenhang mit der Messung menschlicher Werte kommt dem Anfang der siebziger Jahre konzipierten Rokeach Value Survey zu. Nach Rokeach besteht das Wesen eines Wertes in der persönlichen Überzeugung, dass gewisse Lebensziele und Verhaltensweisen anderen vorzuziehen sind.[166] Er unterscheidet zwischen instrumentalen Werten und Endzielwerten. Jede dieser beiden Wertekategorien untergliedert sich in insgesamt 18 Einzelelemente, von denen nachfolgend jeweils sieben exemplarisch genannt werden:[167]

---

164 Vgl. Salomon, M., Bamossy, G., Askegaard, S., Konsumentenverhalten, S. 133
165 Vgl. Kroeber-Riel, W., Weinberg, P., Konsumentenverhalten, S. 559
166 Vgl. Wedel, M., Kamakura, W., Market Segmentation, S. 12
167 Daneben findet sich in der Literatur eine Vielzahl alternativer Systematisierungen menschlicher Werthaltungen, wobei diese nicht zuletzt durch kulturelle Faktoren eine entscheidende Beeinflussung erfahren. So stellt sich die 1998 von FORSA bei 1005 repräsentativ ausgewählten Deutschen im Alter ab 14 Jahren erhobene Rangfolge der Werthaltungen wie folgt dar: Gesundheit, Harmonie in der Familie, Glückliche Partnerschaft, Wohlerzogene Kinder, Soziales Engagement, Karriere, Eigenes Haus mit Garten, Gesellschaftliche Anerkennung, Viel Geld verdienen, Viele erotische Abenteuer, Athletischer Körper. Als Stimmungsfaktor gelten: Großes Auto, Teure Kleider, vgl. Kroeber-Riel, W., Weinberg, P., Konsumentenverhalten, S. 559 f.

Instrumentale Werte	End(Ziel)werte
Ehrgeizig	Ein angenehmes Leben
Tolerant	Ein aufregendes Leben
Fähig	Sinn für Selbstverwirklichung
Fröhlich	Eine friedliche Welt
Sauber	Eine Welt der Schönheit
Mutig	Gleichheit
Versöhnlich	Geborgenheit der Familie
usw.	usw.

Tabelle 3: Der Rokeach Value Survey[168]

Dabei kennzeichnen die instrumentalen Werte solche Handlungsweisen, welche erforderlich sind, um die Endzielwerte zu erreichen. Um das Wertesystem eines Befragten erheben zu können, werden von diesem die einzelnen Elemente beider Wertekategorien gemäß subjektiv beigemessener Bedeutung in eine individuelle Rangfolge gebracht.[169]

Zwar schlagen sich allgemeine Werthaltungen von Konsumenten auch im Kaufverhalten von augenoptischen Produkten und Dienstleistungen nieder. So wird ein Kontaktlinsenträger, für den der Wert Gesundheit innerhalb des eigenen Wertesystems eine tragende Bedeutung einnimmt, geneigt sein, die empfohlenen Zeitintervalle zwischen den Routineuntersuchungen der Augen gewissenhaft

---

168 Vgl. Salomon, M., Bamossy, G., Askegaard, S., Konsumentenverhalten, S. 137 f.
169 Darüber hinaus finden sich in der Literatur auch alternative Verfahren zur Messung von Wertesystemen. So wurde von Kahle Mitte der achtziger Jahre auf der Grundlage der Maslowschen Motivationstheorie das LOV-Konzept („List of Values") abgeleitet, vgl. Gunter, B., Furnham, A., Consumer Profiles, An Introduction to Psychographics, London 1992, S. 83 ff. Die Erhebung des Wertesystems einer Person erfolgt dabei auf Basis der neun Kriterien Zugehörigkeitsgefühl, Begeisterungsfähigkeit, enge Beziehungen zu anderen, Selbsterfüllung, sich respektiert fühlen, Freude und Lebensgenuss, Sicherheit, Selbstachtung sowie Leistungsbereitschaft. Ein weiteres Messinstrument wurde in den neunziger Jahren von Schwarz und Bilsky entwickelt. Es umfasst insgesamt 56 Einzelwerte, welche sich in den elf motivationalen Wertetypen Unabhängigkeit, Interesse an Unterhaltung und Abwechslung, Hedonismus, Leistung, Dominanz, Sicherheit, Selbstbeherrschung, Tradition, Spiritualität, Neigung zu wohltätigem Verhalten sowie universellem Harmoniestreben manifestieren, vgl. Wedel, M., Kamakura, W., Market Segmentation, S. 12 f.

einzuhalten. Es ist aber davon auszugehen, dass ein solch enger Zusammenhang zwischen allgemeinen Werthaltungen und dem Kaufverhalten in der Augenoptikbranche nur in den wenigsten Fällen existiert. Folglich ist die Bedeutung der allgemeinen Werte für die Konzeption eines Augenoptik-Segmentierungsansatzes insgesamt als gering einzustufen.

Motive[170] werden als Antriebskräfte verstanden, welche das Verhalten auf bestimmte Ziele hin ausrichten.[171] Zu unterscheiden ist zwischen biogenen Motiven, welche durch physiologische Ursachen wie Hunger oder Durst verursacht werden, und psychogenen Motiven, welche durch psychologische Spannungszustände wie dem Wunsch nach Anerkennung oder Ansehen entstehen.[172] Sobald ein Bedürfnis einen gewissen Intensitätsgrad überschreitet, wird dieses zu einem Motiv oder Trieb, welches von dem betreffenden Individuum als so dringend empfunden wird, dass eine Handlung ausgelöst wird. Die Befriedigung des Motivs reduziert dann den subjektiv empfundenen Spannungszustand.[173]

In der Literatur finden sich unterschiedliche Systematisierungen menschlicher Motive.[174] Einen hohen Bekanntheitsgrad hat der 1959 konzipierte, persönliche Präferenztest nach Edwards (EPPS)[175] erlangt.[176] Im Rahmen dieses Test-

---

170 In der Psychologie existieren unterschiedliche Theorien der menschlichen Motivation. Die drei bekanntesten sind die Freudsche Motivationstheorie, die Maslowsche sowie die Herzbergsche Motivationstheorie. Freud geht davon aus, dass die wahren psychologische Kräfte, die das menschliche Verhalten steuern, im Unbewussten zu suchen sind. Maslow unterstellt im Rahmen einer Bedürfnispyramide die hierarchische Anordnung menschlicher Bedürfnisse: Erst nachdem der Mensch grundlegende Bedürfnisse wie Hunger oder Durst befriedigt hat, kommen Bedürfnisse höher gelegener Ebenen wie beispielsweise das Bedürfnis nach Selbstverwirklichung zum Tragen. Herzberg unterscheidet im Rahmen seiner Zwei-Faktoren-Motivationstheorie zwischen Dissatisfaktoren und Satisfaktoren. Während Dissatisfaktoren Unzufriedenheit hervorrufen und den Kauf eines Produktes verhindern können, erzeugen Satisfaktoren Zufriedenheit und begünstigen somit eine positive Kaufentscheidung, vgl. Kotler, P., Bliemel, F., Marketing-Management, S. 295 ff.
171 Vgl. Freter, H., Marktsegmentierung, S. 59.
172 Vgl. Kotler, P., Bliemel, F., Marketing-Management, S. 295
173 Vgl. Kotler, P., Bliemel, F., Marketing-Management, S. 295
174 Vgl. Frank, R. E., Massy, W. F., Wind, Y., Market Segmentation, S. 52
175 „Edwards Personal Preference Schedule"
176 Auch im Rahmen der Verlagstypologien wurde versucht, auf der Grundlage von Bedürfnissen und Motiven unterschiedliche Persönlichkeitstypen zu identifizieren. So erlangte die erstmals Mitte der siebziger Jahre vom Burda Verlag veröffentlichte „Typologie der Wünsche" eine weitläufige Beachtung. Dabei wurden die Unterschiede zwischen 4.000 Testpersonen auf der Grundlage von acht Bedürfnisdimensionen wie „Familienbezogenes Kontaktbedürfnis", „Bedürfnis nach aktiver Erweiterung des Erlebnisraumes durch Selbstentfaltung", „Sicherheit durch bewährte Normen" usw. untersucht. Auf dieser Grundlage wurden acht Persönlichkeitstypen wie beispielsweise „Die Offenherzige", „Die allein stehende Dame", „Die gepflegte Erscheinung", „Der Realist", „Die Farblose" usw. identifiziert, vgl. Unkelbach, W., Marktsegmentierung im Einzelhandel, dargestellt am Beispiel des modisch orientierten Damenoberbekleidungs-Einzelhandels, Düsseldorf 1979, S. 153 f. Verlagstypologien werden hauptsächlich

verfahrens werden die Ausprägungen einer Persönlichkeit anhand von insgesamt 15 Dimensionen gemessen.[177] U. a. berücksichtigt der persönliche Präferenztest nach Edwards folgende Dimensionen:[178]

(1) Leistungsfähigkeit
(2) Unterwürfigkeit
(3) Ordnungsliebe
(4) Selbstdarstellung
(5) Selbstständigkeit
(6) Dominanzstreben
(7) Ausdauer
(8) Heterosexualität
(9) Aggression

Im Rahmen empirischer Experimente zum Produktwahlverhalten lieferte der persönliche Präferenztest nach Edwards volatile Erklärungsbeiträge des Konsumentenverhaltens.[179]

---

von den großen Verlagshäusern angeboten, um ihre Kunden mit aktuellen Marktinformationen zu versorgen, vgl. Weissman, A., Tröger, G., Adlwarth, W., Psychographische Marktsegmentierung, Arbeitspapier des Lehrstuhls für Marketing und Handel der Universität Erlangen-Nürnberg, Nürnberg 1983, S. 28. Verlagstypologien existieren sowohl in allgemeiner als auch in produktspezifischer bzw. kombinierter Form, vgl. Freter, Marktsegmentierung, S. 65 ff.

177 Neben dem EPPS finden sich in der Literatur auch alternative Instrumente zur Erfassung allgemeiner Persönlichkeitsmerkmale, so zum Beispiel das Gordon Personal Profile aus dem Jahre 1963. Dieses misst die vier Persönlichkeitseigenschaften „Aufstiegsorientierung" („Ascendance"), „Verantwortung" („Responsibility"), „Emotionale Stabilität" („Emotional Stability") und „Geselligkeit" („Sociability"). Ein ähnliches Konzept, „Gordon´s Personal Inventory", nennt die Ausprägungen der vier Persönlichkeitsdimensionen „Vorsicht" („Cautiousness"), „Eigenständigkeit des Denkens" („Original Thinking"), „Persönliche Beziehungen" („Personal Relations") sowie die „Persönlichkeitsstärke" („Vigor"), vgl. Frank, R. E., Massy, W. F., Wind, Y., Market Segmentation, S. 52

178 Vgl. Freter, H., Marktsegmentierung, S. 60.

179 So wurde Ende der fünfziger Jahre der persönliche Präferenztest nach Edwards eingesetzt, um zu überprüfen, ob sich die Fahrer von Ford- bzw. Chevrolet-Automobilen hinsichtlich der im Testverfahren nach Edwards erhobenen Persönlichkeitsausprägungen signifikant unterschieden. Die Ergebnisse zeigten allerdings lediglich hinsichtlich der Dimension der Dominanz gewisse Unterschiede auf, so dass die Brauchbarkeit des Motivs als Kriterium für die Differenzierung der beiden untersuchten Benutzergruppen insgesamt negativ beurteilt wurde. Aussagekräftigere Ergebnisse wurden dagegen 1960 in einer empirischen Untersuchung erzielt, in deren Rahmen die Persönlichkeitsausprägungen von Rauchern und Nichtrauchern bzw. der Konsumenten von Filterzigaretten und filterlosen Zigaretten miteinander verglichen wurden, vgl. Kotler, P., Bliemel, F., Marketing-Management, S. 436, Böhler, H., Methoden und Modelle der Marktsegmentierung, S. 87 sowie Frank, R. E., Massy, W. F., Wind, Y., Market Segmentation, S. 51

Hinsichtlich eines möglichen Einsatzes von Motiven als Segmentierungskriterien in der Augenoptikbranche ist kein enger Zusammenhang zwischen allgemeinen persönlichen Motiven und dem Kaufverhalten zu erwarten. Bestenfalls wäre ein Bezug zum Fassungsauswahlverhalten denkbar. So könnte ein Brillenträger, welcher zu Selbstdarstellung neigt, zu extravaganten, auffälligen Brillenfassungen tendieren. Insgesamt und unter wirtschaftlichen Gesichtspunkten ist den Motiven als Segmentierungskriterium in der Augenoptikbranche allerdings nur eine geringe Relevanz zuzuschreiben.

Das hypothetische Konstrukt der allgemeinen produktunabhängigen Einstellung hat im Laufe der Jahre im Rahmen verhaltenswissenschaftlicher Marketinguntersuchungen eine wachsende Bedeutung erlangt.[180] In Abgrenzung zu den Motiven werden Einstellungen als ein erlerntes, im Zeitablauf relativ stabiles System psychischer Prädispositionen gegenüber einem bestimmten Meinungsgegenstand oder einer Klasse von Objekten definiert.[181] In früheren Abhandlungen wurde von der Vorstellung einer Drei-Komponenten-Theorie ausgegangen. Dabei umfasst die affektive Komponente die gefühlsmäßige Einstellung gegenüber einem Objekt, die kognitive das subjektive Wissen und die konative Komponente die Handlungstendenz gegenüber einem Einstellungsobjekt.[182] Einstellungsmodelle können sowohl allgemeiner persönlichkeitsbezogener als auch produktbezogener Natur sein.[183] An die allgemeinen persönlichkeitsbezogenen Einstellungsmodelle wurde der Anspruch erhoben, das Konsumentenverhalten für eine Vielzahl von Produkten zu erklären. Mit dieser Zielsetzung erfolgte Ende der sechziger Jahre die Konzeption der Einstellungsskalen der Gesellschaft für Konsum-, Markt- und Absatzforschung in Nürnberg. Dieses Messinstrument umfasste folgende zwölf Dimensionen:[184]

---

[180] Die Ursache für die wachsende Bedeutung der Einstellung als Gegenstand der Marketing-Forschung lag vor allem in der Schwierigkeit einer zuverlässigen und gültigen Messung der Ausprägungen der Motive von Bedarfsträgern. Im Vergleich zur Erfassung von Motiven kann die Erfassung von Einstellungsmesswerten wesentlich einfacher vorgenommen werden, vgl. Böhler, H., Methoden und Modelle der Marktsegmentierung, S. 91
[181] Vgl. Böhler, H., Methoden und Modelle der Marktsegmentierung, S. 91 und Freter, H., Markt- und Kundensegmentierung, S. 147
[182] Vgl. Freter, H., Marktsegmentierung, S. 60
[183] Folglich ist das Segmentierungskriterium der Einstellung im Rahmen der in Kapitel 2.1 gewählten Systematik sowohl den allgemeinen nicht beobachtbaren als auch den produktspezifischen nicht beobachtbaren Segmentierungskriterien zuzuordnen. Im vorliegenden Abschnitt wird ausschließlich auf allgemeine Einstellungsmodelle Bezug genommen.
[184] Vgl. Porep, I., Maßvolle Maßstäbe, Einstellungen von Zielgruppen - Sorgenkind der Praxis, in: Absatzwirtschaft, 12. Jg., H. 17, S. 28.

(1) Innovationsorientierung
(2) Qualitätsbevorzugung
(3) Preisbewusstes Einkaufen
(4) Werbeaufgeschlossenheit
(5) Leitbild: Hausfrau
(6) Gesundheitsvorsorge
(7) Kontaktfreudigkeit
(8) Aktive Freizeitgestaltung
(9) Geltungsstreben
(10) Vorsorgliche Zukunftssicherung
(11) Weltoffene Haltung
(12) Gepflegtes und modebewusstes Aussehen

Für eine Segmentierung in der Augenoptikbranche ist von einer geringen Relevanz des Kriteriums der allgemeinen produktunabhängigen Einstellung einer Person auszugehen. Zwar ist die Beeinflussung des Konsumentenverhaltens auch im Produktbereich Augenoptik in mittelbarer Weise zu erwarten. So wird beispielsweise ein gesundheitsorientierter Brillenträger eher dazu neigen, seine Brille im Fachgeschäft anfertigen zu lassen, als seinen Bedarf durch eine in einer Drogeriemarktkette erworbene Fertigbrille zu decken. Auch eine Neigung zu preisbewusstem Einkaufen wird sich vermutlich im Kaufpreis einer neuen Brille niederschlagen. Insgesamt ist zwischen der allgemeinen Einstellung eines Konsumenten und seinem Kaufverhalten speziell in der Augenoptikbranche eher ein indirekter und untergeordneter Zusammenhang zu unterstellen.

Der *Lebensstil* eines Menschen wurde sowohl im Rahmen der Soziologie als auch des Marketing als ein umfassender Ausdruck menschlicher Existenz erkannt. In ihm spiegeln sich sämtliche Handlungsmuster wieder, wie und wofür ein Mensch seine Zeit und sein Geld investiert.[185] Dabei manifestiert sich der Lebensstil eines Menschen einerseits in den Produkten, welche er konsumiert und nutzt, andererseits aber auch in seinen Aktivitäten, Interessen, Meinungen und Werthaltungen.[186] Im Sinne der letztgenannten Aspekte haben sich im Wesentlichen zwei Ansätze der Lebensstilforschung etabliert, deren Ursprünge in den USA liegen.[187] So werden im Rahmen des AIO-Ansatzes[188] die Aktivitäten, Interessen und Einstellungen eines Menschen ermittelt.[189] Dies erfolgt durch

---

185 Vgl. Engel, J., Blackwell, R., Miniard, P., Consumer Behavior, Fort Worth 1995, 8. Aufl., S. 449 und Michman, R. D., Lifestyle Market Segmentation, New York 1991, S. 1
186 Vgl. Weissman, A., Tröger, G., Adlwarth, W., Psychographische Marktsegmentierung, S. 24
187 Vgl. Kotler, P., Bliemel, F., Marketing-Management, S. 290 f.
188 Activities, Interests, Opinions
189 Die Statements zur Ermittlung der Aktivitäten tangieren die Lebensbereiche Arbeit, Hobbys, soziale Ereignisse, Urlaub, Unterhaltung, Vereinsmitgliedschaft, Gemeinschaften, Einkaufen

Vorlage einer komplexen Batterie ausgearbeiteter Statements, welche von den Befragten lediglich mit „Ja" oder „Nein" zu beantworten sind.[190] Die Analyse der auf diesem Wege gewonnenen Ergebnisse erfolgt durch Einsatz geeigneter EDV-Programme.[191]

Für einen Segmentierungsansatz in der Augenoptikbranche könnte dem allgemeinen Lifestyle-Konzept eine gewisse Relevanz zukommen. So dürften sich Konsumenten, welche ein hohes Interesse an einem modischen Auftritt haben, zumindest hinsichtlich der Fassungsauswahl in ihrem Kaufverhalten von solchen Kunden unterscheiden, welche dem Themenkomplex Mode und Ästhetik eine vollkommen untergeordnete Bedeutung beimessen. Weitere im Hinblick auf die Marktbearbeitung für den Augenoptiker interessante Aspekte des Lebensstils eines Kunden bestehen in dessen Affinität zu Freizeitaktivitäten wie Sport,

---

und Sport. Die Erhebung der Interessen erfolgt durch die Bewertung der Statements zu den Bereichen Familie, Zuhause, Beruf, Gemeinschaften, Erholung, Mode, Essen, Medien und Leistungserreichung. Die vorhandenen Meinungen/ Einstellungen einer Person werden durch die Bereiche Einstellung gegenüber sich selbst, gegenüber sozialen Belangen, der Geschäftswelt, Wirtschaft, Erziehung und Bildung, zu Produkten, der Zukunft sowie der Kultur operationalisiert, vgl. Plummer, J. T., The Concept and Application of Life Style Segmentation, in: Journal of Marketing, Vol. 38, Januar 1974, S. 34 sowie Loudon, D., Della Bitta, A., Consumer Behavior, Concepts and Applications, New York u. a. 1989, 3. Auflage, S. 119 f.

190 Diese Statements lauten etwa: „Die Kirche passt in unsere Zeit.", „Gutes Aussehen ist sehr wichtig im Leben" oder „Eine Frau sollte ganz für ihre Familie da sein; das ist ihr Beruf.", vgl. Kotler, P., Bliemel, F., Marketing-Management, S. 291

191 So wurden in einem Gemeinschaftsprojekt zwischen dem französischen Unternehmen CCA und dem Europanel-Institut mit dem Ziel der Ableitung von Lebensstil-Typologien insgesamt 16 unterschiedliche Lebensstil-Segmente der Bezeichnung „Euro-Styles" identifiziert, so z. B. der Euro-Dandy (Angeber, Vergnügungssüchtiger, immer auf der schönen Seite des Lebens), Euro-Business (der Karriere-Macher – immer auf der Leiter), Euro-Vigilante (Misstrauisch, frustriert, vorsichtig, konservativ), Euro-Defense (Heimchen, der Defensive – Eigentum und dann lange nichts mehr), Euro-Prudent (Vorsichtiger, Resignierter – Sicherheit kommt zuerst), vgl. Kotler, P., Bliemel, F., Marketing-Management, S. 291. Darüber hinaus finden sich in der Literatur mannigfaltige andere Systematisierungen. Dabei wurde in der Praxis gelegentlich versucht, den identifizierten Lebensstilgruppen durch Zuordnung einer typischen, sehr plastisch charakterisierten Person (z. B. „Erwin, der Bodenständige") eine höhere Anschaulichkeit zu verleihen, vgl. Kuß, A., Tomczak, T., Käuferverhalten, 2. Aufl., Stuttgart 2000, S. 78. Ein dem AIO-Ansatz ähnliches Konzept zur Identifizierung unterschiedlicher Lebensstilsegmente wurde von Mitchell konzipiert. Im Rahmen seines VALS-Ansatzes (Value Lifestyle Groups) teilt er die erwachsene US-amerikanische Bevölkerung auf Basis eines aus 800 Fragen bestehenden Kataloges in insgesamt neun Lebensstilsegmente ein. Dabei wurden die Lebensstilsegmente der „Existenzgefährdeten" („Survivors"), der „Durchhalter" („Sustainers"), der „Traditionsverbundenen" („Belongers"), der „Streber" („Emulators"), der „Erfolgstypen" („Achievers"), der „Egozentriker" („I-am-me"), der „Erfahrungssucher" („Experientials"), der „sozial Engagierten" („Societally conscious") sowie der „Ausgeglichenen" („Integrateds") identifiziert. Die Einteilung dieser unterschiedlichen Werthaltungs- und Lebensstillgruppen („Value Lifestyle Groups") erfolgte auf Basis der Befragung von 2.713 Personen, vgl. Kotler, P., Bliemel, F., Marketing-Management, S. 292 f.

Wellness oder Reisen. Folglich sind einige, durch den Augenoptiker sorgfältig auszuwählende Bestandteile der allgemeinen Lebensstilforschung unter ökonomischen Aspekten als durchaus interessant einzustufen. Allerdings können durch den Einsatz des Segmentierungskriteriums Lebensstil erst recht grobe und rudimentäre Verhaltensunterschiede festgestellt werden. Die Ursache dafür ist in der angestrebten Allgemeingültigkeit sowie dem Fehlen eines direkten Produktbezuges der dargestellten Lifestyle-Konzepte zu sehen.

2.4 Bewertung der allgemeinen nicht beobachtbaren Segmentierungskriterien

Abschließend soll geprüft werden, inwieweit die allgemeinen nicht beobachtbaren Segmentierungskriterien die an sie gestellten Anforderungen erfüllen.

Die *Mess- und Operationalisierbarkeit* dieser Kriteriengruppe ist grundsätzlich als anspruchsvoll einzustufen. So gelten beispielsweise die Verfahrensweisen zur Messung sozialer Schichten als problematisch, da jedes der zur Verfügung stehenden Messverfahren spezifische Stärken und Schwächen aufweist.[192] Allerdings zeichnet sich der Warner-Index durch eine gute Praktikabilität aus. Die Ausprägungen motivationaler Dispositionen können durch Messverfahren wie Tiefeninterviews, psychologische Exploration, projektive Verfahren und Gruppeninterviews gemessen werden.[193] Zum Zwecke der Messung von Einstellungen wurden unterschiedliche Skalen wie beispielsweise die Guttmann-, Thurstone- und Likert-Skalierung entwickelt, welche mit jeweils geeigneten multivariaten statistischen Methoden kombiniert werden können.[194] Allerdings sind diese Verfahren mit Problemen wie einer fehlenden Operationalisierung oder der Erfassung unbewusster Gründe des Kaufverhaltens verbunden. Darüber hinaus kann bei der Interpretation und Deutung des erhobenen Datenmaterials auf Expertenwissen zurückgegriffen werden.[195] Eine weitere entscheidende Schwäche dieser Kriteriengruppe besteht in einer gering ausgeprägten *Marktrelevanz*. In erster Linie durch den fehlenden Produktbezug ist es nicht möglich, Produkt- oder Markenwahlverhalten mithilfe der allgemeinen nicht beobachtbaren Segmentierungskriterien zu erklären oder zu prognostizieren.[196] Allerdings

---

192 Vgl. Böhler, H., Methoden und Modelle der Marktsegmentierung, S. 76 ff.
193 Vgl. Freter, H., Marktsegmentierung, S. 62
194 Vgl. Freter, H., Marktsegmentierung, S. 79
195 Vgl. Freter, H., Marktsegmentierung, S. 62
196 Vgl. Wedel, M., Kamakura, W., Market Segmentation, S. 13, Freter, H., Marktsegmentierung, S. 63 und S. 75 sowie Weissman, A., Tröger, G., Adlwarth, W., Psychographische Marktsegmentierung, S. 14 sowie Pernica, J., The Second Generation of Market Segmentation Studies: An Audit of Buying Motivations, in: Wells, W.: Life Style And Psychographics, Chicago 1974, S. 284 f.

kann das Kaufverhalten durch allgemeine psychographische Segmentierungskriterien besser prognostiziert werden als durch soziodemographische Kriterien.[197] Die Erfassung der Persönlichkeit, der Werthaltungen und des Lebensstils ergeben ein umfassenderes Bild vom Konsumenten und ermöglichen so einen tieferen Einblick in die gegebenen Marktstrukturen, woraus gewisse Schlussfolgerungen für die Gestaltung der Marketinginstrumente abgeleitet werden können.[198] Auch hinsichtlich der Erreichbarkeit der durch allgemeine psychologische Kriterien ermittelten Marktsegmente kann diese Kriteriengruppe nur recht vage Ansatzpunkte liefern. Der Erfüllung der Anforderung der *Wirtschaftlichkeit* steht die Tatsache entgegen, dass die Messung psychologischer Kriterien den Einsatz spezieller Verfahren sowie die Interpretation der Daten die Einbeziehung von Experten erfordert. Gerade bei der Generierung großer Stichproben führt dies regelmäßig zu einem hohen finanziellen Aufwand. Allerdings kann die Wirtschaftlichkeit durch Einsatz standardisierter Messverfahren wie den Warner-Index oder das EPPS positiv beeinflusst werden.[199] Die Anforderung der *zeitlichen Stabilität* kann bei den allgemeinen nicht beobachtbaren Segmentierungskriterien als relativ gut erfüllt gelten. Da es sich beispielsweise bei persönlichkeitsbezogenen Einstellungen um im Rahmen von Sozialisationsprozessen erlernte, langfristig stabile persönliche Dispositionen handelt, bleiben diese im Zeitablauf relativ stabil.[200] Als Folge der dargestellten Nachteile der allgemeinen nicht beobachtbaren Segmentierungskriterien ist auch die Anforderung der *Praxistauglichkeit* bei der Mehrzahl der geprüften Kriterien als in unzureichendem Maße erfüllt anzusehen. Bei einem Einsatz im Alltag des Augenoptikers dürften sich gerade die Schwächen hinsichtlich der Kaufverhaltensrelevanz sowie der Mess- und Operationalisierbarkeit der Mehrzahl dieser Kriterien als eine ernsthafte Implementierungshürde erweisen. So wäre einerseits mit einer mangelnden Akzeptanz durch das angestellte Verkaufspersonal, andererseits aber auch mit der Gefahr wiederholter, gravierender Fehleinstufungen von Kunden zu rechnen.

Im Rahmen der allgemeinen nicht beobachtbaren Segmentierungskriterien wurden die Eignung der Merkmale der sozialen Schicht, des sozialen Charakters, der Gruppenzugehörigkeit, der sozialen Rolle, des Risikoempfindens, des Selbstbildes, der allgemeinen Werthaltungen, Motive und Einstellungen sowie der allgemeinen Lebensgewohnheiten im Hinblick auf einen Augenoptik-Segmentierungsansatz geprüft. Als Ergebnis der vorausgegangenen Überlegungen ist lediglich den beiden Kriterien

---

197 Vgl. Wedel, M., Kamakura, W., Market Segmentation, S. 13
198 Vgl. Wedel, M., Kamakura, W., Market Segmentation, S. 14
199 Vgl. Freter, H., Marktsegmentierung, S. 63
200 Vgl. Freter, H., Marktsegmentierung, S. 81

- Soziale Schicht sowie
- Allgemeine Lebensgewohnheiten

eine hohe Relevanz zuzuschreiben. Allgemeine Lebensgewohnheiten können dann eingesetzt werden, wenn bei einzelnen Aspekten ein enger Bezug zu augenoptischen Produkten und Dienstleistungen unterstellt werden kann. Dabei ist allerdings auf eine leichte Mess- und Operationalisierbarkeit der Merkmalsausprägungen zu achten.

2.5 Nicht beobachtbare produktspezifische Segmentierungskriterien

Innerhalb der Gruppe der nicht beobachtbaren produktspezifischen Segmentierungskriterien kann grundsätzlich zwischen reaktionsbasierten, ein- und mehrdimensionalen, psychologischen Kriterien sowie Segmentierungskriterien produktspezifischer Lebensgewohnheiten differenziert werden, wobei die drei letztgenannten zur Gruppe der psychologischen Segmentierungskriterien zusammengefasst werden.

2.5.1 Elastizitäten als Segmentierungskriterien

Oft wurden individuelle *Elastizitäten* bzw. Reaktionsfunktionen als ideale Segmentierungskriterien betrachtet.[201] Dabei wird unter einer Elastizität die relative Veränderung der Nachfrage als eine Reaktion auf die relative Veränderung eines Marketinginstrumentes wie beispielsweise des Preises verstanden.[202] Bei einer Nutzung von Elastizitäten als Segmentierungskriterien wären dann solche Konsumenten zu einem homogenen Segment zusammenzufassen, welche eine identische Marktreaktionsfunktion aufweisen.[203] Folglich ist die Existenz und Kenntnis individueller Marktreaktionsfunktionen die Voraussetzung für eine erfolgreiche Implementierung dieses Segmentierungsansatzes in der Praxis. Allerdings können Elastizitäten nicht direkt beobachtet werden, sondern müssen durch Einsatz mathematischer Verfahren wie der linearen oder logistischen Regression geschätzt werden.[204] Praktische Versuche, auf der Basis von Elastizitäten und

---

201 Anstelle von Elastizitäten benutzt Freter den Terminus der (Markt-)Reaktionsfunktionen. Diese besitzen die mathematische Grundstruktur $xk = fk$ (Produkt, Preis, Werbung, Distribution). Sie stellen einen funktionalen Zusammenhang zwischen dem Einsatz von Marketinginstrumenten und der Reaktion eines betrachteten Konsumenten her, vgl. Freter, H., Marktsegmentierung, S. 45
202 Vgl. Wedel, M., Kamakura, W., Market Segmentation, S. 14
203 Vgl. Freter, H., Marktsegmentierung, S. 45
204 Vgl. Wedel, M., Kamakura, W., Market Segmentation, S. 14

Marktreaktionsfunktionen in sich homogene, aber untereinander heterogene Segmente zu identifizieren, verliefen erfolglos.[205]

Wenngleich der Gedanke der Berücksichtigung von Elastizitäten und Marktreaktionsfunktionen im Rahmen eines Augenoptik-Segmentierungsansatzes durchaus reizvoll erscheint, so ist diesem Denkansatz für die tägliche Praxis doch eine geringe Eignung zuzuschreiben. Die Gründe dafür liegen in erster Linie im vornehmlich theoretisch geprägten Wesen dieses Segmentierungskriteriums. So ist die Hoffnung, ein Segment von Brillenträgern mit exakt identischer Reaktion auf den Einsatz bestimmter Marketinginstrumente wie beispielsweise der Aussendung einer Sonnenbrillen-Komplettaktion identifizieren zu wollen, als unrealistisch zu beurteilen. Darüber hinaus erscheint die Vornahme von Schätzungen individueller Reaktionsfunktionen mithilfe mathematischer Verfahren durch das Kundenkontaktpersonal als unpraktikabel. Somit ist den Elastizitäten für den Einsatz im Rahmen eines Augenoptik-Segmentierungsansatzes eine geringe Relevanz zuzuordnen.

2.5.2 Psychologische Segmentierungskriterien

Die *produktspezifischen Einstellungen* eines Konsumenten sind in Analogie zu den oben dargestellten allgemeinen Einstellungen als erlernte, im Zeitablauf relativ stabile Systeme psychischer Prädispositionen gegenüber bestimmten Einstellungsobjekten zu verstehen. Durch das Heranziehen produktspezifischer Einstellungen kann die Schwäche des fehlenden Produktbezuges der allgemeinen einstellungsorientierten Segmentierungskriterien kompensiert werden.[206] Die produktspezifische Einstellung eines Konsumenten ist durch unterschiedliche Verfahren messbar. Die einfachste Vorgehensweise zur Erhebung produktspezifischer Einstellungen besteht darin, einen Konsumenten ein Produkt insgesamt beurteilen zu lassen.[207] So kann die Einstellung eines Konsumenten gegenüber einem bestimmten Produkt, einer Dienstleistung oder Marke begeistert, positiv, gleichgültig, negativ oder auch feindlich sein.[208] Diese grundsätzlichen von den Konsumenten einem gewissen Produkt gegenüber vertretenen Haltungen können zur Abgrenzung unterschiedlicher Kundensegmente genutzt werden.

Auch im Augenoptikmarkt haben die Konsumenten erfahrungsgemäß sehr unterschiedliche Einstellungen zu ihrer Brille. So gibt es Kunden, die auf ihre

---

205 Diese Versuche wurden von Frank, Massy sowie McCann vorgenommen, vgl. Weissman, A., Tröger, G., Adlwarth, W., Psychographische Marktsegmentierung, S. 38
206 Vgl. Weissman, A., Tröger, G., Adlwarth, W., Psychographische Marktsegmentierung, S. 15
207 Vgl. Salomon, M., Bamossy, G., Askegaard, S., Konsumentenverhalten, S. 166 f.
208 Vgl. Kotler, P., Bliemel, F., Marketing-Management, S. 442

neue Brille stolz sind und zum Zeitpunkt der Abholung Begeisterung zeigen. Andere stehen Brillen grundsätzlich gleichgültig gegenüber, während wieder andere sie als ein notwendiges Übel betrachten, auf welches sie gerne verzichten würden.[209] Folglich erscheint die grundsätzliche Einstellung eines Konsumenten zu seiner Brille für die Konzeption eines Augenoptik-Segmentierungsansatzes als relevant.

Möchte man erfahren, *weshalb* ein Konsument einem Betrachtungsgegenstand gegenüber eine bestimmte Einstellung hat, so bietet sich der Einsatz *mehrdimensionaler Einstellungsmodelle* an.[210] Ihnen liegt die Annahme zugrunde, dass sich die Einstellung eines Konsumenten gegenüber einem Produkt bzw. einer Marke aus einzelnen Überzeugungen zusammensetzt, welche ein Konsument hinsichtlich der Ausprägung unterschiedlicher Attribute des Betrachtungsgegenstandes besitzt.[211] Die Gesamteinstellung eines Konsumenten gegenüber dem betrachteten Objekt ergibt sich dann als Summe der einzelnen Überzeugungen, wobei diese durch den Befragten mit unterschiedlichen Bedeutungsgewich-

---

209 In einem solchen Sinne unterscheidet Köhler zwischen „Lust-" und „Mussprodukten", vgl. Köhler, J., Dienstleistungsmarketing, Leitfaden für die Augenoptik, Berlin 1998, S. 54
210 Synonym zu der Bezeichnung „Mehrdimensionale Einstellungsmodelle" findet sich in der Literatur auch die Bezeichnung „Multiattributmodelle". Diese lassen sich zunächst in Dekompositionsverfahren und Kompositionsverfahren unterteilen. Während die Betrachtungsgegenstände im Rahmen der Dekompositionsverfahren i. d. R. aufgrund pauschaler Einschätzungen lediglich in eine Rangfolge gebracht werden, so erfolgt bei den Kompositionsverfahren eine Bewertung einzelner Produktattribute, wobei sich die Gesamteinstellung als Summe der Einzelbewertungen errechnet. Innerhalb der Gruppe der Kompositionsverfahren kann weiter zwischen den Modellen von Rosenberg, Fishbein und Trommsdorff differenziert werden. Nach Rosenberg wird die Einstellung einer Person zu dem Betrachtungsobjekt von der Wichtigkeit einzelner Motive (affektive Komponente) und der subjektiv wahrgenommenen Eignung (kognitive Komponente) des Betrachtungsgegenstandes zur Motivbefriedigung bestimmt, während bei Fishbein die Gesamteinstellung aus der subjektiven Wahrnehmung der relevanten Attribute eines Betrachtungsgegenstandes und deren Bewertung resultiert. Im Unterschied zum Fishbein-Modell setzt Trommsdorff die subjektiv wahrgenommenen Attributeigenschaften des Betrachtungsgegentandes zu den Attributeigenschaften eines hypothetischen Idealproduktes in Beziehung. Je geringer die Distanz zwischen tatsächlichen und als ideal erachteten Merkmalsausprägungen ausfällt, desto positiver ist die Einstellung gegenüber dem bewerteten Attribut, vgl. Kroeber-Riel, W., Weinberg, P., Konsumentenverhalten, S. 200 ff. Eine andere Systematisierung der Messverfahren produktspezifischer Einstellungen findet sich bei Böhler. Er unterscheidet grundsätzlich zwischen summativen und mehrdimensionalen Messverfahren. Da die Einstellung im Rahmen der summativen Verfahren (Modelle nach Rosenberg, Fishbein und Trommsdorff) durch die Errechnung eines Punktwertes gemessen wird, klassifiziert er diese als eindimensional. Im Rahmen der mehrdimensionalen Messverfahren erfolgt die Ermittlung der Dimensionen, anhand derer jedes Objekt eingeordnet werden kann, durch den Einsatz multivariater Analyseverfahren, vgl. Böhler, H., Methoden und Modelle der Marktsegmentierung, S. 91 ff.
211 Vgl. Salomon, M., Bamossy, G., Askegaard, S., Konsumentenverhalten, S. 167

ten zu versehen sind.[212] Manche mehrdimensionalen Einstellungsmodelle enthalten darüber hinaus das Konstrukt eines vom Befragten zu definierenden Idealproduktes, welches einem zu beurteilenden real existierenden Einstellungsobjekt gegenübergestellt wird.[213] Dabei bildet das Idealprodukt die Gesamtheit der produktspezifischen Präferenzen eines Konsumenten ab.[214] Subsumierend können im Rahmen des Einsatzes mehrdimensionaler Einstellungsmodelle insgesamt drei Elemente als Grundlage einer Segmentierung herangezogen werden:[215]

- Wahrnehmungen bezüglich der Ausprägungen der Realmarke
- Bedeutungsgewichte der relevanten Eigenschaften
- Ausprägungen der Idealmarke

Konsumenten können sich in ihrer *Wahrnehmung* hinsichtlich der Ausprägung unterschiedlicher Eigenschaften eines konkreten Einstellungsobjektes unterscheiden.[216] So empfindet beispielsweise ein Konsument die Anmutung eines Personenkraftwagens als sportlich, ein anderer als elegant. Darüber hinaus können Diskrepanzen bezüglich objektiv nachweisbaren Eigenschaften eines Produktes bzw. einer Marke und den durch einen Konsumenten subjektiv wahrgenommenen Produkt- oder Markeneigenschaften auftreten.[217] Unterscheiden sich Konsumenten in ihren produktspezifischen Wahrnehmungen, so können diese als Basis für die Identifikation und Definition unterschiedlicher Wahrnehmungssegmente herangezogen werden.[218]

Fasst man unterschiedliche Augenoptik-Fachgeschäfte als Realmarken auf, so können deren Attribute wie beispielsweise Sorgfalt der Augenprüfung, Umfang der Auswahl an Fassungen, Höhe des angebotenen Serviceniveaus usw. aus subjektiver Kundensicht beurteilt werden. Dabei ist zu erwarten, dass sich unterschiedliche Befragungspersonen hinsichtlich ihrer Wahrnehmung der Ausprägungen der abgefragten Attribute zum Teil deutlich unterscheiden werden. Folg-

---

212 Vgl. Freter, H., Marktsegmentierung, S. 66
213 So könnte etwa ein Automobilkäufer die Gesamtheit der angebotenen Personenkraftwagen nach den drei aus seiner Sicht relevanten Attributen „Sicherheit", „Großzügiges Platzangebot" und „Modernes Design" beurteilen, wobei er dem Attribut „Sicherheit" das höchste Bedeutungsgewicht, dem Attribut „Großzügiges Platzangebot" ein mittleres und dem Attribut „Modernes Design" ein untergeordnetes Bedeutungsgewicht beimisst. Er ist der Überzeugung, dass ein von ihm in die nähere Auswahl gezogenes Fahrzeug, ein Peugeot 807, den von ihm definierten Anforderungen ziemlich genau entspricht und somit seiner Vorstellung von einem idealen Automobil recht nahe kommt.
214 Vgl. Böhler, H., Methoden und Modelle der Marktsegmentierung, S. 110
215 Vgl. Freter, H., Marktsegmentierung, S. 71
216 Vgl. Kotler, P., Bliemel, F., Marketing-Management, S. 298
217 Vgl. Freter, H., Marktsegmentierung, S. 71
218 Vgl. Freter, H., Markt- und Kundensegmentierung, S. 148

lich scheint die Wahrnehmung hinsichtlich der Ausprägung unterschiedlicher Markeneigenschaften grundsätzlich auf die Augenoptikbranche adaptierbar, im Hinblick auf die Zielausrichtung der vorliegenden Forschungsarbeit jedoch als nicht relevant.

Die für die Beurteilung relevanten Produktattribute erhalten nicht von allen Konsumenten das jeweils gleiche *Bedeutungsgewicht*.[219] Einige Produkteigenschaften erfahren hinsichtlich des durch die Produktnutzung angestrebten Zielerreichungsbeitrages eine höhere Gewichtung.[220] Damit ist in der Gewichtung der einzelnen Produktattribute eine motivationale Komponente enthalten.[221] Allerdings weisen die Konsumenten bei der Verteilung ihrer Bedeutungsgewichte z. T. sehr deutliche Unterschiede auf.[222] So mag der eine Automobilkäufer bei der Auswahl seines neuen Fahrzeuges den Aspekt der Sportlichkeit in das Zentrum der Überlegungen stellen, während ein anderer das Attribut Sicherheit am stärksten gewichtet. Folglich kann auch die Verteilung der Bedeutungsgewichte als Grundlage einer Segmentierung dienen.

Auch in der Augenoptikbranche weist die Gewichtung einzelner Anbieterattribute interindividuelle Unterschiede auf. So legt der eine Konsument bei der Auswahl seines Augenoptikers großen Wert auf eine hohe Kompetenz in der Anpassung von Kontaktlinsen, während dieses Kriterium für einen anderen Konsumenten keine Rolle spielt. Folglich ist der kundenindividuellen Verteilung von Bedeutungsgewichten hinsichtlich der Konzeption eines Segmentierungsansatzes für die Augenoptikbranche eine Eignung als Segmentierungskriterium zuzuschreiben.

Die Gesamtheit aller von einem Konsumenten als optimal betrachteten Eigenschaftsausprägungen manifestiert sich in der *Idealmarke*.[223] Somit kann die Idealmarke auch als „Präferenzzentrum" interpretiert und als eine Norm für die Wünsche der Abnehmer angesehen werden.[224] Allerdings können die Idealmarken unterschiedlicher Konsumenten große Unterschiede aufweisen. Folglich können Kunden mit ähnlichen Vorstellungen zur Idealmarke zu einem Segment zusammengefasst werden.[225]

Befragt man eine Reihe von Brillen- und Kontaktlinsenträgern nach ihrer Vorstellung von einem idealen Augenoptiker, so wird man vermutlich unterschiedliche Beschreibungen erhalten. Folglich scheint dieses Kriterium geeignet, um zwischen unterschiedlichen Idealvorstellungen zu diskriminieren. Somit ist

---

219 Vgl. Freter, H., Markt- und Kundensegmentierung, S. 149
220 Vgl. Salomon, M., Bamossy, G., Askegaard, S., Konsumentenverhalten, S. 167
221 Vgl. Freter, H., Marktsegmentierung, S. 72
222 Vgl. Salomon, M., Bamossy, G., Askegaard, S., Konsumentenverhalten, S. 167
223 Vgl. Böhler, H., Methoden und Modelle der Marktsegmentierung, S. 110
224 Vgl. Freter, H., Markt- und Kundensegmentierung, S. 148
225 Vgl. Freter, H., Marktsegmentierung, S. 72

dem Segmentierungskriterium der Idealmarke auch bei einem Einsatz in der Augenoptikbranche Relevanz zuzuschreiben.

Eine Variante der Segmentierung auf Grundlage individueller Bedeutungsgewichte ist die Marktsegmentierung auf Basis von *Nutzenerwartungen*.[226] Dieses Segmentierungskonzept fand in der Vergangenheit eine weitläufige Verbreitung.[227] Dabei dient der von einem Konsumenten wahrgenommene Nutzen eines Produktes oder einer Dienstleistung als Basis der Identifikation in sich homogener Kundensegmente.[228] Allerdings erwarten Konsumenten von einem Produkt in der Regel mehrere Nutzen, wobei diese in Analogie zu den vorangehend behandelten produktspezifischen Einstellungen mit unterschiedlichen Bedeutungsgewichten ausgestattet werden können, so dass auch diese als Grundlage einer Segmentierung herangezogen werden können.[229] Im Rahmen einer prozessorientierten Betrachtung der nutzenorientierten Segmentierung erfolgt zunächst die Abgrenzung der unterschiedlichen Kundensegmente auf Basis unterschiedlicher Nutzenerwartungen. Im Anschluss daran lassen sich die identifizierten Nutzensegmente zur Verbesserung der Zugänglichkeit anhand soziodemographischer, psychographischer und verhaltensorientierter Kriterien beschreiben.[230] Gemäß dieser Vorgehensweise wurden in den USA bereits in den sechziger Jahren unterschiedliche Konsumgütermärkte segmentiert.[231]

---

226 Das theoretische Konzept der Nutzensegmentierung („Benefit Segementation") geht auf Haley zurück und wurde im Jahr 1968 veröffentlicht. Nach Haley besteht die Überlegenheit seines Ansatzes im Vergleich mit klassischen Segmentierungskonzepten u. a. in der Tatsache, dass die Marktsegmente im Rahmen der nutzenorientierten Segmentierung stärker auf der Grundlage kausaler denn auf Basis beschreibender Faktoren identifiziert werden. In diesem Sinne führt Haley 1968 aus: „The belief underlying this segmentation strategy is that the benefits which people are seeking in consuming a given product are the basic reasons for the existence of true market segments.", vgl. Haley, R. I., Benefit Segmentation: A Decision-oriented Research Tool, in: Journal of Marketing, Vol. 32, July 1968, S. 31 und Haley, R. I., Developing Effective Communications Strategy, A Benefit Segmentation Approach, 1985 New York, S. 14
227 Vgl. Meffert, H., Burmann, C, Kirchgeorg, M., Marketing, S. 204 f.
228 Vgl. Perrey, J., Hölscher, A., Nutzenorientierte Kundensegmentierung – eine Zwischenbilanz nach 35 Jahren, in: Thexis, 2003, Heft 4, S. 8
229 Vgl. Haley, R. I., Benefit Segmentation, S. 32 und Freter, H., Markt- und Kundensegmentierung, S. 186
230 Vgl. Keck, C., Goedecke, L., Erfolgreiche Ausrichtung der Marketing-Instrumente durch Benefit-Segmentierungen, in: planung & analyse, Heft 4, 2005, S. 45
231 So identifizierte Haley im US-amerikanischen Zahnpastamarkt die vier Nutzensegmente „Karies-Prävention", „Attraktivität durch leuchtend weiße Zähne", „Angenehmer Geschmack beim Zähneputzen" und „Günstiger Preis". Dabei zeichneten sich beispielsweise das Nutzensegment der Karies-Prävention durch große Familien, hohe Zahnpasta-Verbrauchsraten sowie eine konservative Haltung aus, vgl. Haley, R. I., Benefit Segmentation, S. 32 und Kotler, P., Bliemel, F., Marketing-Management, S. 438. In der Literatur findet sich eine Vielzahl weiterer praktischer Anwendungsbeispiele der Nutzensegmentierung. So segmentierte Yankelovich den Markt für Armbanduhren. Dabei identifizierte er die drei Nutzensegmente „Niedriger Preis"

Ein auf Nutzenerwartungen von Brillen- und Kontaktlinsenträgern basierendes Marktsegmentierungskonzept scheint auch in der Augenoptikbranche gut anwendbar zu sein. So stehen auch beim Brillen- oder Kontaktlinsenkauf erfahrungsgemäß unterschiedliche Nutzendimensionen im Vordergrund. Neben dem funktionalen Grundnutzen des scharfen Sehens legen manche Kunden den größten Wert auf ein attraktives Aussehen und ein geringes Gewicht, während für andere die Kriterien der Langlebigkeit und eines niedrigen Kaufpreises zentrale Bedeutung einnehmen.[232] Folglich können auch in der Augenoptikbranche einerseits die potenziellen Nutzensegmente an sich, andererseits aber auch die individuell ausgestalteten Bedeutungsgewichte der einzelnen Nutzenaspekte zu einer Kundensegmentierung herangezogen werden. Insgesamt scheint das Segmentierungskriterium der Nutzenerwartung für einen Augenoptik-Segmentierungsansatz von Relevanz zu sein.

Als ein weiteres potenzielles Merkmal der kaufverhaltensrelevanten Differenzierung kann die *Präferenz* eines Konsumenten herangezogen werden. Diese lässt sich als Ergebnis des Vergleiches von mindestens zwei Produkten definieren, wobei der erwartete Nettonutzen als Bewertungsbasis dient.[233] Dabei werden Präferenzen im Allgemeinen mehrere Vorteile zugeschrieben.[234] So kann ihnen im Hinblick auf die Prognosevalidität aufgrund der unmittelbaren Nähe zur Kaufentscheidung ein starker Zusammenhang mit dem tatsächlichen Kaufverhalten unterstellt werden. Darüber hinaus enthalten Präferenzen die Wertschätzung aller relevanten Attribute der miteinander verglichenen Objekte. Schließlich existieren wirksame Verfahren zur Operationalisierung und Messung empirisch gewonnener Präferenzurteile.[235]

Auch in der Augenoptikbranche besitzt jeder Kunde eigene, individuelle Präferenzen. Somit ist dem Segmentierungskriterium der Präferenz vom Grund-

---

(23 %), „Haltbarkeit und Produktqualität" (46 %) sowie „Erinnerung an ein besonderes Ereignis" (31 %), vgl. Kotler, P., Bliemel, F., Marketing-Management, S. 438. Ein jüngeres Anwendungsbeispiel von Perrey fokussiert den bundesdeutschen Markt für Bahnreisen. Dabei wurden auf einer ersten Ebene die drei Nutzensegmente „Preissensible" (51 %), Reisezeitminimierer (31 %) sowie Komfortorientierte (18 %) voneinander abgegrenzt, vgl. Perrey, J., Hölscher, A., Nutzenorientierte Kundensegmentierung, S. 9.

232 Vgl. Köhler, J., Dienstleistungsmarketing, S. 57
233 Der erwartete Nettonutzen eines Produktes stellt einen Indikator für die Handlungstendenz vor dem Hintergrund der individuellen Zielfunktion eines Konsumenten dar. Er ergibt sich durch das Abwägen positiver (z. B. Qualität, Nutzwert) und negativer (z. B. Preis, Beschaffungskosten) Faktoren eines Produktes, vgl. Gutsche, J., Produktpräferenzanalyse, ein modelltheoretisches und methodisches Konzept zur Marktstimulation mittels Präferenzerfassungsmodellen, Berlin 1995, S. 40
234 Vgl. Bauer, H. H., Markabgrenzung, Berlin 1989, S 132 und Schweikl, H., Computergestützte Präferenzanalyse mit individuell wichtigen Produktmerkmalen, Berlin 1985, S. 26
235 Vgl. Gutsche, J., Produktpräferenzanalyse, S.41

satz her Relevanz zuzuschreiben. Allerdings handelt ist sich bei den Präferenzen um ein eher theoretisches, hypothetisches Konstrukt. Um dieses für eine Anwendung in der Praxis greifbar und handhabbar zu machen, ist nach einem geeigneten Verfahren der Operationalisierung und Messung Ausschau zu halten. Somit ist dem potenziellen Kriterium der Präferenz ausschließlich in Verbindung mit einem geeigneten, praktikablen Operationalisierungs- und Messmodell Relevanz zuzuschreiben.

Das *Involvement* eines Konsumenten stellt ein weiteres produktspezifisches Segmentierungskriterium dar.[236] Dieses lässt sich als Grad der persönlichen Betroffenheit oder Interessenbeteiligung definieren, welcher durch die Einwirkung eines oder mehrerer Stimuli in einer bestimmten Situation beeinflusst wird.[237] Somit kann das Involvement auch als Zustand innerer Aktivierung beschrieben werden, welcher die Aufnahme, Speicherung und Verarbeitung von Informationen beeinflusst. Grundsätzlich ist zwischen High-Involvement- und Low-Involvement-Käufen zu differenzieren.[238] Während High-Involvement-Käufe ein finanzielles, soziales oder psychologisches Risiko bergen und daher eine sorgfältige Abwägung, einen Vergleich mehrerer Alternativen sowie das Heranziehen umfangreicher Informationen rechtfertigen, wird auf eine intensive Auseinandersetzung mit weniger wichtigen bzw. als weniger riskant wahrgenommenen Low-Involvement-Käufen verzichtet.[239]

Auch in der Augenoptikbranche lassen sich Kunden nach dem Merkmal des Involvements unterscheiden. So treten regelmäßig Kunden auf, welche unmittelbar auf die geringe Bedeutung der Brille innerhalb des eigenen Wertesystems hinweisen. Andere Kunden beweisen durch die Inanspruchnahme mehrstündiger Beratungsgespräche sowie ein wiederholtes Abwägen unterschiedlicher Entscheidungsalternativen ein hohes Involvement. Darüber hinaus gibt es Kunden, welche permanent Interesse für Brillenfassungen bzw. Brillenmode zeigen. Andere interessieren sich dafür lediglich während der relativ kurzen Zeitspanne von der Wahrnehmung der Notwendigkeit eines Brillenkaufes bis zum Kaufabschluss, wobei der Grad des Involvements anschließend bis zum nächsten Brillenkauf wieder auf ein niedriges Niveau absinkt. Folglich ist dem Segmentierungskriterium des Involvements in der Augenoptikbranche Relevanz zuzuschreiben.

---

236 Vgl. Freter, H., Markt- und Kundensegmentierung, S. 155 ff.
237 Vgl. Pepels, W., Segmentierungsdeterminanten im Käuferverhalten, S. 81
238 Vgl. Pepels, W., Segmentierungsdeterminanten im Käuferverhalten, S. 81
239 Darüber hinaus weist der Grad der Aktivierung eines Konsumenten eine Objekt-, Personen- und Situationsabhängigkeit auf. So kann der Grad individueller Aktivierung hinsichtlich der Objektabhängigkeit durch die Produktart oder die Marke beeinflusst werden, während sich durch die Personenabhängigkeit Persönlichkeitsmerkmale wie Motive oder Wertestrukturen bemerkbar machen können. Die Situationsabhängigkeit kann sich in Umfeldfaktoren wie Zeit- oder Handlungsdruck manifestieren, vgl. Pepels, W., Segmentierungsdeterminanten im Käuferverhalten, S. 81

Die Absicht von Konsumenten, ein bestimmtes Produkt zu erwerben, steht in einem engen Zusammenhang mit der produktspezifischen Einstellung eines Konsumenten. Die *Kaufabsicht* stellt die letzte Vorstufe der Kaufhandlung dar. Sie kann als eine Funktion sowohl der zu einem früheren Zeitpunkt entstandenen produktspezifischen Einstellung als auch situativer Faktoren wie Warenverfügbarkeit, Zeitdruck, finanzielle Situation, soziale Einflüsse usw. betrachtet werden.[240] Eine Messung der Kaufabsichten dient dazu, die Kaufbereitschaft von Konsumenten zu untersuchen.

Die Notwendigkeit der Anschaffung von Brillen und Kontaktlinsen wird, von wenigen Ausnahmen abgesehen, durch das Auftreten unterschiedlicher Formen von Fehlsichtigkeiten verursacht. Sobald diese durch den Augenoptiker oder Augenarzt gemessen wurden, ist der Fehlsichtige mehr oder weniger zum Erwerb einer Sehhilfe gezwungen, sofern er seine optimale Sehschärfe erreichen möchte. Aufgrund der in dieser Weise grundsätzlich eingeschränkten Entscheidungsfreiheit hinsichtlich des Erwerbes von augenoptischen Produkten und Dienstleistungen ist der Kaufabsicht für die Konzeption eines Augenoptik-Segmentierungsansatzes lediglich eine untergeordnete Relevanz zuzuordnen.

Als ein weiteres mehrdimensionales Segmentierungskriterium ist der *produktspezifische Lebensstil* anzusehen. Bei diesem erfolgt die Bildung unterschiedlicher Segmente auf Basis produktbezogener Interessen, Bedürfnisse und Werte.[241] So können die allgemeinen Lebensstile durch produktspezifische Werte oder Auswahlkriterien von Konsumenten weiter spezifiziert werden.[242] Um aber relevante Auswahlkriterien identifizieren zu können, müssen Informationen über den produktspezifischen Lebensstil vorliegen. So wären im Zusammenhang mit Lebensmitteln Informationen über Kochgewohnheiten sinnvoll, im Zusammenhang mit Möbelpolitur Informationen über Reinigungsgewohnheiten oder Informationen hinsichtlich der Körperpflegegewohnheiten, wenn Kosmetikprodukte im Mittelpunkt der Untersuchung stehen.[243] Auf diese Weise lassen sich die Fragenkataloge und Statements des dargestellten AIO-Ansatzes durch einen spezifischen Produktbezug modifizieren bzw. ergänzen.[244]

---

240 Vgl. Böhler, H., Methoden und Modelle der Marktsegmentierung, S. 111
241 Vgl. Weissman, A., Tröger, G., Adlwarth, W., Psychographische Marktsegmentierung, S. 27
242 Vgl. Pernica, J., The Second Generation of Market Segmentation Studies, S. 285 sowie Loudon, D., Della Bitta, A., Consumer Beahvior, S. 120
243 Vgl. Pernica, J., The Second Generation of Market Segmentation Studies, S. 285
244 In einem solchen Sinne konzipierte Pernica 80 AIO-Items für Medikamente gegen Magenschmerzen. Es gelang ihm, durch Einsatz statistischer Verfahren auf der Grundlage produktspezifischer Bedürfnisse vier unterschiedliche Segmente zu identifizieren sowie deren Markenwahlverhalten zu prognostizieren, vgl. Pernica, J., The Second Generation of Market Segmentation Studies, S. 295

Auch im Hinblick auf Brillen und Kontaktlinsen bestehen bei den Konsumenten unterschiedliche Einstellungen, Interessen, Meinungen und Werthaltungen, welche das Kaufverhalten beeinflussen, so dass das Konzept des produktspezifischen Lebensstils grundsätzlich auch auf die Augenoptikbranche gut adaptierbar erscheint. So lassen sich analog zum AIO-Ansatz produktspezifische Statements konzipieren, auf welche eine Befragungsperson mit Zustimmung oder Ablehnung reagieren kann.[245] Allerdings wird es auch ausschließlich auf Basis einer produktspezifischen Erhebung von Lebensstilen nicht möglich sein, unterschiedliche Segmente zu identifizieren. Einzelne, sorgfältig auszuwählende Aspekte könnten allerdings durchaus interessante Erklärungsbeiträge zum Kaufverhalten von Brillen und Kontaktlinsen liefern oder zu einer lebendigeren Beschreibung identifizierter Segmente beitragen. So ist beispielsweise vor dem Hintergrund des sich derzeit etablierenden Geschäftsfeldes Sportoptik für einen Augenoptiker die Information durchaus von Interesse, ob und in welcher Intensität ein Kunde sportliche Aktivitäten ausübt. Insofern ist dem Segmentierungskriterium des produktspezifischen Lebensstils in einigen Aspekten durchaus Relevanz zuzusprechen.

2.6 Bewertung der nicht beobachtbaren produktspezifischen Kriterien

Nachfolgend soll geprüft werden, inwieweit die Gruppe der nicht beobachtbaren produktspezifischen Segmentierungskriterien die an sie gestellten Anforderungen erfüllt.

Die Anforderungen an die *Mess- und Operationalisierbarkeit* sind durch die nicht beobachtbaren produktspezifischen Segmentierungskriterien im Vergleich zu den nicht beobachtbaren Kriterien ohne Produktbezug grundsätzlich besser erfüllbar. Allerdings hängt die Erfüllung der Anforderungen an die Mess- und Operationalisierbarkeit sowohl bei den Kriterien der produktbezogenen Einstellungen als auch bei den produktspezifischen Lebensgewohnheiten von der Konstruktion und Validierung der Messinstrumente sowie der Auswertung durch multivariate Analyseverfahren ab.[246] Bei einem Einsatz mehrdimensionaler Einstellungsmodelle können Probleme hinsichtlich der Messung und Operationalisierung der affektiven und kognitiven Komponente auftreten. So bestehen Mess-

---

245 So könnten exemplarisch einige Statements mit Praxistauglichkeit lauten: „Ich interessiere mich für Brillenmode." „Eine neue Brille kaufe ich erst dann, wenn ich feststelle, dass meine Sehschärfe deutlich nachgelassen hat." „Die Marke meiner Brillengläser ist mir vollkommen gleichgültig." „Von meinem Augenoptiker erwarte ich, dass er bekannte Fassungslabels wie Silhouette, Gucci, Calvin Klein, Boss usw. in seinem Sortiment führt." „Die Brille besitzt für mich grundsätzlich einen untergeordneten Stellenwert."
246 Vgl. Freter, H., Marktsegmentierung, S. 86

probleme bezüglich der Erfassung der relevanten Eigenschaften von Produkten bzw. Marken, der Zuteilung von Bedeutungsgewichten, der Bestimmung der Ausprägungen der Real- und Idealmarke sowie der Errechnung eines Gesamtwertes.[247] Hinsichtlich der *Marktrelevanz* wird den produktspezifischen Einstellungen in der Literatur im Gegensatz zu den generellen persönlichkeitsorientierten Einstellungen bzw. Nutzenerwartungen eine vergleichsweise hohe Kaufverhaltensrelevanz zugeschrieben.[248] Ebenso steigt der Prognosewert des Lebensstils durch die Integration eines Produktbezuges.[249] Darüber hinaus besitzen produktspezifische Einstellungen und AIO-Statements grundsätzlich einen hohen Aussagewert für die Gestaltung der Marketinginstrumente.[250] In besonderem Maße gilt dies auch für durch mehrdimensionale Einstellungsmodelle erhobene Korrelate, welche eine Vielzahl von Rückschlüssen auf die operative und strategische Marktbearbeitung erlauben.[251] So können u. a. bereits positiv bewertete Produkteigenschaften in ihrer Bedeutung hervorgehoben, neue Produktattribute kommuniziert oder die konsumentenseitige Beurteilung von Wettbewerbern beeinflusst werden.[252] Produktspezifische Einstellungen lassen grundsätzlich keine Rückschlüsse auf die Erreichbarkeit der identifizierten Segmente zu, so dass zusätzlich zu den Einstellungsdaten Angaben zur Mediennutzung erhoben werden müssten.[253] Die *Wirtschaftlichkeit* der nicht beobachtbaren produktspezifischen Segmentierungskriterien muss als vergleichsweise ungünstig bezeichnet werden. Die Ursache dafür ist in einem hohen finanziellen Aufwand für die Entwicklung produktspezifischer Daten, deren Erhebung und Interpretation zu sehen.[254] Darüber hinaus sind diese in regelmäßigen Abständen zu wiederholen, um Veränderungen diagnostizieren zu können.[255] Falls vorhanden, kann die Wirtschaftlichkeit der nicht beobachtbaren produktspezifischen Segmentierungskriterien durch den Rückgriff auf statistisches Sekundärdatenmaterial günstig

---

247 Vgl. Freter, H., Marktsegmentierung, S. 80
248 Diese Aussage gilt sowohl in retrospektiver als auch in prospektiver Hinsicht, vgl. Böhler, H., Methoden und Modelle der Marktsegmentierung, S. 100 sowie S. 108 und Freter, H., Marktsegmentierung, S. 75
249 Vgl. Pernica, J., The Second Generation of Market Segmentation Studies, S. 295 sowie Böhler, H., Methoden und Modelle der Marktsegmentierung, S. 113
250 Vgl. Böhler, H., Methoden und Modelle der Marktsegmentierung, S. 100 sowie S. 113
251 Vgl. Freter, H., Marktsegmentierung, S. 78 und S. 86
252 Vgl. Salomon, M., Bamossy, G., Askegaard, S., Konsumentenverhalten, S. 170 f. sowie Freter, H., Marktsegmentierung, S. 78
253 Vgl. Freter, H., Marktsegmentierung, S. 79
254 Neben der Verursachung hoher Kosten besteht ein weiterer Nachteil maßgeschneiderter produktspezifischer Analysen in einem hohen Fehlerrisiko. So existieren potenzielle Fehlerquellen hinsichtlich der Konstruktion der Items, der Formulierung der Fragen, der Datenanalyse mittels multivariater Verfahren usw., vgl. Böhler, H., Methoden und Modelle der Marktsegmentierung, S. 113 sowie S. 115
255 Vgl. Freter, H., Marktsegmentierung, S. 81

beeinflusst werden. Hinsichtlich ihrer *zeitlichen Stabilität* sind produktspezifische Einstellungen differenziert zu beurteilen. So bleiben die Vorstellungen bezüglich der Idealausprägungen von Produkten im Zeitablauf eher stabil, während produktspezifische Wahrnehmungen sowie die Zahl der relevanten Attribute vergleichsweise häufiger und stärker variieren.[256] Dagegen können sich gewisse produktspezifische Einstellungen wie beispielsweise Markenwahrnehmungen über einen langen Zeitraum stabil verhalten. Wie bereits ausgeführt, ist der Einsatz mehrdimensionaler Einstellungsmodelle in der Augenoptikbranche als sinnvoll einzustufen. Folglich ist die *Praxistauglichkeit* vom Grundsatz her als erfüllt zu betrachten. Allerdings ist bei der Konstruktion des Fragebogens zur Erhebung empirischer produktspezifischer Einstellungsdaten sowie produktspezifischer Lebensgewohnheiten sorgfältig auf die Berücksichtigung der Anforderungen der Mess- und Operationalisierbarkeit zu achten. Für den Fall der Konstruktion einer Itembatterie zur Erhebung produktspezifischer Lebensgewohnheiten scheint zur Erhaltung der Auskunftsbereitschaft der Befragten eine Beschränkung auf einige wenige Aspekte geboten. Darüber hinaus besteht eine wichtige Voraussetzung zur Erfüllung der Praxistauglichkeit in einer eingehenden Schulung des Kundenkontaktpersonals, um das Instrument der mehrdimensionalen Einstellungsmodelle wirksam einsetzen zu können. Eine eingehende Erläuterung anhand praktischer Beispiele im Vorfeld der Befragung scheint daher nützlich. Resümierend bleibt festzustellen, dass den Segmentierungskriterien

- Produktspezifische Einstellung
- Involvement
- Bedeutungsgewichte der Produktattribute
- Ausprägungen der Idealmarke
- Nutzenerwartungen sowie
- Produktspezifischer Lebensstil

eine hohe Relevanz im Hinblick auf die Konzeption eines Augenoptik-Segmentierungsansatzes zuzuschreiben ist, während Elastizitäten, isoliert betrachtete Präferenzen, Kaufabsichten sowie Wahrnehmungen von Produkten oder Marken von ihrer Bedeutung her zu vernachlässigen sind. Insgesamt ist festzustellen, dass sich die Gruppe der nicht beobachtbaren produktspezifischen Segmentierungskriterien als eine tragfähige Grundlage der Marktsegmentierung erwiesen hat.[257]

---

256 Vgl. Freter, H., Marktsegmentierung, S. 81
257 Vgl. Weissman, A., Tröger, G., Adlwarth, W., Psychographische Marktsegmentierung, S. 22 f.

2.7 Beobachtbare produktspezifische Segmentierungskriterien

Die beobachtbaren produktspezifischen Segmentierungskriterien lassen sich in Analogie zu den vier Obergruppen der Marketinginstrumente nach produktbezogenen und distributionsbezogenen Merkmalen, der Preissensitivität sowie dem Kommunikations- und Adoptionsverhalten systematisieren.[258] Darüber hinaus haben sich in den letzten Jahren angesichts gestiegener Anforderungen an die Marketingeffizienz verstärkt kundenwertbasierte Segmentierungskriterien etabliert, so dass eine ergänzende Berücksichtigung dieser Kriteriengruppe geboten erscheint.[259]

2.7.1 Produktbezogene Segmentierungskriterien

Anhand der *Produktartwahl* lassen sich Konsumenten danach segmentieren, in welchen Produktbereichen sie als Käufer bzw. Verwender auftreten.[260] So kann durch eine Marktsegmentierung der ersten Stufe zunächst zwischen Käufern und Nichtkäufern bzw. Verwendern und Nichtverwendern differenziert werden.[261] Im Rahmen einer Marktsegmentierung der zweiten Stufe lassen sich die Konsumenten dann auf Basis der Nutzung unterschiedlicher Produkte in homogene Segmente einteilen.

Die Käufer von Produkten der Augenoptikbranche lassen sich grundsätzlich den vier Produktgruppen der Brillenoptik, Kontaktlinsenoptik, Hörgeräteakustik sowie Handelsware zuordnen. Folglich erscheint das Segmentierungskriterium der Produktartwahl für einen Segmentierungsansatz in der Augenoptikbranche als relevant.

---

258 In Anlehnung an Weissman, A., Tröger, G., Adlwarth, W., Psychographische Marktsegmentierung, S. 37
259 Vgl. Krämer, A., Wilger, G., Böhrs, S., Value-to-Talue-Segmentation, die Integration von Kundennutzen und Kundenwert als Ansatz für das Kundenmanagement, in: planung & analyse, Heft 04, 2005, S. 57. In diesem Zusammenhang soll die gelegentlich in der Literatur vertretene Auffassung, die Gruppe der wertbasierten Segmentierungskriterien sei gegenüber den Marktsegmentierungskriterien abzugrenzen, da bei dieser nicht die Kaufverhaltensrelevanz, sondern die Wertorientierung im Vordergrund stünde, erwähnt werden, vgl. Friedrichs-Schmidt, S., Wertorientierte Kundensegmentierung, State of the Art und Praxisbeispiele, München 2003, S. 32. Dieser Auffassung wird vom Verfasser der vorliegenden Schrift nicht gefolgt, da das Konstrukt des Kundenwertes in einem übergeordneten Sinne als ein Resultat des in der Vergangenheit beobachtbaren Kaufverhaltens eines Konsumenten anzusehen ist. Darüber hinaus weisen die wertbasierten Segmentierungskriterien in mehrfacher Hinsicht eine enge Verwandtschaft zu den im Zuge der Abschnitte 2.7.1 bis 2.7.4 dargestellten Kriterien des beobachtbaren Kaufverhaltens auf. Folglich erscheint die Integration der wertbasierten Segmentierungskriterien innerhalb der Gruppe der produktspezifischen beobachtbaren Segmentierungskriterien als logisch konsistent.
260 Vgl. Freter, H., Markt- und Kundensegmentierung, S. 158
261 Vgl. Freter, H., Marktsegmentierung, S. 20

Konsumenten können sich hinsichtlich des *Anlasses*, für den sie ein Produkt oder eine Dienstleistung erwerben, unterscheiden. So kann ein Konsument eine Flugbuchung anlässlich eines Geschäftstermins, eines Erholungsurlaubes oder eines Familienfestes vornehmen.[262]

Innerhalb der Augenoptikbranche unterscheiden sich die Käufer ebenfalls nach den Anlässen, aufgrund derer sie sich eine neue Brille kaufen. So kann es aufgrund nachlassender Sehfähigkeit, Verlustes, Diebstahls, Beschädigung, Abnutzung oder aufgrund modischer Aspekte zu einem Brillenkauf kommen. Insofern ist dem Kriterium des Kaufanlasses im Rahmen eines Augenoptik-Segmentierungsansatzes Relevanz beizumessen.

Die Käufer einer bestimmten Produktart sind auch hinsichtlich ihrer *Markentreue* differenzierbar.[263] Werden in einem Markt die Marken A, B, und C angeboten, so sind auf Basis der Markentreue vier Segmente voneinander zu unterscheiden.[264] So kaufen die ungeteilt Markentreuen stets dieselbe Marke A, während die geteilt Markentreuen zwischen den Marken A, B und C abwechseln. Die abwandernden Verbraucher kaufen zuerst Marke A, danach Marke B und schließlich Marke C. Wechselhafte Verbraucher zeigen kein systematisches Konsummuster, sondern reagieren spontan auf Preisaktionen oder suchen permanent Abwechslung.

In der Augenoptikbranche zeigen erfahrungsgemäß die wenigsten Kunden Markentreue. Diese Aussage kann sowohl für den Produktbereich der Brillenfassungen, der Brillengläser als auch der Kontaktlinsen getroffen werden. In der Regel lassen sich die Kunden von der Empfehlung des Augenoptikers leiten. Somit ist dem Segmentierungskriterium der Markentreue in der Augenoptikbranche lediglich eine geringe Bedeutung beizumessen.

Die *Kaufintensität* gehört zu den ältesten Kriterien der Verhaltenssegmentierung.[265] Sie gibt an, welche Menge eines Produktes ein Konsument oder Haushalt innerhalb einer bestimmten Zeiteinheit kauft oder verbraucht.[266] So repräsentieren Konsumenten mit hohen Verbrauchsraten häufig nur einen kleinen Teil des Marktes, besitzen aber einen großen Anteil am Gesamtkonsum.[267] Beispielsweise stellte sich im Rahmen einer Untersuchung heraus, dass 36 % aller Haushalte 89 % des Gesamtkonsums an Orangensaft verursachen.[268] Unterteilt man einen Markt nach Verwendermengensegmenten, so kann zwischen Konsu-

---

262 Vgl. Kotler, P., Bliemel, F., Marketing-Management, S. 437
263 Vgl. Freter, H., Marktsegmentierung, S. 90
264 Vgl. Kotler, P., Bliemel, F., Marketing-Management, S. 441
265 Vgl. Böhler, H., Methoden und Modelle der Marktsegmentierung, S. 118
266 Vgl. Freter, H., Marktsegmentierung, S. 88 und Freter, H., Markt- und Kundensegmentierung, S. 159
267 Vgl. Kotler, P., Bliemel, F., Marketing-Management, S. 439
268 Vgl. Böhler, H., Methoden und Modelle der Marktsegmentierung, S. 118

menten unterschieden werden, die ein bestimmtes Produkt stark, mäßig oder kaum verwenden.[269] Auch im Rahmen eines Segmentierungsansatzes für die Augenoptikbranche kann sich eine Differenzierung der Kunden nach Verwendungsintensitäten als sinnvoll erweisen. So unterscheiden sich Brillenkäufer z. T. deutlich hinsichtlich ihrer Kaufintervalle. Während sich manche Kunden beispielsweise aus modisch motivierten Beweggründen alle zwei Jahre eine neue Brille kaufen, gibt es auch Kunden, welche dieselbe Brille über einen Zeitraum von zehn Jahren tragen. Eine zweite Dimension der Verbrauchsintensität innerhalb der Augenoptikbranche besteht in der parallelen Nutzung mehrerer Brillen. So besitzt die Mehrzahl der Brillenträger lediglich eine Korrektionsbrille mit aktueller Glasstärke. Wechselbrillenträger benutzen dagegen parallel mehrere Brillen mit optimaler Korrektionswirkung. Auch im Hinblick auf die Verwendungsintensität können sich Augenoptikkunden stark unterscheiden. So gibt es Kunden, die ihre Brille oder Kontaktlinsen nur über kurze Zeitspannen tragen. Andere dagegen sind aufgrund ihrer hohen Fehlsichtigkeit ständig auf ihre Brille angewiesen. Folglich ist die Verbrauchs- bzw. Verwendungsintensität innerhalb der Augenoptikbranche in dreifacher Hinsicht als ein relevantes Kriterium der Verhaltenssegmentierung einzustufen.

Als ein weiteres produktbezogenes Segmentierungskriterium in der Augenoptikbranche kann die *benötigte Brillenglasstärke* herangezogen werden, welche die Höhe der vorhandenen Fehlsichtigkeit widerspiegelt. So kann bei einer Stärke von bis zu drei Dioptrie von einer leichten, bei einer Brillenglasstärke von über drei Dioptrie von einer mittleren bis hohen Fehlsichtigkeit gesprochen werden.

Es ist zu erwarten, dass sich die Höhe der Fehlsichtigkeit bzw. die Stärke der benötigten Brillengläser auch im Konsumentenverhalten niederschlägt. So wird das Gewicht einer Brille für einen stärker fehlsichtigen Kunden eine wesentlich größere Bedeutung einnehmen. Darüber hinaus könnte die längere tägliche Tragedauer der höher Fehlsichtigen zu einer stärkeren Qualitäts- und einer geringeren Preisorientierung führen.

2.7.2 Distributionsbezogene Segmentierungskriterien

Die *Einkaufsstättenwahl* stellt ein weiteres potenzielles Segmentierungskriterium des beobachtbaren Verhaltens dar.[270] Dabei steht die Frage im Mittelpunkt, wo die Konsumenten in welcher Intensität ihren Bedarf decken.[271]

---

269 Vgl. Kotler, P., Bliemel, F., Marketing-Management, S. 439
270 Vgl. Freter, H., Markt- und Kundensegmentierung, S. 160 f.
271 Vgl. Freter, H., Marktsegmentierung, S. 92

Grundsätzlich kann das Kriterium der Einkaufsstättenwahl auch in der Augenoptikbranche sinnvoll sein. So wäre die Information, welche Brillenträger einen bestimmten augenoptischen Betriebstyp aufsuchen, im Rahmen einer empirischen Untersuchung des gesamtdeutschen Marktes für augenoptische Produkte und Dienstleistungen sicherlich von Interesse. Darüber hinaus können sich Augenoptikkonsumenten in ihrer Tendenz zur Nutzung moderner Vertriebswege wie des Internets stark unterscheiden. Gerade dem Aspekt der Nutzung unterschiedlicher Distributionskanäle ist im Hinblick auf die vorliegende Untersuchung Relevanz beizumessen. Folglich sollte das Kriterium der Einkaufsstättenwahl in einem Augenoptik-Segmentierungsansatz Berücksichtigung finden.

2.7.3 Preissensitivität als Segmentierungskriterium

Als ein mögliches Segmentierungskriterium kann die Tendenz eines Konsumenten zum *Kauf von Sonderangeboten* betrachtet werden.[272] Dabei wird aus der Tatsache, dass ein Kunde in der Vergangenheit positiv auf Sonderangebote reagierte, die Schlussfolgerung gezogen, dass er sich in Zukunft ebenso verhalten wird.[273]

In der Augenoptikbranche hat sich während der letzten Jahre die regelmäßige Streuung von Sonderangeboten in Form von Aktionspreisen für komplette Brillen zunehmend etabliert. Allerdings werden diese Angebote erfahrungsgemäß nicht von allen Kunden in Anspruch genommen. Folglich ist die in der Vergangenheit gezeigte Tendenz eines Augenoptikkunden zum Erwerb von Sonderangeboten zwar grundsätzlich als relevant einzustufen. Allerdings kennzeichnet nicht jeder Augenoptiker den Kauf eines Sonderangebotes mit einem speziellen Kürzel, so dass sich die Identifikation der Konsumenten, welche bereits Sonderangebote in Anspruch genommen haben, als problematisch erweisen könnte. Folglich ist diesem Kriterium aus Praktikabilitätsgründen eine geringe Relevanz beizumessen.

Ein weiteres potenzielles Segmentierungskriterium als Indikator der Preissensitivität eines Kunden ist der *Kauf in bestimmten Preisklassen*.[274] Als Voraussetzung sind im Vorfeld der Segmentierung die Anzahl der produktspezifischen Preisklassen festzulegen sowie deren Intervalle zu quantifizieren.[275]

---

272 Vgl. Freter, H., Markt- und Kundensegmentierung, S. 162
273 Vgl. Freter, H., Marktsegmentierung, S. 91
274 Während der Kauf von Sonderangeboten ein qualitativ geprägtes Segmentierungskriterium darstellt, handelt es sich beim Kauf in bestimmten Preisklassen um ein quantitatives Kriterium, vgl. Freter, H., Marktsegmentierung, S. 92 und Freter, H., Markt- und Kundensegmentierung, S. 161 f.
275 Vgl. Freter, H., Marktsegmentierung, S. 92

In der Augenoptikbranche unterscheiden sich die Kunden erfahrungsgemäß z. T. sehr stark hinsichtlich der in der Vergangenheit bezahlten Kaufpreise für Brillen und Kontaktlinsen. Diese Beobachtung gilt auch innerhalb bestimmter Produktklassen wie den Ein- und Mehrstärkenbrillen. Im Produktbereich der Kontaktlinsen bestehen deutliche Preisunterschiede zwischen den über einen längeren Zeitraum verwendbaren, formstabilen Kontaktlinsen und den vergleichsweise günstigen Austauschsystemen. Folglich ist das Kriterium des Kaufes in bestimmten Preisklassen für die Konzeption eines Segmentierungsansatzes in der Augenoptikbranche als relevant einzustufen.

2.7.4 Kommunikations- und Adoptionsverhalten als Segmentierungskriterien

Zur Steigerung des Bekanntheits- und Diffusionsgerades produktspezifischer Angebote kann das interpersonale Kommunikations- und Adoptionsverhalten gewisser Konsumenten genutzt werden, wobei ein enger Zusammenhang zwischen beiden Dimensionen zu unterstellen ist.[276] Darüber hinaus kann das Mediennutzungsverhalten von Konsumenten als Segmentierungskriterium dienen.[277]

So versuchen manche Anbieter, ihre Kommunikationsziele durch die aktive Nutzung des soziologischen Phänomens der *Meinungsführerschaft* zu erreichen. Dabei sind solche Personen als Meinungsführer anzusehen, welche ein spezifisches Wissen über gewisse Produkte und Dienstleistungen besitzen und das Kaufverhalten anderer potenzieller Abnehmer beeinflussen.[278] Somit fungieren sie als Schaltstellen zwischen Anbietern und Bedarfsträgern.[279] Die Charakterisierung und Identifikation von Konsumenten-Meinungsführern ist als problematisch anzusehen.[280] Es existieren mehrere Verfahren, wobei jedes Messverfahren spezifische Stärken und Schwächen aufweist. Das einfachste und am weitesten verbreitete Verfahren der Identifikation von Meinungsführern besteht in der Selbstbezeichnung. Dabei werden die Auskunftspersonen unmittelbar nach dem

---

276 Vgl. Böhler, H., Methoden und Modelle der Marktsegmentierung, S. 123
277 Vgl. Freter, H., Markt- und Kundensegmentierung, S. 161
278 Dabei wird zwischen Konsumenten-Meinungsführern und professionellen Meinungsführern differenziert. Zu den professionellen Meinungsführern werden Ärzte, Wissenschaftler und andere Experten gerechnet, welche auf der Basis soziodemographischer Merkmale relativ leicht zu identifizieren sind und ihre produktspezifischen Informationen der Fachpresse entnehmen. Eine weitere Differenzierung erfolgt zwischen monomorphen und polymorphen Meinungsführern. Während sich die monomorphe Meinungsführerschaft lediglich auf ein Produktgebiet (z. B. Sportartikel) beschränkt, üben polymorphe Meinungsführer auf mehreren Gebieten (z. B. Sportartikel und Unterhaltungselektronik) Einfluss aus, vgl. Salomon, M., Bamossy, G., Askegaard, S., Konsumentenverhalten, S. 334 ff.
279 Vgl. Böhler, H., Methoden und Modelle der Marktsegmentierung, S. 124
280 Vgl. Pepels, W., Segmentierungsdeterminanten im Käuferverhalten, S. 75

selbst empfundenen Ausmaß, in dem sie andere Konsumenten einer bestimmten Produktart zu beeinflussen glauben, befragt.[281] Allerdings ist diese Vorgehensweise mit Vorsicht zu betrachten, da einige Konsumenten dazu neigen, den eigenen Einfluss zu übertreiben, während andere es vorziehen, sich in Bescheidenheit zu üben.[282]

Auch innerhalb der Augenoptikbranche ist von der Existenz von Meinungsführern auszugehen, wobei hier zwischen professionellen Meinungsführern und Konsumenten-Meinungsführern zu differenzieren ist. So werden erfahrungsgemäß von Augenärzten im Rahmen der Augenuntersuchung bzw. Augenglasbestimmung gelegentlich Empfehlungen hinsichtlich der Ausführung einer neuen Brille bzw. neuer Gläser abgegeben, so dass sie somit laut Definition als professionelle Meinungsführer auftreten. Diese sind zwar leicht identifizierbar, von der Anzahl her allerdings derart gering, dass von der Bildung eines eigenen Segmentes abzusehen ist.

Abgesehen von den professionellen Meinungsführern ist innerhalb des Kundenstammes aber auch von der Existenz einer zahlenmäßig stärkeren Gruppe von Konsumenten-Meinungsführern auszugehen. Deren Berücksichtigung erscheint im Rahmen eines Segmentierungsansatzes grundsätzlich durchaus sinnvoll. Es bleibt allerdings das Problem der Identifizierung von Konsumenten-Meinungsführern, da jedes der beschriebenen Messverfahren gravierende Schwächen aufweist. So ist das praktikable Verfahren der Selbsteinstufung aufgrund der Gefahr regelmäßiger Fehleinstufungen abzulehnen. Das wesentlich systematischere und exaktere Messverfahren der Soziometrie würde sich bei einem Einsatz durch das angestellte Verkaufspersonal mit hoher Wahrscheinlichkeit als unpraktikabel erweisen. Resümierend ist von der Berücksichtigung des Segmentierungskriteriums Meinungsführerschaft innerhalb eines Augenoptik-Segmentierungsansatzes abzuraten.

In engem Zusammenhang mit dem interpersonalen Kommunikationsverhalten steht das Segmentierungskriterium der *Innovationsfreudigkeit*, gemessen durch die Zeitspanne, welche ein Konsument von der Markteinführung einer

---

281 Ein weiteres Verfahren zur Identifikation von Meinungsführern ist die von Moreno entwickelte Soziometrie. Dabei geben die Auskunftspersonen u. a. im Rahmen einer schriftlichen Befragung an, mit wem sie häufiger über bestimmte Produkte reden und bei welchen Personen sie Rat und Informationen einholen. Somit lassen sich Meinungsführer und Gefolge, Untergruppen und Außenseiter identifizieren. Allerdings lässt sich das Verfahren der Soziometrie nur für kleinere Einheiten wie Familien, Schulklassen oder kleine Gemeinden anwenden, nicht aber für die Analyse kompletter Konsumgütermärkte. Eine weitere Vorgehensweise zur Identifizierung von Meinungsführern besteht in der Anwendung von Scoring-Modellen. Hier werden die Antworten der Auskunftspersonen mit Punkten versehen. Personen, welche relativ hohe Scores erreichen, werden als Meinungsführer eingestuft, vgl. Böhler, H., Methoden und Modelle der Marktsegmentierung, S. 124 f.

282 Vgl. Salomon, M., Bamossy, G., Askegaard, S., Konsumentenverhalten, S. 338

Innovation[283] bis zu deren Anschaffung in Relation zu anderen Verbrauchern verstreichen lässt.[284] Diese kann sich von Konsument zu Konsument zum Teil stark unterscheiden.[285] So übernimmt lediglich ca. ein Sechstel der Bevölkerung neue Produkte relativ schnell und ein weiteres Sechstel relativ langsam, während rund zwei Drittel der Bevölkerung eine mittlere Adoptionsgeschwindigkeit zeigen.[286] Dabei ist das Adoptionsverhalten nicht als ein generelles Persönlichkeitsmerkmal, sondern eine Verhaltensweise anzusehen, welche bei derselben Person in unterschiedlichen Produktgattungen stark unterschiedlich ausfallen kann.[287] Wenngleich das Segment der Innovatoren lediglich einen geringen Anteil an der Bevölkerung ausmacht, so besitzen Marketingexperten im Hinblick auf die Diffusion neuer Produkte und Dienstleistungen doch ein starkes Interesse an deren Identifikation.[288] Während Innovatoren ex post relativ leicht identifiziert werden können, so gilt deren prospektive Ermittlung als anspruchsvoll.[289] Versuche, Innovatoren mithilfe psychographischer und soziodemographischer Merkmale zu erfassen, schreiben ihnen u. a. eine positivere Einstellung gegenüber Risiken und Veränderungen, ein höheres Bildungsniveau sowie eine überdurchschnittliche soziale Aktivität zu.[290]

---

283 Im Wesentlichen werden drei Arten von Innovationen unterschieden: So werden durch kontinuierliche Innovationen bereits bestehende Produkte verändert oder modifiziert. Diese Form der Innovation ist von ihrem Wesen her eher evolutionärer als revolutionärer Natur. Dynamisch-kontinuierliche Innovationen stellen zwar wesentliche Veränderungen von Produkteigenschaften dar. Die Lebens- und Arbeitswelt der Menschen verändern sie allerdings kaum. Als Beispiel könnte die Innovation der automatischen Entfernungseinstellung einer Kamera dienen. Diskontinuierliche Innovationen dagegen bringen weit reichende Änderungen der menschlichen Lebens- und Arbeitsweise mit sich. Beispielhaft lässt sich die Erfindung des Computers anführen, welche die Arbeitswelt u. a. durch die Möglichkeit der Telearbeit in wesentlichem Ausmaße verändert hat, vgl. Salomon, M., Bamossy, G., Askegaard, S., Konsumentenverhalten, S. 342

284 Vgl. Rogers, E., Shoemaker, F., Communication of Innovations, a Cross-cultural Approach, New York 1971, S. 180 ff.

285 Das Adoptionsverhalten eines Konsumenten wird durch personen-, umfeld- und produktbedingte Einflüsse geprägt. Zu den personenbedingten Einflüssen sind die Risikofreudigkeit, die Einstellung gegenüber Veränderungen, das Alter, die Ausbildung, das Einkommen, der soziale Status, die Mobilität, das Informationsverhalten sowie die Umweltbeziehungen zu rechnen. Unter die umfeldbedingten Einflüsse sind die Normen des sozialen Systems sowie ökonomische, politische und technische Rahmenbedingungen und Entwicklungen zu subsumieren, während der relative Produktvorteil, die Kompatibilität, Komplexität, Haltbarkeit usw. unter die produktbedingten Einflüsse fallen, vgl. Pepels, W., Segmentierungsdeterminanten im Käuferverhalten, S. 76

286 Vgl. Salomon, M., Bamossy, G., Askegaard, S., Konsumentenverhalten, S. 340

287 Vgl. Böhler, H., Methoden und Modelle der Marktsegmentierung, S. 128

288 Vgl. Salomon, M., Bamossy, G., Askegaard, S., Konsumentenverhalten, S. 341

289 Vgl. Böhler, H., Methoden und Modelle der Marktsegmentierung, S. 128

290 Vgl. Salomon, M., Bamossy, G., Askegaard, S., Konsumentenverhalten, S. 342 sowie Böhler, H., Methoden und Modelle der Marktsegmentierung, S. 129

Auch in der Augenoptik lassen sich Konsumenten hinsichtlich ihrer Innovationsfreudigkeit unterscheiden. Allerdings besitzt der Großteil der Innovationen bei augenoptischen Produkten und Dienstleistungen eher evolutionären denn revolutionären Charakter.[291] Darüber hinaus sind die Neuerungen grundsätzlich erklärungsbedürftig und von außen kaum sichtbar. Dadurch ist innerhalb der Augenoptikbranche bereits die Deklaration von Innovationen mit Schwierigkeiten verbunden. Dieser Umstand, in Kombination mit einer nahezu unüberschaubaren Vielfalt an Produktvarianten im Brillengläserbereich führt dazu, dass Innovatoren innerhalb der Augenoptikbranche sowohl ex post als auch prospektiv relativ schwer identifizierbar sind, wodurch in Analogie zum Konzept der Meinungsführerschaft eine Gefahr regelmäßiger Fehleinstufungen von Konsumenten in Kauf zu nehmen wäre. Folglich ist der Innovationsfreudigkeit im Rahmen der Konzeption eines Augenoptik-Segmentierungsansatzes eher eine geringe Relevanz zuzuordnen.

Als ein weiteres kommunikationsbezogenes Segmentierungskriterium kann neben dem Kommunikations- und Adoptionsverhalten auch das *Mediennutzungsverhalten* eines Konsumenten herangezogen werden.[292] So können die konsumierten Medien, deren Anzahl und Nutzungsintensitäten als Grundlage einer Segmentierung dienen.[293] Dabei erscheint erwähnenswert, dass ein positiver Zusammenhang zwischen der sozialen Schicht und dem Mediennutzungsverhalten eines Konsumenten unterstellt werden kann.[294]

Deshalb erscheint eine zusätzliche Erhebung des Mediennutzungsverhaltens obsolet. Allerdings lassen sich aus dem Mediennutzungsverhalten wertvolle Informationen hinsichtlich der Erreichbarkeit von Konsumenten im Rahmen der Marktbearbeitung ableiten.[295] Da der Schwerpunkt der vorliegenden Schrift aber auf der Erfassungsseite der Marktsegmentierung liegt, ist dem Kriterium des Mediennutzungsverhaltens lediglich eine untergeordnete Bedeutung zuzuschreiben.

---

291 So werden beispielsweise die Brillenglasveredelungen kontinuierlich optimiert, neue Brillenglasmaterialien entwickelt und Brillengläser für spezielle Anwendungen wie die Ausübung von Radsport oder selbsttönende Brillengläser zum Autofahren entwickelt, vgl. Gläser-News von der Opti München, in: Focus, Heft 03, 2007, S. 22 ff. sowie Selbsttönende Brillengläser fürs Auto, in: Focus, Heft 01, 2007, S. 32 f.
292 Vgl. Meffert, H., Burmann, C., Kirchgeorg, M., Marketing, S. 207
293 Vgl. Vossebein, U., Grundlegende Bedeutung der Marktsegmentierung für das Marketing, in: Pepels, W., Amann, P. (Hrsg.): Marktsegmentierung, Marktnischen finden und besetzen, Heidelberg 2000, S. 34
294 Vgl. Frank, R. E., Massy, W. F., Wind, Y., Market Segmentation, S. 45 ff.
295 Vgl. Freter, H., Marktsegmentierung, S. 94

2.7.5 Wertbasierte Segmentierungskriterien

Innerhalb der Gruppe der kundenwertbasierten Segmentierungskriterien kann grundsätzlich zwischen statischen und dynamischen Verfahren der Kundenbewertung differenziert werden.[296] Während sich statische Kundenbewertungsmodelle auf fest definierte Zeiträume wie beispielsweise ein Geschäftsjahr beziehen, liegt den dynamischen Methoden ein periodenübergreifender Zeithorizont zugrunde.[297]

2.7.5.1 Statische, eindimensionale Segmentierungskriterien

Zu den statischen eindimensionalen Segmentierungskriterien kann der mit einem Kunden innerhalb eines gewissen Zeitraumes generierte *Umsatz* gerechnet werden. Die weite Verbreitung dieses Kriteriums resultiert aus dessen einfacher Anwendbarkeit. Auf Basis absoluter oder relativer Umsatzmaße wird jeder Kunde bewertet und einer zu definierenden Wertekategorie zugeteilt.[298] So kann beispielsweise im Rahmen einer ABC-Analyse jede Kundenbeziehung auf Basis

---

296 Die hier gewählte Einteilung folgt einer Systematik nach Rudolf-Sipötz, vgl. Rudolf-Sipötz, E., Kundenwert: Konzeption – Determinanten – Management, St. Gallen 2001, S. 32. Darüber hinaus finden sich in der Literatur auch alternative Einteilungen. So differenziert Cornelsen auf einer ersten Ebene zwischen eindimensionalen und mehrdimensionalen wertbasierten Segmentierungskriterien. Darüber hinaus unterteilt er die Gruppe der eindimensionalen Kriterien weiter in monetäre und nicht-monetäre, während er innerhalb der Gruppe der mehrdimensionalen Segmentierungskriterien zwischen statischen und dynamischen Kunden-Portfolios unterscheidet. Dabei betont Cornelsen, dass sich die Ein- bzw. Mehrdimensionalität auf den resultierenden Kundenwert, nicht aber auf die den resultierenden Gesamtwert determinierenden Einzeldimensionen beziehe, vgl. Cornelsen, J., Kundenwertanalysen im Beziehungsmarketing, theoretische Grundlagen und Ergebnisse einer empirischen Studie im Automobilbereich, Nürnberg 2000, S. 91. Homburg und Schnurr dagegen differenzieren auf einer ersten Stufe zwischen quantitativen und qualitativen Facetten (in der Literatur gelegentlich auch als „vorökonomische Größen" bezeichnet) des Kundenwertes, wobei der durch einen Kunden generierte Umsatz ein quantitatives, das Kooperationspotenzial eines Kunden dagegen ein qualitatives Kriterium darstellt. Darüber hinaus unterscheiden die beiden Autoren auf einer weiteren Stufe zwischen periodenbezogenen, periodenunabhängigen sowie periodenübergreifenden kundenwertbezogenen Analysen. So ordnen Homburg und Schnurr beispielsweise die Kundendeckungsbeitragsrechnung den periodenbezogenen Analyseverfahren, die Scoring-Modelle den periodenübergreifenden Bewertungssystemen sowie den Customer Lifetime Value (CLV) den periodenübergreifenden Analysen zu, vgl. Homburg, C., Schnurr, P., Was ist Kundenwert?, Institut für Marktorientierte Unternehmensführung, in: Management Know-how, Nr. M41, S. II
297 Vgl. Rudolf-Sipötz, E., Kundenwert, S. 32
298 In diesem Zusammenhang wird auch von einem „Kunden-Ranking" gesprochen, vgl. Friedrichs-Schmidt, S., Wertorientierte Kundensegmentierung, S. 38

ihrer Umsatzbedeutung über einen in der Vergangenheit liegenden festgelegten Zeitraum einem Segment A, B oder C zugeordnet werden.[299]

Der zentrale Vorteil des Segmentierungskriteriums Umsatz liegt in der vergleichsweise hohen Praktikabilität. Problematisch erscheint dagegen die Entscheidung der Frage, auf welchen Zeitraum eine Umsatzanalyse zu beziehen sei. So wären bei der Generierung eines Kundenrankings in Abhängigkeit der Zeitraumwahl deutliche Unterschiede hinsichtlich der resultierenden Reihenfolge der Kunden zu erwarten. Darüber hinaus lässt der mit einem Kunden innerhalb eines gewissen Zeitraumes erwirtschaftete Umsatz noch keine Aussage bezüglich der Profitabilität der Kundenbeziehung zu.[300] Folglich ist eine wertbasierte Kundensegmentierung auf Grundlage des statischen eindimensionalen Segmentierungskriteriums Umsatz für einen zu konzipierenden Augenoptik-Segmentierungsansatz als unzulänglich einzustufen.[301]

Als Grundlage einer Beurteilung der Profitabilität eines Kunden kann der *Kundendeckungsbeitrag* herangezogen werden.[302] Dabei wird der Deckungsbeitrag in allgemeiner Form als Differenz zwischen Umsatzerlösen und bestimmten Kostenkategorien definiert.[303] Analog ist der Kundendeckungsbeitrag als Überschuss des innerhalb eines gewissen Zeitraumes mit einem gewissen Kunden erwirtschafteten Nettoerlöses über die dem Kunden direkt zurechenbaren Herstellungs-, Vertriebs- und Verwaltungskosten zu verstehen.[304] Folglich ist eine Grundvoraussetzung für die Anwendbarkeit der Kundendeckungsbeitragsrechnung in der eindeutigen Identifizierbarkeit jedes einzelnen Kunden zu sehen.[305] In Abhängigkeit der beiden Verfahrensweisen, dem einzelnen Kunden entweder lediglich die direkt zurechenbaren Einzelkosten oder aber darüber hinaus auch die aufgeschlüsselten Gemeinkosten zuzurechnen, kann zwischen einem Teilkosten-Ansatz sowie einem Vollkosten-Ansatz der Kundendeckungsbeitragsrechnung differenziert werden.[306] Um der Gefahr einer fehlerhaften Aufschlüsselung der Gemeinkosten entgegenzuwirken, wurde die prozessbezogene Kundende-

---

299 Vgl. Homburg, C., Schnurr, P., Was ist Kundenwert?, S. 11 f. Allerdings kann auch der aus einer Kundenbeziehung zu erwartende Umsatz in die Bewertung einbezogen werden, vgl. Cornelsen, J., Kundenwert, Begriff und Bestimmungsfaktoren, Arbeitspapier Nr. 43, Nürnberg 1996, S. 7 f.
300 Diese Aussage gilt auch für den Fall der dynamischen Variante der umsatzbezogenen Kundenbewertung wie der Umsatzpotenzialanalyse
301 Vgl. Deckers, R., Medelnik, N., Den Marketingaufwand nach dem Wert der Kundenbeziehung steuern, S. 56
302 Vgl. Freter, H., Markt- und Kundensegmentierung, S. 365 f. und Deckers, R., Medelnik, N., Den Marketingaufwand nach dem Wert der Kundenbeziehung steuern, S. 56
303 Vgl. Diller, H. (Hrsg.): Vahlens großes Marketinglexikon, München 2001, S. 268
304 Vgl. Bruhn, M., Homburg, C. (Hrsg.): Gabler Marketing-Lexikon, Wiesbaden 2001, S. 350
305 Vgl. Rudolf-Sipötz, E., Kundenwert, S. 33
306 Vgl. Homburg, C., Schnurr, P., Was ist Kundenwert?, S. 7 ff.

ckungsbeitragsrechnung entwickelt, in deren Rahmen die entstandenen Kosten den kundenbezogenen Prozessen im Unternehmen zugeordnet werden.[307] Der durch eines der dargestellten Verfahren errechnete Kundendeckungsbeitrag stellt den Beitrag des betrachteten Kunden zum Periodengewinn des Unternehmens dar, auf dessen Grundlage nachfolgend eine Zuteilung der Kunden zu unterschiedlichen Wertsegmenten erfolgen kann.[308]

Von den dargestellten Varianten der Kundendeckungsbeitragsrechnung scheint die Version der prozessbezogenen Kundendeckungsbeitragsrechnung grundsätzlich für einen Einsatz innerhalb der Augenoptikbranche geeignet zu sein. Dazu müsste im Vorfeld der Anwendung eine Messung oder Abschätzung der durchschnittlichen Zeitbedarfe für sämtliche Dienstleistungs- und Vertriebsprozesse des Augenoptikers erfolgen. So wären die Zeitbedarfe für den Verkauf einer Einstärkenbrille, einer Gleitsichtbrille, die Erstanpassung formstabiler Kontaktlinsen usw. anzusetzen. Eine solche Vorgehensweise vorausgesetzt, erscheint die Implementierung einer prozessbezogenen Kundendeckungsbeitragsrechnung im Rahmen eines Augenoptik-Segmentierungsansatzes grundsätzlich denkbar. Allerdings ist die dem Ansatz der Kundendeckungsbeitragsrechnung zugrunde liegende Vergangenheitsorientierung, welche zur Vernachlässigung zukünftiger Kundenpotenziale führt, zu kritisieren. Folglich ist dem Kundendeckungsbeitrag insgesamt eine geringe Relevanz beizumessen.

Die *Kundenloyalität* stellt einen weiteren Aspekt der wertorientierten Kundensegmentierung dar. Grundlage der Segmentbildung im Sinne einer „Loyalitätsleiter" ist die Wahrscheinlichkeit, dass ein Konsument oder Kunde einen Kauf tätigt.[309] Davon ausgehend wird zwischen unterschiedlichen Loyalitätsstufen differenziert. So befinden sich auf der untersten Stufe der Loyalitätsleiter potenzielle Kunden, die über keinerlei Kenntnisse über das Produkt und das Anbieterunternehmen verfügen, während Stammkunden, welche bereits mehrere Male gekauft haben, auf der obersten Stufe positioniert werden.[310] Dabei wird davon ausgegangen, dass die Kaufwahrscheinlichkeit eines Konsumenten mit

---

307 Vgl. Rudolf-Sipötz, E., Kundenwert, S. 34 f. So könnte beispielsweise ein Kreditinstitut im Rahmen einer umfassenden Prozessanalyse sämtliche Einzelschritte ermitteln, welche bei unterschiedlichen Dienstleistungen anfallen. Als Ergebnis ließe sich ein Richtwert des Zeitbedarfes der betrachteten Dienstleistung wie beispielsweise der Kreditberatung eines Existenzgründers bestimmen. Der ermittelte Zeitbedarf könnte sodann mit einem effektiven Stundensatz des Kreditsachbearbeiters bewertet und den mit dem Existenzgründer erwirtschafteten Erlösen gegenübergestellt werden. In analoger Weise ließe sich im Falle anderer Bankdienstleistungen verfahren, vgl. Homburg, C., Schnurr, P., Was ist Kundenwert?, S. 10 f.
308 Vgl. Rudolf-Sipötz, E., Kundenwert, S. 33
309 Vgl. Schemuth, J., Möglichkeiten und Grenzen der Bestimmung des Wertes eines Kunden für ein Unternehmen der Automobilindustrie, Darstellung am Beispiel eines Käufers der C-Klasse von Mercedes-Benz, München 1996, S. 48
310 Vgl. Friedrichs-Schmidt, S., Wertorientierte Kundensegmentierung, S. 47

jeder Stufe der Loyalitätsleiter wächst. Folglich wird den Kunden der oberen Stufen ein höherer Kundenwert beigemessen.[311]

Aufgrund seiner Einfachheit verfügt das Segmentierungskriterium der Loyalitätsleiter grundsätzlich über eine hohe Praktikabilität. Allerdings handelt es sich um ein recht grobes und rudimentäres Verfahren, welchem durchaus ergänzende Bedeutung beizumessen ist. In diesem Sinne scheint im Zusammenhang mit der Generierung eines empirischen Datensatzes zur Konzeption und Überprüfung eines Augenoptik-Segmentierungsansatzes die Information relevant, wie oft ein Kunde in der Vergangenheit bereits bei dem betreffenden Anbieter gekauft hat.

2.7.5.2 Statische mehrdimensionale Segmentierungskriterien

Mehrdimensionale Kriterien zur Messung des Kundenwertes zeichnen sich gegenüber eindimensionalen Kriterien dadurch aus, dass gleichzeitig mehrere Aspekte einer Kundenbeziehung in die Analyse einbezogen werden können. Dieser Vorzug geht allerdings mit einer erhöhten Komplexität des Bewertungsprozesses einher.

So besitzt die Systematik der *Scoring-Modelle* gegenüber anderen Kundenbewertungsverfahren den Vorzug, dass sich sowohl qualitative als auch quantitative Dimensionen simultan berücksichtigen lassen.[312] So werden im Rahmen der den Scoring-Modellen angehörenden RFMR-Methode[313] einzelne Kriterien des beobachtbaren Kaufverhaltens wie die zeitliche Distanz des letzten Kaufes, die Kaufhäufigkeit, der durchschnittliche Umsatz der letzten drei Käufe, die Anzahl der Retouren usw. mit Punktwerten versehen.[314] Die Errechnung des Kundenwert-Scores, welcher in Relation zu den Score-Werten der anderen Kunden zu betrachten ist, erfolgt dann durch Aufsummierung der in den Einzelkriterien erreichten Punktwerte.[315] Aus der geschilderten Verfahrensweise lässt sich erkennen, dass die RFMR-Methode lediglich für die Bewertung bereits bestehender Kundenbeziehungen eingesetzt werden kann.[316]

Die Scoring-Modelle bestechen aus theoretischer Perspektive durch eine hohe Flexibilität sowie die Möglichkeit der Projektion einer vergleichsweise

---

311 Vgl. Cornelsen, J., Kundenwertanalysen im Beziehungsmarketing, S. 148
312 Vgl. Rudolf-Sipötz, E., Kundenwert, S. 36 und Freter, H., Markt- und Kundensegmentierung, S. 380 f.
313 RFMR steht für Recency, Frequency, Monetary Ratio, vgl. Homburg, C., Schnurr, P., Was ist Kundenwert?, S. 13
314 Vgl. Friedrichs-Schmidt, S., Wertorientierte Kundensegmentierung, S. 52
315 Vgl. Rudolf-Sipötz, E., Kundenwert, S. 37
316 Vgl. Friedrichs-Schmidt, S., Wertorientierte Kundensegmentierung, S. 52 f.

detaillierten Abbildung des Kundenwertes.[317] Diese Vorzüge besitzen allerdings auch eine Kehrseite. So ist sowohl bei der Auswahl der als relevant erachteten Einzeldimensionen des Kundenwertes, deren Operationalisierung als auch bei der späteren Beurteilung der einzelnen Kunden ein hohes Maß an Subjektivität und Willkür zu kritisieren.[318] Darüber hinaus ist bei Anwendung der Scoring-Modelle mit einem hohen Erfassungsaufwand zu rechnen, was leicht zu Akzeptanzproblemen aufseiten des angestellten Augenoptik-Fachpersonals führen könnte. Aufgrund der angeführten Kritikpunkte ist von einer Integration der Scoring-Modelle in einen Augenoptik-Segmentierungsansatz eher abzuraten.

Neben den Scoring-Modellen erlauben auch die *Kundenportfolio-Ansätze* eine simultane Berücksichtigung unterschiedlicher Aspekte des Kundenwertes.[319] Die Stärken dieser Verfahren liegen darüber hinaus in der Möglichkeit der Visualisierung der Kundenstruktur eines Unternehmens, dem daraus resultierenden Kommunikationswert und den optionalen Interpretationsmöglichkeiten.[320] Dabei werden die einzelnen Kundenbeziehungen anhand zweier, voneinander unabhängiger Dimensionen innerhalb einer Mehrfelder-Matrix angeordnet, wobei die Felder einzelne Kundensegmente darstellen.[321] So könnte beispielsweise eine Visualisierung des Kundenwertes anhand der beiden Dimensionen Deckungsbeitrag und Geschäftsvolumen erfolgen.[322] Für jedes Feld innerhalb des Kundenportfolios lassen sich Normstrategien für die Verfahrensweise mit den dort positionierten Kunden ableiten.[323]

Der Vorzug des Kundenportfolio Ansatzes liegt in dessen hoher Anschaulichkeit bei der Bewertung einzelner, ausgewählter Kundenbeziehungen. Daher bietet sich die Kundenbewertung auf Basis von Kundenportfolios eher für eine Anwendung in Business-to-Business-Märkten an, innerhalb derer lediglich eine überschaubare Anzahl von Kundenbeziehungen einzuordnen ist.[324] Für den Einsatz in Konsumgütermärkten wie dem Augenoptikmarkt, in dessen Rahmen

---

317 Vgl. Deckers, R., Medelnik, N., Den Marketingaufwand nach dem Wert der Kundenbeziehung steuern, S. 56
318 Vgl. Rudolf-Sipötz, E., Kundenwert, S. 37
319 Vgl. Freter, H., Markt- und Kundensegmentierung, S. 388 ff.
320 Vgl. Rudolf-Sipötz, E., Kundenwert, S. 37
321 Vgl. Friedrichs-Schmidt, S., Wertorientierte Kundensegmentierung, S. 54
322 Darüber hinaus findet sich in der Literatur eine große Anzahl alternativer Kundenportfolios. Zu den am häufigsten präsentierten zählen u. a. das Profit Contribution-Portfolio, das Abschlusswahrscheinlichkeit-Marktposition-Portfolio, das Kundenattraktivität-relativer Lieferanteil-Portfolio, Kundenwachstum-relativer Lieferanteil-Portfolio, Kundenattraktivität-Bindungspotenzial-Portfolio, Wachstumspotenzial-Gegenwärtiges Geschäfts-(Kalkulations-)ergebnis-Portfolio, Kundenpreis-Kosten der Kundenbedienung-Portfolio, Kundenrentabilität-Geschäftsvolumen-Portfolio, Ertragswert-strategischer Wert-Portfolio, Kundenwert-Risiko-Portfolio sowie das Kundenzufriedenheit-Attraktivität-Portfolio, vgl. Rudolf-Sipötz, E., Kundenwert, S. 39
323 Vgl. Friedrichs-Schmidt, S., Wertorientierte Kundensegmentierung, S. 55
324 Vgl. Homburg, C., Schnurr, P., Was ist Kundenwert?, S. 17

naturgemäß eine Vielzahl unterschiedlichster Kunden einzustufen ist, erscheint das Kundenportfolio dagegen kaum geeignet.

2.7.5.3 Dynamische eindimensionale Segmentierungskriterien

Der *Kundenlebenszyklus* lässt sich als zeitlicher Ablauf einer Geschäftsbeziehung beschreiben, welcher durch Absatz-, Umsatz- oder auch andere Größen wie den Kundendeckungsbeitrag operationalisiert werden kann.[325] Dabei liegt die Vorstellung eines idealtypischen Verlaufes einer Kundenbeziehung zugrunde. So gehen gewisse Darstellungen von einer Aneinanderreihung von Zeitabschnitten im Sinne einer Kennenlern-, Start-, Penetrations-, Reife-, Krisen- sowie einer Trennungsphase aus.[326] Würde man im Rahmen dieser Systematik nun den Kundendeckungsbeitrag als abhängige Größe zugrunde legen, so wären in der Kennenlern- sowie in der Startphase kaum Deckungsbeiträge zu erwarten, während diese in der Reife- und zu Beginn der Krisenphase ihre Höhepunkte erreichen würden, weshalb den in diesen beiden Phasen befindlichen Kundenbeziehungen die höchsten Kundenwerte zuzuschreiben wären. Somit basieren die Kundenlebenszyklusmodelle auf der gemeinsamen Annahme, dass zu Beginn einer Kundenbeziehung Anfangsinvestitionen anfallen, welche sich später im Zeitablauf amortisieren.[327] Die zentrale Herausforderung der Implementierung des Kundenlebenszykluskonzeptes in der Praxis liegt in der Prognose des Beziehungsverlaufes zwischen Anbieter und Nachfrager. Zu diesem Zweck können quantitative Verfahren wie Indikatormodelle und Trendverfahren, aber auch qualitative Verfahren wie Kunden- und Expertenbefragungen, die Delphi-Methode oder die Szenario-Technik eingesetzt werden.[328]

Zwar lässt sich die zentrale Annahme des Kundenlebenszyklusmodelles hinsichtlich der Existenz eines idealtypischen Verlaufes von Kundenbeziehungen auch innerhalb der Augenoptikbranche bestätigen. Allerdings weisen die einzelnen Kundenbeziehungen große Diskrepanzen hinsichtlich der zeitlichen Ausdehnung der aufeinander folgenden Phasen auf. So gibt es Kunden, mit denen der Augenoptiker seit 30 Jahren und länger in regelmäßigen Abständen gleichmäßige Überschüsse erwirtschaftet. Andere Kunden dagegen kaufen nur ein Mal und wandern dann zu anderen Anbietern ab. Folglich besitzt das Kundenlebenszykluskonzept für die Augenoptikbranche lediglich einen geringen Aussagewert,

---

325 Vgl. Cornelsen, J., Kundenwert, S. 13
326 Vgl. Diller, H.: Die Kundenbindung als Zielvorgabe im Beziehungs-Marketing, Nürnberg 1995, S. 57 ff. sowie Tomczak, T., Dittrich, S., Erfolgreich Kunden binden: Eine kompakte Einführung, Zürich 1997, S. 22
327 Vgl. Homburg, C., Schnurr, P., Was ist Kundenwert?, S. 19
328 Vgl. Rudolf-Sipötz, E., Kundenwert, S. 44

weshalb von einer Integration dieses Modells in einen branchenspezifischen Segmentierungsansatz abzusehen ist. Die Vorstellung des Kundenlebenszykluskonzeptes liegt auch dem aus der Investitionstheorie übernommenen Konzept des *Customer Lifetime Value (CLV)* zugrunde.[329] Dabei wird der Kundenkapitalwert als Beurteilungsbasis einer Kundenbeziehung herangezogen.[330] Der Kundenkapitalwert stellt die Summe aller auf den Bewertungszeitpunkt abdiskontierten Ein- und Auszahlungsströme einer Kundenbeziehung dar.[331] Um den Kapitalwert eines Kunden zum gegenwärtigen Zeitpunkt möglichst genau berechnen zu können, wären aus theoretischer Perspektive die Dauer der Geschäftsbeziehung, die Abnahmemengen, die kundenindividuelle Gewinnspanne, die Kosten der Kundengewinnung und -bindung zu prognostizieren sowie die Höhe des Kalkulationszinsfußes in angemessener Höhe zu bestimmen, wobei diese durch die aktuelle Kapitalmarktverzinsung, die Inflationsrate, den Konjunkturverlauf sowie die Risikoeinschätzung hinsichtlich der Abwanderung des betreffenden Kunden beeinflusst wird.[332] In der Praxis erfolgt die Berechnung des Kundenkapitalwertes auf unterschiedliche Art und Weise.[333] Nicht selten reduziert sich der Umfang der Prognose jedoch auf die Schätzung der direkten Beiträge des Kunden im Hinblick auf die ökonomischen Ziele des Anbieterunternehmens.[334]

Gegenüber den bereits beschriebenen, wertbasierten Segmentierungskriterien besitzt der Customer Lifetime Value den Vorteil einer integrierten Vergangenheits- und Zukunftsausrichtung. Darüber hinaus besitzt der Augenoptiker einen Großteil der zur Berechnung eines Kundenkapitalwertes benötigten Informationen des beobachtbaren Kaufverhaltens seiner Kunden. Die zunächst aufwändig erscheinenden, finanzmathematischen Rechengänge zur Ermittlung des Kundenkapitalwertes können durch standardisierte EDV-Anwendungen weitgehend automatisiert und mit geringem Aufwand bewältigt werden. Folglich erscheint das Konzept des CLV als ein in der Augenoptikbranche gut einsetzbares, wertbasiertes Segmentierungskriterium. Aufgrund seines hohen Aussagewertes sollte der CLV im Rahmen der Konzipierung eines zukunftsweisenden Segmentierungsansatzes Anwendung finden.[335]

---

329 Vgl. Homburg, C., Schnurr, P., Was ist Kundenwert?, S. 17 ff. und Freter, H., Markt- und Kundensegmentierung, S. 370 ff.
330 Vgl. Rudolf-Sipötz, E., Kundenwert, S. 45
331 Vgl. Friedrichs-Schmidt, S., Wertorientierte Kundensegmentierung, S. 44 sowie Zezelj, G., Customer-Lifetime-Value-Management, in: Hofmann, M., Mertiens, M., Customer-Lifetime-Management, Kundenwert schaffen und erhöhen: Konzepte, Strategien, Praxisbeispiele, S. 15
332 Vgl. Rudolf-Sipötz, E., Kundenwert, S. 45
333 Vgl. Friedrichs-Schmidt, S., Wertorientierte Kundensegmentierung, S. 44
334 Rudolf-Sipötz, E., Kundenwert, S. 45
335 Vgl. Deckers, R., Medelnik, N., Den Marketingaufwand nach dem Wert der Kundenbeziehung steuern, S. 57

2.7.5.4 Dynamische mehrdimensionale Segmentierungskriterien

Der *Kundenkubus* stellt durch die Ergänzung einer dritten Dimension eine Weiterentwicklung der Kundenportfolio-Ansätze dar.[336] Als Dimensionen des Kundenkubus können die gegenwärtige Rentabilität, das zukünftige Entwicklungspotenzial sowie ein komplementärer Wertbeitrag, welcher sich aus dem Referenz-, Informations- und Kooperationspotenzial eines Kunden zusammensetzt, gewählt werden.[337] Dabei kann die Messung der gegenwärtigen Rentabilität durch eine Kundendeckungsbeitragsrechnung erfolgen, während für die Prognose des zukünftigen Erfolgspotenzials eines Kunden ein dynamisches Verfahren der Kundenbewertung wie das Lebenszyklusmodell einsetzbar wäre.[338] Analog zu den Teilfeldern der Kundenportfolio-Modelle lassen sich auch im Hinblick auf die Teil-Quader des Kundenkubus Normstrategien im Hinblick auf die Marktbearbeitung der dort positionierten Kunden ableiten.[339]

Zwar stellt das Konzept des Kundenkubus aufgrund der Möglichkeit einer simultanen Integration sowohl statischer als auch dynamischer Kundenbewertungsmodelle aus theoretischer Perspektive ein Verfahren dar, welches die Vorteile beider Wege zu kombinieren vermag. Allerdings reduziert dieser Vorzug die Praktikabilität des Konzeptes. So erscheint der Kundenkubus für eine Implementierung im Alltag des Augenoptikers als zu komplex. Verständnis- und Handhabungsprobleme aufseiten des angestellten Fachpersonals dürften einem erfolgreichen Einsatz in der Unternehmenspraxis im Wege stehen, weshalb die Integration des Konzeptes des Kundenkubus im Rahmen der Konzeption eines Augenoptik-Segmentierungsansatzes als nicht empfehlenswert erscheint.

2.8 *Bewertung der beobachtbaren produktspezifischen Segmentierungskriterien*

Nachfolgend sollen die Kriterien des beobachtbaren Kaufverhaltens einer kritischen Würdigung unterzogen werden. Dabei erweist sich stellenweise eine Differenzierung nach produkt-, kommunikations-, distributions-, preis- sowie wertbasierten Merkmalen als sinnvoll.[340]

---

336 Vgl. Friedrichs-Schmidt, S., Wertorientierte Kundensegmentierung, S. 57
337 Vgl. Rudolf-Sipötz, E., Tomczak, T., Kundenwert in Forschung und Praxis, St. Gallen 2001, S. 82
338 Vgl. Friedrichs-Schmidt, S., Wertorientierte Kundensegmentierung, S. 58
339 Vgl. Rudolf-Sipötz, E., Tomczak, T., Kundenwert in Forschung und Praxis, S. 83
340 Diese Systematisierung folgt der Vorgehensweise nach Freter, vgl. Freter, H., Marktsegmentierung, S. 93 ff.

Grundsätzlich verfügen die Kriterien des beobachtbaren Kaufverhaltens über eine gute *Mess- und Operationalisierbarkeit*.[341] Dies gilt besonders für das Mediennutzungsverhalten der Konsumenten, da die Medien den Werbetreibenden regelmäßig umfangreiches sekundär-statistisches Material über die Personenmerkmale ihrer Nutzer zur Verfügung stellen, wobei diese vornehmlich auf sozioökonomischen Kriterien und produktbezogenen Verhaltensmerkmalen basieren.[342] Von dieser Feststellung auszunehmen sind die Kriterien der Meinungsführerschaft sowie des Adoptionsverhaltens, da deren Operationalisierung und Messung den Einsatz relativ aufwändiger Verfahren erfordert. Die Erfassung der distributions-, preis- und wertbasierten Merkmale muss in vielen Branchen auf dem Wege kostenintensiver Primärmarktforschung erfolgen, wobei zu diesem Zweck regelmäßig auf standardisierte Instrumente der Panelforschung zurückgegriffen wird.[343] Zur Beurteilung der Mess- und Operationalisierbarkeit der wertbasierten Kriterien muss zwischen den unterschiedlichen Kategorien dieser Kriteriengruppe differenziert werden. So lassen sich statische eindimensionale Kriterien wie der Umsatz oder Deckungsbeitrag relativ leicht erfassen, während sich die Messung und Erfassung dynamischer Kriterien wie des Customer Lifetime Values aufwändiger gestaltet, da hierfür eine größere Datenbasis erforderlich sowie ein geeignetes Prognoseverfahren zu konzipieren ist.[344] Auch die mehrdimensionalen wertbasierten Segmentierungskriterien verursachen im Vergleich zu den eindimensionalen Kriterien einen höheren Erfassungsaufwand. Dies gilt gerade dann, wenn u. a. auch qualitative Dimensionen in die Ermittlung des Kundenwertes integriert werden.[345] Hinsichtlich ihrer *Marktrelevanz* ist der Gruppe der Kriterien des beobachtbaren Kaufverhaltens aufgrund des vorhandenen Produktbezuges im Vergleich zu Segmentierungskriterien ohne Produktbezug eine bessere Prognosefähigkeit des Kaufverhaltens beizumessen.[346] Darüber hinaus stellen die Kriterien des beobachtbaren Kaufverhaltens Outputvariablen der im Konsumenten ablaufenden Entscheidungsprozesse dar. Folglich kommen sie dem schwer erreichbaren Ideal nahe, Konsumenten auf Basis identischer oder ähnlicher Reaktionsfunktionen zu segmentieren.[347] Unterstellt man Verhaltenskonstanz, so ist dem Merkmal der Preissensitivität eine gewisse Kaufverhaltensrelevanz bezüglich der Reaktion eines Konsumenten auf Sonderangebote oder einer Neigung zum Kauf in gewissen Preisklassen beizumessen.[348] Im Vergleich

---

341 Vgl. Freter, H., Marktsegmentierung, S. 95
342 Vgl. Freter, H., Marktsegmentierung, S. 95
343 Vgl. Freter, H., Marktsegmentierung, S. 95
344 Vgl. Friedrichs-Schmidt, S., Wertorientierte Kundensegmentierung, S. 61
345 Vgl. Friedrichs-Schmidt, S., Wertorientierte Kundensegmentierung, S. 61
346 Vgl. Böhler, H., Methoden und Modelle der Marktsegmentierung, S. 116
347 Vgl. Böhler, H., Methoden und Modelle der Marktsegmentierung, S. 116
348 Vgl. Freter, H., Marktsegmentierung, S. 93

mit dem sozioökonomischen Merkmal Einkommen dürfte dem in der Vergangenheit beobachteten Einkauf in bestimmten Preisklassen eine stärkere Indikatorwirkung zukommen.[349] Insbesondere für den Fall einer ausgeprägten Geschäftsstättenloyalität sind die distributionsbezogenen Merkmale als verhaltensrelevant anzusehen. So ist es möglich, dass Konsumenten nur diejenigen Produkte kaufen, die in der von ihnen bevorzugten Geschäftsstätte angeboten werden.[350] Auch den wertbasierten Segmentierungskriterien ist in dem Sinne eine gewisse Verhaltensrelevanz zuzuschreiben, dass Konsumenten, welche sich in der Vergangenheit durch hohe Kundenwerte auszeichneten, dies auch in Zukunft fortsetzen werden. Hinweise hinsichtlich der Erreichbarkeit der Konsumenten sowie einer Ausgestaltung des Marketinginstrumentariums können von den wertbasierten Segmentierungskriterien allerdings nicht abgeleitet werden.[351] Aus produktbezogenen Merkmalen wie der Verbrauchsintensität lassen sich Hinweise für produktpolitische Marketinginstrumente wie die Mengendisponierung oder Verpackungsgestaltung ableiten.[352] Preisbezogene Merkmale der Kriterien des beobachtbaren Kaufverhaltens lassen Rückschlüsse auf die Gestaltung der Preispolitik zu, wobei hinsichtlich der angebotenen Qualität Wechselwirkungen mit produktbezogenen Merkmalen zu beachten sind.[353] Auch die distributionsbezogenen Merkmale der Kriterien des beobachtbaren Kaufverhaltens lassen direkte Rückschlüsse auf die Gestaltung der Marketinginstrumente zu. So können Konsumenten, welche ihre Bedarfe in bestimmten Betriebsformen decken, durch adäquate Angebote angesprochen werden.[354] Liegen hinsichtlich produkt-, kommunikations- und distributionsbezogener Merkmale Informationen hinsichtlich des Mediennutzungsverhaltens sowie der Einkaufsstättenwahl vor, so können diese Informationen zu einer besseren Erreichbarkeit der Konsumenten genutzt werden.[355] Aus preisbezogen Merkmalen der beobachtbaren Segmentierungskriterien wie dem Kauf in bestimmten Preisklassen lassen sich zudem Rückschlüsse auf die distributive Erreichbarkeit von Konsumenten ziehen.[356] So erfolgt der Vertrieb preisgünstiger Produkte eher durch die Großbetriebsformen des Einzelhandels, während exklusive, ausgefallene Produkte öfter in Fachgeschäften und Boutiquen angeboten werden. Die Anforderung der *Wirtschaftlichkeit* wird im Falle der Verfügbarkeit statistischen Sekundärdatenmaterials von den kommunikationsbezogenen Merkmalen hinsichtlich des Mediennutzungsverhaltens von

---

349 Vgl. Freter, H., Marktsegmentierung, S. 93
350 Vgl. Freter, H., Marktsegmentierung, S. 93
351 Vgl. Friedrichs-Schmidt, S., Wertorientierte Kundensegmentierung, S. 62
352 Vgl. Freter, H., Marktsegmentierung, S. 94
353 Vgl. Freter, H., Marktsegmentierung, S. 94
354 Vgl. Freter, H., Marktsegmentierung, S. 94
355 Vgl. Freter, H., Marktsegmentierung, S. 94 f.
356 Vgl. Freter, H., Marktsegmentierung, S. 95

Konsumenten gut erfüllt, während die Erhebung der Ausprägungen der Kriterien des Kommunikations- und Adoptionsverhaltens einen hohen Aufwand bedingt. Die zeit- und kostenintensive Primärmarktforschung, welche zur Erhebung der Ausprägungen der distributions- und preisbezogenen Kategorien des beobachtbaren Kaufverhaltens erforderlich ist, führt zu einer geringeren Wirtschaftlichkeit, wobei der Aufwand durch einen Rückgriff auf standardisierte Paneldatenforschung reduziert werden kann.[357] Vor der Beurteilung der Wirtschaftlichkeit der wertbasierten Segmentierungskriterien muss wiederum zwischen den verschiedenen Kategorien differenziert werden. So verursacht die Erhebung eindimensionaler statischer Kriterien einen relativ geringen Aufwand, während sich die Erhebung qualitativer, dynamischer und mehrdimensionaler Kriterien als aufwändiger erweist. Hinsichtlich der Erfüllung der Anforderung der *zeitlichen Stabilität* der Ausprägungen der Kriterien des beobachtbaren Verhaltens lassen sich kaum allgemein gültige Aussagen treffen. So könnten sich die Ausprägungen dieser Kriteriengruppe auf gesättigten Märkten im Vergleich zu Wachstumsmärkten tendenziell stabiler verhalten.[358] Hinsichtlich der Erfüllung der Anforderung der zeitlichen Stabilität durch die wertbasierten Kriterien ist zwischen statischen und dynamischen Kriterien zu differenzieren. So sind zeitlich stabile Einteilungen nur dann zu erwarten, wenn im Rahmen dynamischer Bewertungskonzepte auch zukünftige Kundenpotenziale berücksichtigt wurden.[359] Den Kriterien des beobachtbaren Kaufverhaltens ist eine insgesamt hohe *Praxistauglichkeit* beizumessen. Allerdings gilt diese Aussage nicht für die Gesamtheit der dargestellten und diskutierten Segmentierungskriterien des beobachtbaren Kaufverhaltens. So lässt sich die Tendenzaussage abgeben, dass sich der Großteil quantitativer Kriterien gut für einen Einsatz in der Augenoptikbranche eignet. Im Unterschied zu vielen anderen Einzelhandelsbranchen speichert der Augenoptiker seit der Etablierung der EDV-Systeme Mitte der achtziger Jahre kundenindividuell den Großteil der Ausprägungen der Kriterien des beobachtbaren Kaufverhaltens in seiner Datenbank, so dass in der Augenoptikbranche die Notwendigkeit aufwändiger Primärmarktforschung zur Gewinnung dieser Daten weitgehend entfällt. Aufgrund der guten Mess- und Operationalisierbarkeit dieser quantitativen Kriterien kann von einer hohen Akzeptanz aufseiten des angestellten Fachpersonals ausgegangen werden. Im Gegensatz zu den quantitativen Segmentierungskriterien werden qualitative Kriterien wie das Merkmal der Meinungsführerschaft beim Augenoptiker kaum systematisch erfasst. Aufgrund der anspruchsvollen Erfassung scheinen sie für eine Implementierung in der Praxis

---

357 Vgl. Freter, H., Marktsegmentierung, S. 95
358 Vgl. Freter, H., Marktsegmentierung, S. 95
359 Vgl. Friedrichs-Schmidt, S., Wertorientierte Kundensegmentierung, S. 62

weniger geeignet zu sein. Zusammenfassend sollten die Kriterien des beobachtbaren Kaufverhaltens

- Produktartwahl
- Kaufanlass
- Verbrauchsintensität
- Brillenglasstärke
- Einkaufsstättenwahl
- Kauf in Preisklassen
- Kundenloyalität
- Customer Lifetime Value (CLV)

in einem Segmentierungskonzept für die Augenoptikbranche berücksichtigt werden, während den Kriterien Markentreue, Kauf von Sonderangeboten, Meinungsführerschaft, Innovationsfreudigkeit, Umsatz, Kundendeckungsbeitrag sowie den Bewertungsansätzen der Scoring- und Kundenportfolio-Modelle, dem Kundenlebenszyklus und dem Kundenkubus innerhalb der Augenoptik lediglich eine geringe Eignung beizumessen ist.

3 Zusammenfassende Bewertung der vier behandelten Kategorien von Segmentierungskriterien

Abschließend sollen die vier beschriebenen Kategorien von Segmentierungskriterien hinsichtlich ihrer Stärken und Schwächen in kompakter Form gegenübergestellt werden. Wie aus Tabelle 4 ersehen werden kann, genügen die einzelnen Segmentierungskriterien den an sie gestellten Anforderungen in unterschiedlichem Ausmaße.[360] So zeichnet sich die Gruppe der *beobachtbaren allgemeinen Kriterien* vornehmlich durch eine gute Mess- und Operationalisierbarkeit, eine hohe Wirtschaftlichkeit und zeitliche Stabilität aus. Diesen Vorzügen steht der Nachteil gegenüber, dass diese Kriterien kaum zur Erklärung und Prognose des Kaufverhaltens dienen können. Auch liefern sie bestenfalls vage Anhaltspunkte hinsichtlich der Erreichbarkeit der Konsumenten sowie der Gestaltung der Marketinginstrumente. Die Gruppe der *nicht beobachtbaren allgemeinen Kriterien* ist sowohl aufgrund ihrer mangelhaften Mess- und Operationalisierbarkeit, Marktrelevanz, Wirtschaftlichkeit sowie ihres geringen Branchenbezuges für einen Augenoptik-Segmentierungsansatz grundsätzlich als unbrauchbar einzustufen, während die Kategorie der *nicht beobachtbaren produktspezifischen Krite-*

---

360 Vgl. Freter, H., Markt- und Kundensegmentierung, S. 189 ff.

rien grundsätzlich als nützlich erscheint. Diese Kriteriengruppe eignet sich aufgrund ihrer hohen Marktrelevanz vergleichsweise am besten zur Erklärung des Konsumentenverhaltens. Darüber hinaus zeichnen sie sich bei einem Einsatz geeigneter Verfahren wie der mehrdimensionalen Einstellungsmodelle durch eine relativ gute Mess- und Operationalisierbarkeit, zeitliche Stabilität sowie eine hohe Praxistauglichkeit aus. Die *beobachtbaren produktspezifischen Kriterien* liefern ein relativ uneinheitliches Bild. Da der Augenoptiker auf den Großteil der Daten des beobachtbaren Kaufverhaltens in seiner Datenbank zugreifen kann, zeichnet sich diese Kriteriengruppe allerdings grundsätzlich durch eine leichte Mess- und Operationalisierbarkeit sowie eine passable Wirtschaftlichkeit aus. Kaufverhaltensrelevanz ist diesen Kriterien unter der Prämisse der Verhaltenskonstanz zuzuschreiben. Hinsichtlich der Praxistauglichkeit weisen die beobachtbaren produktspezifischen Kriterien ein differenziertes Bild auf.

Aus der vorangegangenen Kriteriendiskussion sind im Hinblick auf die für den zu konzipierenden Augenoptik-Segmentierungsansatz auszuwählenden Segmentierungskriterien folgende *Schlussfolgerungen* zu ziehen: Aufgrund ihrer Stärken bezüglich der Marktrelevanz ist den beiden Gruppen der *nicht beobachtbaren produktspezifischen Segmentierungskriterien* sowie der *beobachtbaren produktspezifischen Segmentierungskriterien* eine besondere Eignung im Hinblick auf die *Segmentbildung* zuzuschreiben, während sich die *beobachtbaren allgemeinen Kriterien* besser zur *Segmentbeschreibung* einsetzen lassen. Aufgrund der dargestellten Schwächen empfiehlt sich der Einsatz der Gruppe der *nicht beobachtbaren allgemeinen Segmentierungskriterien* lediglich in Ausnahmefällen. Details im Hinblick auf die Stärken und Schwächen der untersuchten Kriterien sind der nachfolgenden zusammenfassenden Übersicht zu entnehmen.

Tabelle 4: Abschließende Bewertung der diskutierten Segmentierungskriterien[361] (folgende Seite)

---

361 Anmerkung zur Spalte 6 (Kriterium relevant?): Hier wurden all jene Segmentierungskriterien mit „Ja" gekennzeichnet, welche im Rahmen derer vorangegangenen Eignungsdiskussion im Hinblick auf einen zu konzipierenden Augenoptik-Segmentierungsansatz als relevant erachtet wurden und gleichzeitig in jeder einzelnen der fünf Anforderungen Mess- und Operationalisierbarkeit, Marktrelevanz, Wirtschaftlichkeit, zeitliche Stabilität und Praxistauglichkeit ein mindestens mittleres Qualitätsurteil (+/-) erhielten. Die Relevanz der beiden Segmentierungskriterien Kultur und Allgemeiner Lebensstil ist differenziert zu beurteilen. So ist das Kriterium Kultur nur dann als relevant zu betrachten, wenn im unmittelbaren Einzugsgebiet des untersuchten Unternehmens ein hoher Anteil ausländischer Mitbürger lebt, vgl. Abschnitt 2.1.2. Ebenso ist der Allgemeine Lebensstil eines Konsumenten ausschließlich im Hinblick auf solche Aspekte als relevant einzustufen, bei denen ein enger Bezug zwischen Lebensgewohnheiten und dem Kauf bzw. der Nutzung von Korrektionsbrillen unterstellt werden kann, vgl. Abschnitt 2.3.2. Sämtliche mit „Ja" gekennzeichneten Kriterien sollen in dem nachfolgend zu konzipierenden Augenoptik-Segmentierungsansatz zum Einsatz kommen.

3 Zusammenfassende Bewertung der vier behandelten Kategorien von Segmentierungskriterien

		Kriterien \ Anforderungen	Mess- und Operationalisierbarkeit	Marktrelevanz	Wirtschaftlichkeit	Zeitliche Stabilität	Praxis-Tauglichkeit	Kriterium relevant?
Beobachtbare allgemeine Kriterien	1.	Geschlecht	++	+/-	++	++	++	Ja
	2.	Lebensalter	++	+/-	++	++	++	Ja
	3.	Familienstand	++	- -	++	++	- -	Nein
	4.	Anzahl der Kinder	++	- -	++	++	- -	Nein
	5.	Alter der Kinder	++	- -	++	++	- -	Nein
	6.	Ausbildung	++	+/-	++	++	++	Ja
	7.	Beruf	++	+/-	++	++	++	Ja
	8.	Einkommen	++	+/-	++	++	++	Ja
	9.	Wohnort	++	+/-	++	++	++	Ja
	10.	Kultur	++	+/-	++	++	+/-	Nein
	11.	Familienlebenszyklus	++	- -	++	++	- -	Nein
Nicht beobachtbare allgemeine Kriterien	12.	Soziale Schicht	++	+/-	++	++	++	Ja
	13.	Sozialer Charakter	- -	- -	- -	++	- -	Nein
	14.	Gruppenzugehörigkeit	- -	- -	- -	++	- -	Nein
	15.	Soziale Rolle	+/-	- -	- -	++	- -	Nein
	16.	Risikoempfinden	- -	- -	- -	++	- -	Nein
	17.	Selbstbild	- -	- -	- -	++	- -	Nein
	18.	Werte	- -	- -	- -	++	- -	Nein
	19.	Motive	- -	- -	- -	++	- -	Nein
	20.	Einstellungen	- -	- -	- -	++	- -	Nein
	21.	Allg. Lebensstil	+/-	+/-	- -	++	+/-	Ja
Nicht beobachtbare produktspezifische Kriterien	22.	Elastizitäten	- -	++	- -	++	- -	Nein
	23.	Produktspez. Einst.	+/-	++	+/-	++	++	Ja
	24.	Präferenzen	- -	++	+/-	++	++	Nein
	25.	Involvement	+/-	+/-	+/-	++	++	Ja
	26.	Kaufabsicht	+/-	++	+/-	++	- -	Nein
	27.	Wahrnehmung	++	+/-	+/-	++	+/-	Nein
	28.	Bedeutungsgewichte	++	++	+/-	++	++	Ja
	29.	Idealmarke	++	++	+/-	++	++	Ja
	30.	Nutzenerwartungen	++	++	+/-	++	++	Ja
	31.	Produktspez. Lebensstil	+/-	++	+/-	++	++	Ja
Beobachtbare produktspezifische Kriterien	32.	Produktartwahl	++	++	++	++	++	Ja
	33.	Kaufanlass	++	++	++	++	++	Ja
	34.	Markentreue	++	++	++	+/-	- -	Nein
	35.	Verbrauchsintensität	++	++	++	++	++	Ja
	36.	Brillenglasstärke	++	++	++	++	++	Ja
	37.	Einkaufsstättenwahl	+/-	+/-	+/-	+/-	++	Ja
	38.	Kauf von Angeboten	++	++	++	+/-	+/-	Nein
	39.	Kauf in Preisklassen	++	++	++	++	++	Ja
	40.	Meinungsführerschaft	- -	- -	- -	++	+/-	Nein
	41.	Innovationsfreudigkeit	- -	++	+/-	++	+/-	Nein
	42.	Umsatz	++	++	++	++	+/-	Nein
	43.	Kundendeckungsbeitrag	+/-	++	++	++	+/-	Nein
	44.	Kundenloyalität	+/-	+/-	+/-	++	++	Ja
	45.	Kunden-Score	+/-	+/-	+/-	++	+/-	Nein
	46.	Kundenportfolio	+/-	+/-	+/-	++	- -	Nein
	47.	Kundenlebenszyklus	+/-	- -	+/-	++	- -	Nein
	48.	Customer Lifetime Value	++	++	+/-	++	++	Ja
	49.	Kundenkubus	+/-	++	+/-	++	- -	Nein

C Konzeption und empirische Überprüfung eines zweistufigen Segmentierungsansatzes für die Augenoptikbranche

1 Konzeptionelle Grundlagen des Segmentierungsansatzes

Da die einzelnen Segmentierungskriterien im Hinblick auf die an sie gestellten Anforderungen spezifische Stärken und Schwächen aufweisen, empfiehlt sich ein kombinierter Einsatz unterschiedlicher in der Augenoptikbranche relevanter Segmentierungskriterien.[362] Daher wird ein *mehrdimensionaler Segmentierungsansatz* gewählt.[363] Im Sinne informationsökonomischer Überlegungen soll der Segmentierungsansatz geeignet sein, den Erkenntnisgewinn des Anbieters über die Beschaffenheit der Nachfrage zu maximieren.[364] Gleichzeitig soll eine gute Übersichtlichkeit des Augenoptik-Segmentierungsansatzes gewährleistet werden. Deshalb erscheint ein *zweistufiger Segmentierungsprozess* zweckmäßig.[365] Im Zuge einer zweistufigen Marktsegmentierung erfolgt die Identifikation von Marktsegmenten in zwei aufeinander folgenden Etappen bzw. in einem stufen-

---

[362] Vgl. Freter, H., Marktsegmentierung, S. 98 f.
[363] Vgl. dazu die Ausführungen in Kap. A2, S. 15
[364] Die Informationsökonomie ist eine Teildisziplin der Institutionenökonomie und erklärt die Funktionsweise von Märkten, welche durch Informationsasymmetrie zwischen den Marktteilnehmern gekennzeichnet sind, vgl. Bruhn, M., Homburg, C., Gabler Marketing-Lexikon, S. 270. In diesem Kontext konzipiert Kaas ein System der Marktinformation, innerhalb dessen grundsätzlich zwischen dem Informationsverhalten von Unternehmen und Konsumenten differenziert wird. Ein Unternehmen kann in einer Marktwirtschaft nur dann überleben, wenn seine Angebote von einer hinreichenden Anzahl von Konsumenten gegenüber den vorhandenen Alternativen präferiert werden. Um das eigene Angebot optimal an die Nachfrage anpassen bzw. Wettbewerbsvorteile erzielen zu können, muss ein Unternehmen die Identität, Eigenschaftsprofile, die Kaufkraft, Einstellungen, Bedürfnisse und Verhaltensweisen der potenziellen Nachfrager erforschen bzw. permanent beobachten, vgl. Kaas, K. P., Marktinformationen: Screening und Signaling unter Partnern und Rivalen, S. 360. Angesichts eines kontinuierlichen Bedeutungszuwachses des wertorientierten Management-Ansatzes erscheint es in diesem Zusammenhang gerechtfertigt und opportun, die wertbasierte Differenzierung von Kundenbeziehungen auf einer eigenen Segmentierungsstufe vorzunehmen und ihr dadurch eine gebührende Berücksichtigung zuzuteilen.
[365] Weiterhin wird die Anwendung eines zwei- bzw. mehrstufigen Segmentierungsansatzes im Rahmen mehrdimensionaler Segmentierung insbesondere dann empfohlen, wenn die Abhängigkeitsbeziehungen zwischen den unterschiedlichen Segmentierungskriterien noch unbekannt sind, vgl. Deyle, H.-G., Ansätze der mehrdimensionalen Segmentierung, S. 83

weisen Filterungsprozess.[366] Dieser gliedert sich im vorliegenden Fall in eine wertorientierte Makro- und darauf aufbauend in eine bedürfnisorientierte Mikrosegmentierungsstufe. Da eine wesentliche Zielsetzung des zu konzipierenden Augenoptik-Segmentierungsansatzes in einer effizienten Allokation des Marketingbudgets liegt, sollen auf der *Makrosegmentierungsebene* solche Kriterien zum Einsatz kommen, welche Rückschlüsse auf die ökonomische Bedeutung einer Kundenbeziehung erlauben.[367] Auf der *Mikrosegmentierungsebene* hingegen soll eine Identifikation unterschiedlicher Segmente auf Basis produktspezifischer, psychographischer Kriterien erfolgen.[368] Somit ist das gewählte Augenoptik-Segmentierungskonzept als eine *Kombination aus wert- und bedürfnisorientierter Marktsegmentierung* zu klassifizieren.[369]

2 Konzeption der Makro- und Mikrosegmentierungsebene

2.1 Konzeption der Makrosegmentierungsebene

Die Zielsetzung der Segmentierung auf der Makroebene besteht in der Identifikation von wirtschaftlich attraktiven Marktsegmenten.[370] Wie im Rahmen der Kri-

---

366 Vgl. Baum, F., Marktsegmentierung im Handel, S. 130 f. und Backhaus, K., Industriegütermarketing, S. 122.
367 Vgl. Kohrmann, O., Mehrstufige Marktsegmentierung zur Neukundenakquisition, S. 93 f.
368 Vgl. Deckers, R., Medelnik, N.: Den Marketingaufwand nach dem Wert der Kundenbeziehung steuern, S. 57
369 Der gewählte Modellansatz, zunächst auf Basis der Kriterien des beobachtbaren Verhaltens quantitativ zu segmentieren und darauf aufbauend eine qualitative Segmentierung anzuschließen, ist als eine in der Praxis bewährte Vorgehensweise anzusehen, vgl. Weissman, A., Tröger, G., Adlwarth, W., Psychographische Marktsegmentierung, S. 52 sowie Hölscher, A., Perrey, J., Staack, Y.: Die sechs goldenen Regeln der Segmentierung, in: akzente, consumer & service industries, Heft 01, 2008, S. 39
370 Vgl. Deckers, R., Medelnik, N.: Den Marketingaufwand nach dem Wert der Kundenbeziehung steuern, S. 57. Die Ungleichbehandlung von Kunden aufgrund ihres unterschiedlichen Wertepotenzials im Zuge einer investiven Interpretation einer Kundenbeziehung kann in der Unternehmenspraxis moralische Fragen aufwerfen. Dementsprechend könnte die ethisch-moralische Beurteilung einer kundenwertorientierten Segmentierung angesichts einer fortgeschrittenen Pluralisierung von theoretischen ethischen Grundpositionen bzw. Werthaltungen in der Gesellschaft sehr unterschiedlich ausfallen. Darüber hinaus lässt sich beobachten, dass beispielsweise eine Bevorzugung von Bahnreisenden der ersten Klasse allgemein als unproblematisch gilt, während eine Bevorzugung von privat krankenversicherten Patienten wesentlich kritischer beurteilt wird. Um die Strategie einer kundenwertorientierten Marktsegmentierung möglichst objektiv unter moralisch-ethischen Gesichtspunkten zu hinterfragen, kann auch im vorliegenden Kontext auf die beiden grundsätzlichen Forschungsrichtungen der positiven sowie der präskriptiven Ethik zurückgegriffen werden. Dabei ist die Perspektive der positiven Ethik darauf gerichtet, was bei gewissen Gruppen, Schichten, Klassen, Personen oder Völkern als moralisch oder unmoralisch gilt. Somit handelt es sich bei dieser Richtung der Ethikforschung um eine verhaltenswissenschaftlich-empirisch geprägte Erfahrungswissenschaft. Diese kann einem

Marketing-Manager durch ihren deskriptiv-explikativen Charakter unter Bezugnahme auf z. T. komplexe Verhaltensmodelle grundlegende strategisch-instrumentelle Entscheidungshilfen liefern. Allerdings lassen sich aus ihr keine ethischen Richtlinien bzw. Handlungsempfehlungen über das „richtige Handeln" ableiten. Zu diesem Zweck bieten sich theoretische Positionen der präskriptiven Normenethik an. Hier steht die Frage im Mittelpunkt, wie sich ein Entscheidungsträger angesichts divergierender Kundenwerte und des sich daraus ergebenden Dilemmas zwischen Gewinnmaximierung und sittlichem bzw. legitimem Handeln verhalten soll. Innerhalb der präskripitven Normenethik wird zwischen den philosophischen Grundpositionen der teleologischen und deontologischen Normenethik differenziert. Im Rahmen der teleologischen Ethik wird eine Handlung nach deren Folgen und Konsequenzen für alle Betroffenen beurteilt, während gemäß einer deontologischen Ethik die Gesinnung einer Handlung als Beurteilungsgrundlage herangezogen wird. Wenngleich es sich bei teleologischer und deontologischer Ethik um zwei unterschiedliche philosophische Grundpositionen handelt, können sie sich im Rahmen einer ethischen Analyse auch ergänzen. Als prominente teleologisch orientierte Ethik gilt die Theorie des Utilitarismus. Demgemäß sind Handlungen nach ihrer Konsequenz („Konsequenz-Prinzip") sowie dem Nutzen für alle Betroffenen („Utilitätsprinzip") zu bewerten, wobei sich der Nutzen aus dem hedonistischen Kalkül einer Erfüllung der menschlichen Bedürfnisse und Interessen jedes Einzelnen ableitet. Somit dient „das Glück aller" als übergeordnetes Bewertungsmaß, nicht der Vorteil einzelner Privilegierter. Ein Grundprinzip der deontologischen Ethik besteht darin, dass eine Handlung dann als positiv zu beurteilen ist, wenn sie sittlich richtigen und in sich guten Maximen folgt, wie beispielsweise das Motto „Behandle Deine Mitmenschen so, wie Du selbst gerne behandelt werden möchtest." Einen weiteren Kerngedanken der deontologischen Ethik bildet der Aspekt der Gerechtigkeit, wobei zwischen Tausch-, Verteilungs- und Legalgerechtigkeit differenziert wird. Soll das Konzept einer kundenwertbasierten Segmentierung auf der Grundlage der bisher dargelegten ethischen Grundpositionen auf seine ethisch-moralische Rechtmäßigkeit hin beurteilt werden, so werden die Folgen und Konsequenzen einer kundenwertorientierten Marktsegmentierung für alle Betroffenen vornehmlich durch die als Folge der Markterfassung zu entwickelnden und einzusetzenden Instrumente der Marktbearbeitung bestimmt. Somit wird im Rahmen der Marktbearbeitung darauf zu achten sein, dass die segmentspezifischen Marktbearbeitungsprogramme „dem Glück aller" dienlich sind. Dies wäre beispielsweise dann der Fall, wenn in Abhängigkeit der Wertepotenzials der unterschiedlichen Wertesegmente korrespondierende Produktangebote spezifiziert würden, so dass jeder Kunde gemäß der eigenen Kauffähigkeit Produktangebote eines adäquaten Qualitätsniveaus erhielte, gleichzeitig aber das anbietende Unternehmen dank der neuen Marktstrategie die eigenen Verkaufszahlen erhöhen könnte. Angesichts der Anforderung der Gerechtigkeit erscheint es unmittelbar plausibel, dass eine Leistung der Gegenleistung angemessen sein sollte. Somit dürfte ein kundenwertorientiertes Segmentierungskonzept durchaus der Anforderung der Tauschgerechtigkeit genügen, wenn ein Kunde, welcher höhere Wertbeiträge für ein Unternehmen leistet, auf lange Sicht auch höherwertige Gegenleistungen erhält. In diesem Zusammenhang ist allerdings zu berücksichtigen, dass die Gerechtigkeit eines Austausches subjektiv unterschiedlich empfunden werden kann. Weiterhin ist zu berücksichtigen, dass sich fundamentale Grundrechte wie die Unantastbarkeit der Menschenwürde oder die Unverletzlichkeit der Person dem Prinzip eines Kundenwertmanagements vollkommen entziehen. So ist den Grundanforderungen der Humanität und Toleranz gegenüber jedem Kunden zu entsprechen. Dies bezieht sich gerade auf solche Bedarfsfelder, welche für die Existenzsicherung von zentraler Bedeutung sind, vgl. Hohm, D.: Ethische Implikationen einer kundenwertorientierten Marktbearbeitung, in: Günter, B., Helm, S. (Hrsg.): Kundenwert, Grundlagen – Innovative Konzepte – Praktische Umsetzungen, 3. Auflage, Wiesbaden 2006, S. 813 ff. In dieses Feld ist auch der Augenoptiker einzuordnen, welcher nach wie vor den Gesundheitsberufen zugerechnet wird.

teriendiskussion gezeigt werden konnte, ist dem *Customer Lifetime Value* in diesem Zusammenhang innerhalb der Augenoptikbranche eine hohe *Relevanz* zuzusprechen.[371]

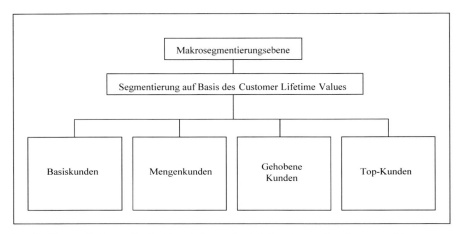

Grafik 7: Schematische Darstellung der Makroebene des Augenoptik-Segmentierungsansatzes

Grafik 7 zeigt die Anordnung dieses Kriteriums auf der *Makroebene* des Segmentierungsansatzes. Die Zielsetzung der Makrosegmentierungsebene besteht in einer Differenzierung der Marktsegmente im Hinblick auf deren ökonomische Attraktivität. Um die einzelnen Kundenbeziehungen eines mittelständischen Augenoptikers im Anschluss an die Errechnung des Customer Lifetime Values zu systematisieren, erscheint eine Einteilung des gesamten Kundenstammes *a priori*[372] in vier Kundensegmente unterschiedlicher wirtschaftlicher Bedeutung

---

[371] Vgl. Abschnitt B 2.7.5.3. Darüber hinaus kann durch den Einsatz des CLV beim angestellten Verkaufspersonal ein „vorwärtsgerichtetes Denken in Kundenpotenzialen" verankert werden.

[372] Bei einer a-priori-Segmentierung stehen sowohl Anzahl der zu bildenden Segmente als auch die einzusetzenden Segmentierungskriterien ex ante fest, während die Identifikation der Segmente im Rahmen einer a-posteriori-Segmentierung auf Basis einer Vielzahl von Segmentierungskriterien durch Einsatz multivariater, mathematisch-statistischer Rechenverfahren vorgenommen wird, vgl. Reutterer, T., Bestandsaufnahme und aktuelle Entwicklungen bei der Segmentierungsanalyse von Produktmärkten, in: Journal für Betriebswirtschaft (JFB), 2/2003, S. 61 f., Freter, H., Markt- und Kundensegmentierung, S. 196 ff. und Green, P., A New Approach to Market Segmentation, in: Business Horizons, Vol. 20, Issue 1, February 1977, S. 64

sinnvoll.[373] Diese Einteilung folgt der Systematik der Kundenpyramide, welche zwischen vier Wertsegmenten differenziert.[374]

Wie Grafik 8 zeigt, setzt sich der Customer Lifetime Value (CLV) grundsätzlich aus den beiden Komponenten des *vergangenheitsbezogenen Kundenwertes* (Present Value) und des *zukunftsbezogenen Kundenwertes* (Future Value) zusammen.

---

[373] Im Zusammenhang mit der Bestimmung der Anzahl der zu bildenden Makrosegmente ist darauf zu achten, dass sinnvolle Segmentgrößen entstehen, vgl. Stuhldreier, U., Mehrstufige Marktsegmentierung im Bankmarketing, S. 77. Diese Anforderung scheint bei einer Anzahl von vier Makrosegmenten erfüllt zu sein, denn erstens ist bei einer Anzahl von vier Makosegmenten eine gute Übersichtlichkeit sichergestellt. Zweitens können die Segmentgrößen im Fall von vier Makrosegmenten so bestimmt werden, dass ausreichend große Fallzahlen für die im Rahmen der nachfolgende Fein- bzw. Mikrosegmentierung einzusetzenden multivariaten Analysemethoden resultieren.

[374] Deckers/ Medelnik haben in ihrem Beitrag die investitionstheoretische Interpretation von Kundenbeziehungen aufgegriffen und mehrere Modelle zur Bewertung von Kundenbeziehungen im Hinblick auf einen Einsatz in der Augenoptikbranche geprüft. Schlussendlich empfehlen auch sie die Einteilung des Kundenstammes in vier Makrosegmente. Dabei führen sie in ihrem Beitrag das Bild einer aus vier Wertsegmenten bestehenden Kundenpyramide ein, wobei die ökonomischen Grenzen der Makrosegmente so definiert werden, dass sowohl das wirtschaftlich schwächste als auch das profitabelste Makrosegment einen relativ geringen Anteil am gesamten Kundenstamm des mittelständischen Augenoptikers umfassen, vgl. Deckers, R., Medelnik, N., Den Blech- zum Goldkunden entwickeln, S. 36 f. Die vorgeschlagene Systematik scheint für die Augenoptikbranche plausibel und praktikabel. Wäre die Anzahl der Wertsegmente geringer gewählt, so würde die Systematik der wertorientierten Heterogenität der Kundenbeziehungen eines mittelständischen Augenoptikers nicht mehr gerecht. Eine mehr als vier Wertsegmente umfassende Systematik würde zu einer höheren Komplexität und mangelnden Übersichtlichkeit des Klassifikationssystems führen. Darüber hinaus bestünde die Gefahr, die Mindestgröße der für den Einsatz multivariater Analysemethoden im Zuge der Mikrosegmentierung benötigten Fallzahlen zu unterschreiten. Als Ergebnis der ausgeführten Aspekte ist eine Einteilung der Kundenbeziehungen in vier Makrosegmente als eine praktikable und die Realität des Konsumentenverhaltens in der Augenoptikbranche gut abbildende Verfahrensweise anzusehen.

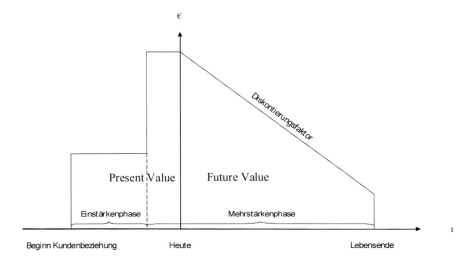

Grafik 8: Schematische Darstellung des Customer Lifetime Value (CLV)[375]

In dem für die Augenoptikbranche zu konzipierenden Modellansatz soll die Einteilung der Kunden gemäß ihrer wirtschaftlichen Bedeutung ausschließlich auf Basis des zukunftsbezogenen Kundenwertes erfolgen, da alleine dieser als entscheidungsrelevante Grundlage für die Bearbeitung der unterschiedlichen Wertsegmente anzusehen ist. So werden die *Determinanten des vergangenheitsorientierten Kundenwertes* wie beispielsweise der in der Vergangenheit gezahlte Durchschnittspreis oder die Kaufhäufigkeit lediglich genutzt, um das individuelle, in der Vergangenheit gezeigte *Kaufmuster eines Kunden zu erfassen und auf die Zukunft zu projizieren.*[376] Somit soll die Berechnung des *zukunftsbezogenen Kundenwertes* innerhalb des gewählten Modellansatzes durch eine Fortschreibung des während der letzten zehn Jahre[377] gezeigten Kaufverhaltens in die Zukunft bis zum wahrscheinlichen Lebensende des Kunden erfolgen, wobei der

---

375 In Anlehnung an Friedrichs-Schmidt, S., Wertorientierte Kundensegmentierung, S. 92
376 Grundsätzlich sollte heute jeder mittelständische Augenoptiker über eine Kundendeckungsbeitragsrechnung verfügen. Ist eine solche im Unternehmen implementiert, so können jedem einzelnen Kunden die durch ihn entstandenen Einnahmen und Ausgaben zugeordnet werden, vgl. Nagl, A., Rath, V., Customer Relationship Management, S. 26.
377 Für den vorliegenden Modellansatz wurde ein Zeitraum von zehn Jahren ausgewählt, um die Gefahr einer Fehlklassifikation eines Kunden durch die Beobachtung seines Kaufverhaltens über einen ausreichend langen Zeitraum hinweg zu minimieren und gleichzeitig den Recherche- und Dokumentationsaufwand zur Analyse des vergangenen Kaufverhaltens „in Grenzen zu halten".

Prognoserechnung die aktuelle Sterbetafel des Statistischen Bundesamtes für Gesamtdeutschland zugrunde gelegt wird.[378]

Adaptiert man die gewählte Verfahrensweise zur Ermittlung des Customer Lifetime Values auf die Augenoptikbranche, so entnimmt der Augenoptiker zunächst die Anzahl und Kaufpreise der von einem gewissen Kunden innerhalb der letzten zehn Jahre in seinem Unternehmen erworbenen Brillen[379] aus seiner Kundendatenbank.[380] Anschließend bringt er auftragsindividuell den Wareneinsatz sowie die Kosten für durchgeführte Refraktionen, augenoptische Dienst-, Beratungs- und Werkstattleistungen in Abzug.[381] Summiert er anschließend

---

[378] Das Ziel eines Anbieters, einen Kunden über dessen gesamte Lebensdauer hinweg mit Produkten und Dienstleistungen zu versorgen, ist gewiss als ambitioniert einzustufen. Dennoch wurde diese Zielvorstellung im Rahmen der vorliegenden Arbeit bewusst zugrunde gelegt, um erstens das Denken in Kunden-Zukunftspotenzialen auch im Kreise des angestellten Fachpersonals durch eine ausgeprägte Anschaulichkeit zu verankern und zweitens innerhalb des Wettbewerbs um Kundenanteile „die Messlatte möglichst hoch zu legen". Gleichzeitig wird im vorliegenden Modellansatz aber auch das Risiko einer vorzeitigen Beendigung der Kundenbeziehung berücksichtigt. Dies erfolgt durch die Bestimmung eines adäquaten Diskontierungszinsfußes, vgl. Rudolf-Sipötz, E., Kundenwert, S. 47

[379] Laut ZVA-Betriebsvergleich des Berichtsjahres 2003 erzielt der mittelständische Augenoptiker rund 83 % seines Umsatzes durch die Brillenoptik, während mit Kontaktlinsen lediglich ein Umsatzanteil von rund 6 %, mit Hörgeräten und Zubehör ein Umsatzanteil von rund 4 % und mit Handelswaren ein Umsatzanteil i. H. v. rund 7 % erreicht wird, vgl. Landes-Gewerbeförderungsstelle des nordrhein-westfälischen Handwerks e. V. (LGH), Zentralverband der Augenoptiker (ZVA), Betriebsvergleich für das Augenoptikerhandwerk, Berichtsjahr: 2003, Düsseldorf 2004, S. 5. Aus Gründen der Verhältnismäßigkeit erscheint es schlüssig, das Segmentierungskonzept auf den Geschäftsbereich Brillenoptik zu beschränken.

[380] Alle gängigen Branchensoftwaresysteme bieten heute die Funktion, nach Eingabe eines Kundennamens sämtliche in der Vergangenheit abgewickelte Aufträge aufzurufen. Dabei sind Einzelinformationen wie die Art der Sehhilfe, Fassungs- und Glastyp, Kaufdatum, Kaufpreis usw. direkt ersichtlich.

[381] Die Errechnung der auftragsindividuellen Kosten erfolgt auf Basis des durch den Augenoptiker investierten Zeitaufwandes. Somit muss streng genommen der Zeitaufwand für Refraktion, Fassungs- und Glasberatung sowie Werkstattleistung kundenindividuell erfasst und mit dem Stundenverrechnungssatz des Gesamtbetriebes multipliziert werden. In diesem Zusammenhang ist allerdings anzumerken, dass derzeit die wenigsten mittelständischen Augenoptiker über eine Kundendeckungsbeitragsrechnung verfügen. Somit bietet sich ersatzweise die Berücksichtigung von Kostenpauschalen an, um sich der tatsächlichen Höhe der entstandenen Kosten zumindest anzunähern. So beträgt der Wareneinsatz im mittelständischen Augenoptikerhandwerk derzeit durchschnittlich 34,3 %, vgl. Seinsche, P., Ergebnisse und Entwicklungen aus dem Betriebsvergleich 2006, in: Deutsche Optikerzeitung (DOZ), Heft 07, 2007, S. 10. Eine Augenglasbestimmung kann der erfahrene Augenoptiker erfahrungsgemäß in ca. 15 Minuten vornehmen, was nach der Systematik der REFA-Messungen fünf „AW-3-Werten" entspricht. Mittlerweile werden bereits ca. 67 Prozent der Refraktionen vom Augenoptiker durchgeführt, während sich der Anteil der Augenärzte auf ca. 33 Prozent beläuft, vgl. ZVA-Jahrespressekonferenz, Anzahl der Brillenverordnungen, in: DOZ, Heft 06/2007, S. 9. Folglich entsteht nicht bei jedem Kunden Zeitaufwand durch die Augenglasbestimmung, weshalb der durchschnittliche Zeitaufwand je Kunde auf drei AW-3-Werte reduziert wird. Für die Fassungs- und

sämtliche mit einem ausgewählten Kunden über den betrachteten Zeitraum erwirtschafteten Deckungsbeiträge auf und teilt sie durch die Anzahl der erteilten Aufträge, so erhält der Augenoptiker *unter der Annahme unveränderten Kaufverhaltens* Aufschluss darüber, in welchen Abständen er in Zukunft mit welchen Deckungsbeiträgen des betrachteten Kunden rechnen kann.[382] Somit versetzen die genannten Informationen den Augenoptiker unter Heranziehung der Sterbetafeln des Statistischen Bundesamtes in die Lage, das zukünftige Kaufverhalten des betrachteten Kunden nach seinem in der Vergangenheit gezeigten Kaufmuster über dessen voraussichtliche Lebensdauer hinweg fortzuschreiben, wobei aus heutiger Sicht von einer Preissteigerungsrate i. H. v. rund 2 % p. a. auszugehen ist.[383] Da der Augenoptiker mit Mehrstärkenbrillen höhere Durchschnittspreise

---

Glasberatung in der Warengruppe der Einstärkenbrillen werden sieben AW-3-Werte, für die Fassungs- und Glasberatung im Bereich Mehrstärkenbrillen 13 AW-3-Werte kalkuliert. Für die Fertigung der Brille in der Werkstatt werden für Ein- und Mehrstärkenbrillen gleichermaßen sieben AW-3-Werte angesetzt. Geht man von einem Stundenverrechnungssatz des Gesamtbetriebes i. H. v. 61,49 € aus, so errechnen sich pro AW-3-Wert Kosten i. H. v. 3,07 €, vgl. Seinsche, P., Kalkulation im Augenoptikerbetrieb, eine praxisnahe Anleitung mit Fallbeispielen, Heidelbeg 2004, S. 76. Somit verursacht die Anfertigung einer Einstärkenbrille (inklusive 30 % Wareneinsatz) Kosten i. H. v. rund 82 €, während die Anfertigung einer Mehrstärkenbrille mit rund 101 € zu berücksichtigen ist. Der angesetzte Zeitaufwand für die einzelnen Beratungs- und Dienstleistungen des Augenoptikers entstammt einem Experten-Interview mit dem branchenerfahrenen Geschäftsführer eines filialisierten, mittelständischen Augenoptikunternehmens mit Sitz in Baden-Württemberg. Die Schätzungen des Zeitaufwandes decken sich mit den Erfahrungen des Verfassers.

382 Um die Makrosegmentierungsebene möglichst einfach und transparent zu gestalten, wurde in der vorliegenden potenzialorientierten Modellbetrachtung von konstanten Brillenkaufintervallen ausgegangen. Dieser Ansatz scheint auch deshalb plausibel, da sich im Laufe des Lebens eines Augenoptikkonsumenten unterschiedliche Effekte auswirken. So werden in der ersten Lebenshälfte kürzere Brillenkaufintervalle durch das Streben nach einem attraktiven Erscheinungsbild begünstigt. Allerdings treten mit zunehmender Regelmäßigkeit auch Kundinnen der zweiten Lebenshälfte auf, die sich durch sehr kurze Brillenkaufintervalle und die Tendenz zu Mehrbrillenbesitz auszeichnen. Darüber hinaus steigt in der zweiten Lebenshälfte die Höhe der benötigten Addition kontinuierlich an, so dass aus funktionalen Gründen regelmäßig neue Brillen bzw. Brillengläser benötigt werden. Die dargestellten Effekte dürften sich weitgehend ausgleichen, so dass die gewählte Vorgehensweise der Fortschreibung der Brillenkaufintervalle unter der Annahme von Verhaltenskonstanz als durchaus gerechtfertigt erscheint.

383 Die Preissteigerungsrate der Bundesrepublik Deutschland bewegt sich derzeit zwischen 1,7 und 1,9 Prozent, wobei die Währungshüter aufgrund hoher Ölpreise und steigender Löhne mit einer Tendenz nach oben rechnen, vgl. O.V., Preise steigen langsamer, in: Financial Times Deutschland vom 16.07.2007, www.FTD.de. Ein erklärtes Ziel der Europäischen Zentralbank besteht darin, die Inflationsrate im Euro-Raum unter, aber nahe 2,0 % zu halten. Im Juni 2007 gelang die Einhaltung dieses Zieles bereits im zehnten Monat in Folge. Die Einschätzung der mittel- bis langfristigen Inflationsrisiken ist in Expertenkreisen umstritten, vgl. O.V., Politik heizt Euro-Inflation an, in: Financial Times Deutschland vom 17.07.2007, www.FTD.de. Für die Berechnung des CLV im Rahmen eines Augenoptik-Segmentierungsansatzes erscheint die Annahme einer mittel- bis langfristigen Inflationsrate i. H. v. 2,0 % als realistisch.

erzielt, berücksichtigt er im Rahmen seiner Prognoserechnung den Zeitpunkt, ab welchem der betrachtete Kunde Mehrstärkengläser benötigen wird, und multipliziert die ab diesem Zeitpunkt zu erwartenden Umsätze mit dem Mehrstärkenfaktor i. H. v. 2,5.[384] Die während der Dauer der Kundenbeziehung zu erwartenden Kundendeckungsbeiträge werden kumuliert und in Anlehnung an die dynamische Investitionsrechnung mit einem Kalkulationszinsfuß i. H. v. 5 % auf den aktuellen Zeitpunkt abgezinst.[385] Summiert der Augenoptiker anschließend sämtliche zukünftig zu erwartenden abdiskontierten Deckungsbeiträge des betrachteten Kunden auf, so erhält er den *zukunftsbezogenen Kundenwert* des betrachteten Kunden, welcher innerhalb des gewählten Modellansatzes mit dem *Customer Lifetime Value* gleichzusetzen ist.[386]

---

[384] Der Zentralverband der Augenoptiker erstellt in regelmäßigen Abständen ERFA-Auswertungen (ERFA: „Erfahrungsaustausch"), welchen u. a. Durchschnittspreise der teilnehmenden, mittelständischen Augenoptikunternehmen entnommen werden können. So lag der Durchschnittspreis für Einstärkenbrillen im Zeitraum Januar bis April 2006 bei 220,00 € und der Durchschnittspreis für Mehrstärkenbrillen bei 552,00 €, vgl. Zentralverband der Augenoptiker, ERFA-Auswertung für das Jahr 2006, Mehrjahresvergleich, Auswertung Brillenoptik gesamt, Düsseldorf 2006, S. 1. Folglich errechnet sich ein Mehrstärkenfaktor i. H. v. ca. 2,5.

[385] Vgl. Homburg, C., Daum, D., Marktorientiertes Kostenmanagement: Kosteneffizienz und Kundennähe verbinden, Frankfurt am Main 1997, S. 100 und Homburg, C., Schnurr, P., Was ist Kundenwert?, S. 20. Die Höhe des Kalkulationszinsfußes bzw. Diskontierungsfaktors wird durch unterschiedliche Faktoren wie beispielsweise die durchschnittliche Kapitalmarktverzinsung, die Inflationsrate, den Konjunkturverlauf sowie das Risiko einer vorzeitigen Beendigung der Kundenbeziehung beeinflusst, vgl. Cornelsen, J., Kundenwertanalysen im Beziehungsmarketing, S. 140 und Rudolf-Sipötz, E., Kundenwert, S. 47. In der Literatur finden sich Beispielrechnungen, innerhalb derer der Diskontierungsfaktor z. T. eine starke Streuung aufweist. So setzt Schemuth bei der investitionsrechnerischen Ermittlung eines kundenbezogenen Kapitalwertes am Beispiel eines Mercedes-C-Klasse-Kunden einen Diskontierungsfaktor i. H. v. 5 % ein, vgl. Schemuth, J., Möglichkeiten und Grenzen der Bestimmung des Wertes eines Kunden für ein Unternehmen der Automobilindustrie, Darstellung am Beispiel eines Käufers der C-Klasse von Mercedes-Benz, München 1996, S. 73. Dagegen rechnen Homburg und Daum in einem Beispiel aus dem Business-to-Business-Bereich mit einem Kalkulationszinsfuß i. H. v. 10 %, vgl. Homburg, C., Daum, D., Marktorientiertes Kostenmanagement, S. 101. In der vorliegenden Forschungsarbeit wird in Anlehnung an das Rechenbeispiel von Schemuth ein Kalkulationszinsfuß i. H. v. 5 % zugrunde gelegt. Diese Entscheidung erfolgt u. a. angesichts der Erwartung, dass höhere CLV-Werte das angestellte Beratungs- und Verkaufspersonal grundsätzlich stärker motivieren, den betreffenden Kunden möglichst lange an das Unternehmen zu binden.

[386] Zwei Beispiele sollen die Errechnung des CLV illustrieren: Kundin A ist 30 Jahre alt. Im Zeitraum der vergangenen sechs Jahre hat sie in Zeitintervallen von jeweils zwei Jahren bei einem mittelständischen Augenoptiker drei Einstärkenbrillen im Wert von jeweils 400 €, 250 € und 500 € gekauft. Berücksichtigt man den ermittelten Durchschnittsaufwand für die Anfertigung einer Einstärkenbrille, so verbleiben Kundendeckungsbeiträge i. H. v. 318 €, 168 € und 418 €. Somit errechnet sich für Kundin A ein vergangenheitsorientierter Kundenwert (Present Value) i. H. v. 904 €. Der Augenoptiker kann somit unter der Annahme einer unveränderten Fortsetzung des bisherigen Kaufverhaltens in Abständen von jeweils zwei Jahren mit einem

2.2 Konzeption der Mikrosegmentierungsebene

2.2.1 Konzeptionelle Grundlagen der Mikrosegmentierungsebene

Während die Zielsetzung der Makrosegmentierungsebene in einer Differenzierung von Marktsegmenten im Hinblick auf deren ökonomische Attraktivität besteht, liegt die Funktion der Mikrosegmentierungsebene in der *Identifikation bedürfnishomogener Marktsegmente innerhalb der Makrosegmente der Mengen- sowie der Gehobenen Kunden.*[387]

---

durchschnittlichen Deckungsbeitrag i. H. v. rund 301 € durch Kundin A rechnen. Laut Sterbetafel 2000/ 2002 des Statistischen Bundesamtes in Wiesbaden beträgt die verbleibende Lebenserwartung einer 30-jährigen Frau 52 Jahre, vgl. DATEV eG, Tabellen und Informationen für den steuerlichen Berater 2006, Nürnberg 2005, S. 399. Würde man das bisherige Kaufverhalten von Kundin A bei einem durchschnittlichen Kundendeckungsbeitrag i. H. v. 301 € über diesen Zeitraum hinweg unter Berücksichtigung einer Preissteigerungsrate i. H. v. 2,0 % p. a., eines Diskontierungszinsfußes i. H. v. 5 % p. a. sowie eines Mehrstärkenfaktors von 2,5 bei beginnender Presbyopie bis zum Jahre 2058 fortschreiben, so ergäbe sich ein zukunftsbezogener Kundenwert (Future Value) i. H. v. 7.050 €, welcher im vorliegenden Modellansatz mit dem Customer Lifetime Value gleichzusetzen ist. Kunde B ist 40 Jahre alt. Im Zeitraum der vergangenen 20 Jahre hat er bei demselben Augenoptiker im Abstand von jeweils fünf Jahren insgesamt fünf Brillen gekauft, davon zunächst drei Einstärkenbrillen im Wert von jeweils 100 € und schließlich zwei Mehrstärkenbrillen im Wert von je 250 €. Berücksichtigt man den ermittelten Durchschnittsaufwand für die Anfertigung von Ein- bzw. Mehrstärkenbrillen, so verbleiben Kundendeckungsbeiträge i. H. v. 54 € im Warenbereich Einstärken- sowie 298 € im Warenbereich Mehrstärkenbrillen. Somit hat der Augenoptiker mit Kunde B bis zum Jahr 2007 insgesamt einen Kundendeckungsbeitrag i. H. v. 352 € (Present Value) erwirtschaftet. Unter der Annahme der konstanten Fortsetzung des bisherigen Kaufverhaltens kann der Augenoptiker im Abstand von jeweils fünf Jahren mit durchschnittlichen Deckungsbeiträgen i. H. v. 149 € durch Kunde B rechnen. Laut Sterbetafel des Statistischen Bundesamtes verbleibt Kunde B eine durchschnittliche Lebenserwartung von rund 37 Jahren, vgl. DATEV eG, Tabellen und Informationen für den steuerlichen Berater 2006, S. 399. Schriebe man also das bisherige Kaufverhalten von Kunde B unter Berücksichtigung einer jährlichen Preissteigerungsrate i. H. v. 2,0 % und eines Diskontierungszinsfußes von 5 % p. a. bis zum Jahr 2044 fort, so ergäbe sich ein zukunftsorientierter Kundenwert (Future Value) bzw. Customer Lifetime Value i. H. v. 609 €.

[387] Vgl. Deckers, R., Medelnik, N., Den Marketingaufwand nach dem Wert der Kundenbeziehung steuern, S. 57

2 Konzeption der Makro- und Mikrosegmentierungsebene 97

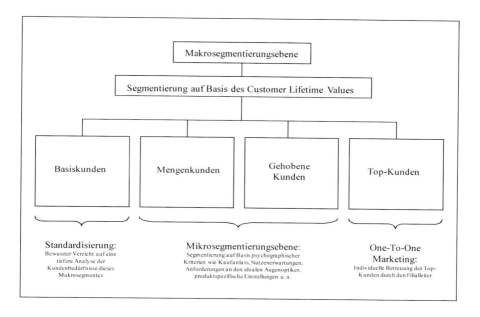

Grafik 9: Schematische Darstellung eines zweistufigen Augenoptik-Segmentierungsansatzes

Die Zielsetzung der Mikrosegmentierung besteht darin, den mit den Mengen- und Gehobenen Kunden erwirtschafteten Erfolgsbeitrag durch Identifikation nachfragerelevanter Bedürfnis- und Präferenzunterschiede mittels eines differenzierten Marketingkonzeptes zu steigern.[388] Dabei ist zu beachten, dass sich die Betrachtung im Rahmen des Segmentierungsprozesses der Mikroebene am *Kriterium der Wirtschaftlichkeit* orientieren muss. Da sich das Makrosegment der Basiskunden unter ökonomischer Perspektive als vergleichsweise unattraktiv erweisen wird, ist eine tiefere Differenzierung dieses Makrosegmentes nach bedürfnisorientierten Gesichtspunkten von vorneherein abzulehnen. Somit ist die spätere Bedienung der Basiskunden an der strategischen Option der *Standardisierung* auszurichten, während im Hinblick auf die Bearbeitung des Makrosegmentes der Top-Kunden ein durch hohe Individualität und Kundennähe geprägtes *One-to-One-Marketing* empfehlenswert erscheint.[389] Allerdings verfügt der

---

388 Vgl. Stuhldreier, U., Mehrstufige Marktsegmentierung im Bankmarketing, S. 90
389 Vgl. Reutterer, T., Bestandsaufnahme und aktuelle Entwicklungen bei der Segmentierungsanalyse von Produktmärkten, S. 55 f.

mittelständische Augenoptiker i. d. R. lediglich über eine überschaubare Anzahl von Top-Kunden in seinem Kundenstamm. Folglich wird die zu konzipierende *Mikrosegmentierung* die beiden Makrosegmente der *Mengenkunden* sowie der *Gehobenen Kunden* fokussieren.[390]

2.2.2 Auswahl der Kriterien der Mikrosegmentierungsebene

In den zu konzipierenden Segmentierungsansatz sollen alle als relevant erachteten interviewtauglichen Kriterien integriert werden.[391] Tabelle 5 zeigt gemäß der in Abschnitt B2 eingeführten Systematik eine Übersicht der auszuwählenden Segmentierungskriterien.

---

390 Vgl. Deckers, R., Medelnik, N., Den Marketingaufwand nach dem Wert der Kundenbeziehung steuern, S. 57
391 Im Rahmen der vorangegangenen Kriteriendiskussion wurden 22 der 49 dargestellten und diskutierten Segmentierungskriterien als relevant erachtet, vgl. Tabelle 4, S. 85. Davon wurde der Customer Lifetime Value bereits auf der Makrosegmentierungsebene eingesetzt. Das Kriterium Bedeutungsgewichte besitzt keinen eigenständigen Charakter, sondern wird nachfolgend in die drei Segmentierungskriterien Nutzenerwartungen, Idealmarke und Involvement einfließen. Von den 20 verbleibenden, als relevant erachteten, Kriterien soll auf vier verzichtet werden. Die Gründe dafür liegen in einer mangelnden Interview-Tauglichkeit. Diese aber ist als eine wesentliche Voraussetzung für die empirische Überprüfung des konzipierten Augenoptik-Segmentierungsansatzes anzusehen. So werden Fragen zur Messung der Kriterien Ausbildung, Beruf und Einkommen, welche Aufschluss über die soziale Schicht eines Kunden geben, erfahrungsgemäß von der Mehrzahl der Menschen als äußerst unangenehm empfunden. Dies gilt gerade vor dem Hintergrund, dass es sich bei den durchzuführenden Interviews nicht um eine anonyme Befragung handelt. Würden Fragestellungen zur Messung der genannten Kriterien vorgelegt, so wäre sowohl mit einer hohen Verweigerungsrate als auch einer ernsthaften Beschädigung z. T. langjährig gewachsener und sorgsam gepflegter Kundenbeziehungen zu rechnen. Somit verbleiben für die Mikrosegmentierungsebene des neuen Augenoptik-Segmentierungsansatzes im Ergebnis 16 relevante Kriterien.

	Allgemeine	Produktspezifische
Beobachtbare	• Geschlecht • Lebensalter • Wohnort	• *Produktartwahl* • *Kaufanlass* • *Gebrauchsintensität* • *Brillenglasstärke* • *Einkaufsstättenwahl* • *Kauf in Preisklassen* • *Kundenloyalität*

Nicht beobachtbare	• Allgemeine Lebensgewohnheiten	• *Produktspez. Lebensgewohnheiten*
		• *Produktspezifische Einstellungen*
		  (z. T. mit Bedeutungsgewichten)
		  • *Einst. gegenüber Brillen*
		  • *Nutzenerwartungen*
		  • *Idealmarke*
		  • *Involvement*

Tabelle 5: Überblick über 16 ausgewählte Segmentierungskriterien

Dabei wird den produktspezifischen Segmentierungskriterien eine vornehmlich segment-*konstituierende*, den allgemeinen Kriterien dagegen vornehmlich eine segment-*beschreibende* Funktion zugeschrieben.[392]

So sollen die im Ergebnis der vorangegangenen Kriteriendiskussion als relevant erachteten beobachtbaren allgemeinen Segmentierungskriterien *Geschlecht*, *Lebensalter* und *Wohnort* ebenso wie die allgemeinen nicht beobacht-

---

[392] Als Segment konstituierend, diskriminierend bzw. aktiv werden in der wissenschaftlichen Literatur solche Segmentierungskriterien bezeichnet, welchen a priori eine nachhaltige Bedeutung für die Aufspannung des Merkmalsraumes zugeschrieben wird. Diese bilden die Basis für den Einsatz multivariater, mathematisch-statistischer Rechenverfahren, während die Segment beschreibenden, deskriptiven bzw. passiven Kriterien nach Beendigung der statistischen Analyse zur Interpretation der gewonnenen Ergebnisse dienen, vgl. Schreiber, U., Psychologische Marktsegmentierung mit Hilfe multivariater Verfahren, München 1974, S. 16. In der Literatur finden sich Empfehlungen, die Anzahl der (aktiven) Segmentierungskriterien in einem überschaubaren bzw. handhabbaren Rahmen zu halten. So weist Böhler einerseits auf die ungenügende Erklärungskraft einer zu geringen Anzahl eingesetzter Segmentierungskriterien hin, warnt aber gleichzeitig vor einem um sich greifenden „Variablen-Hedonismus" im Sinne eines Einsatzes überdimensionierter Merkmalsbatterien, vgl. Böhler, H., Methoden und Modelle der Marktsegmentierung, S. 2 sowie Croft, M., Market Segmentation, A Step-by-step Guide to Profitable New Business, S. 36 f.

baren Kriterien wie die allgemeinen *Lebensgewohnheiten* vornehmlich in einem deskriptiven Sinne eingesetzt werden.[393]

Zur Identifikation nachfragerelevanter Bedürfnis- und Präferenzunterschiede soll ein *Mix aus produktspezifischen nicht beobachtbaren* und *produktspezifischen beobachtbaren Segmentierungskriterien* zum Einsatz kommen. Begründet wird diese Wahl mit der *hohen Verhaltensrelevanz* dieser Kriteriengruppen.[394] So wird gerade den *produktspezifischen Einstellungen* in der Literatur eine vergleichsweise hohe Kaufverhaltensrelevanz zugeschrieben.[395] Wie im Rahmen der Kriteriendiskussion bereits ausgeführt, kann sich das *psychologische Konstrukt der produktspezifischen Einstellung* in mehreren Varianten manifestieren bzw. durch mehrere Segmentierungskriterien erfasst werden.[396] So kann eine grobe Marktaufteilung nach der *Einstellung* erfolgen, welche ein Augenoptikkonsument grundsätzlich gegenüber Brillen hat. Ergänzen ließe sich diese Betrachtung durch das Kriterium der produktbezogenen *Nutzenerwartungen*, welche ein Brillenträger über die Optimierung seiner Sehleistung hinaus an eine Brille stellt.[397]

Als ein weiterer komplexer Aspekt der produktspezifischen Einstellung sind die *Vorstellungen eines Augenoptikkonsumenten vom idealen Augenoptiker* anzusehen.[398]

---

393 Vgl. Abschnitt B 2.2, S. 35 sowie B 3, S. 84. Wie bereits ausgeführt, ist der Allgemeine Lebensstil eines Konsumenten auf solche Aspekte einzugrenzen, bei denen ein enger Bezug zum Kauf bzw. der Nutzung von Brillen unterstellt werden kann, vgl. Abschnitt B 2.3.2, S. 47 f. sowie Abschnitt B 2.4, S. 50 f.

394 Vgl. Abschnitt B 2.6, S. 60 ff., Abschnitt B 2.8, S. 80 f. sowie Abschnitt B 3, S. 83 f.

395 Vgl. Böhler, H., Methoden und Modelle der Marktsegmentierung, S. 108, und Freter, H., Marktsegmentierung, S. 75 ff. sowie Weissman, A., Tröger, G., Adlwarth, W., Psychographische Marktsegmentierung, S. 23 und S. 35 sowie Schreiber, U., Psychologische Marktsegmentierung mit Hilfe multivariater Verfahren, S. 71 ff.

396 Vgl. Abschnitt B 2.5.2, S. 52 ff.

397 So legt etwa eine Kundin über das gute Sehen hinaus den höchsten Wert auf ein Repräsentatives Aussehen, während bei einem anderen Kunden über das gute Sehen hinaus die Nutzenerwartung der Haltbarkeit im Vordergrund steht. Als problematisch im Zusammenhang mit der Erfassung von Nutzenerwartungen ist anzusehen, dass es z. T. zu irrealen Befragungsergebnissen kommen kann. So könnte ein Autokäufer den Wunsch äußern, dass der neue Wagen gleichzeitig geräumig, komfortabel, leicht einzuparken und preisgünstig sein soll, vgl. Böhler, H., Methoden und Modelle der Marktsegmentierung, S. 105. Irreale Kombinationen von Nutzenerwartungen können durch eine Begrenzung der Anzahl der Antwortmöglichkeiten vermieden werden. Die Befragungsperson sieht sich dann gezwungen, sich auf die wesentlichen Nutzenerwartungen zu beschränken.

398 Die Vorstellungen eines Konsumenten von einem idealen Produkt bzw. Anbieter sind als Zielkonstellationen der Absatzpolitik zu betrachten, da diese den Bedürfnissen des Konsumenten am besten entsprechen, vgl. Kroeber-Riel, W., Weinberg, P., Konsumentenverhalten, S. 217. Denn es hat sich herausgestellt, dass jeder Konsument bestimmte Vorstellungen über die zu wählende Einkaufsstätte besitzt. Diese Wunschvorstellungen bündeln sich in der Idealmarke, welche als eine interne Wertprämisse des Konsumenten zu betrachten ist, vgl. Heine-

Schließlich wurden das *Involvement* eines Augenoptikkonsumenten im Hinblick auf augenoptische Produkte sowie dessen *produktspezifische Lebensgewohnheiten* als relevante Segmentierungskriterien eingestuft. Neben den genannten nicht beobachtbaren produktspezifischen Segmentierungskriterien wurden als Ergebnis der vorangegangenen Ausführungen auch verschiedene produktspezifische beobachtbare Segmentierungskriterien als relevant erachtet, wobei eine Stärke dieser Kriterien in deren hoher Marktrelevanz liegt. Somit sollen auf der Mikrosegmentierungsebene die Kriterien *Produktartwahl, Kaufanlass, Gebrauchsintensität, Brillenglasstärke, Einkaufsstättenwahl, Kauf in Preisklassen* sowie *Kundenloyalität* eingesetzt werden.[399]

2.2.3 Messung der ausgewählten Segmentierungskriterien

Die Messung der *beobachtbaren allgemeinen* sowie der ausgewählten *beobachtbaren produktspezifischen Segmentierungskriterien* ist grundsätzlich als unproblematisch einzustufen.[400] Im Gegensatz dazu gestaltet sich die Messung der *nicht beobachtbaren allgemeinen* sowie der *nicht beobachtbaren produktspezifischen Kriterien* i. d. R. anspruchsvoller, da sich einige dieser Kriterien entweder durch eine ausgeprägte Vielschichtigkeit und Komplexität auszeichnen oder sich einer direkten Messbarkeit entziehen und daher zunächst in möglichst treffender Art und Weise zu operationalisieren sind.[401]

---

mann, M., Einkaufsstättenwahl und Firmentreue des Konsumenten, verhaltenswissenschaftliche Erklärungsmodelle und ihr Aussagewert für das Handelsmarketing, Münster 1974, S. 159.

399 Zwar wurde ein Teil dieser Kriterien wie Gebrauchsintensität, Kauf in Preisklassen und Kundenloyalität bereits auf der Makrosegmentierungsebene im Zuge der Errechnung des kundenindividuellen CLV eingesetzt. Allerdings handelte es sich dabei um eine recht grobe Abgrenzung. Somit ist zu erwarten, dass die genannten Kriterien auch auf der Mikrosegmentierungsebene herangezogen werden können, um die Segmentierung innerhalb der a priori abgegrenzten Makrosegmente weiter zu verfeinern.

400 Vgl. Abschnitt B 3, insbesondere Tabelle 4, S. 85. Die Messung der ausgewählten Segmentierungskriterien soll überwiegend auf dem Wege eines standardisierten Interviews erfolgen, wobei jeder Kundendatensatz um relevante Informationen aus der Kundendatenbank ergänzt wird. Dabei soll dem Interview nach Möglichkeit ein gewisser „Spannungsbogen" innewohnen. So haben sich zu Beginn des Interviews „Eisbrecher-Fragen" bewährt, welche keinen besonderen Informationswert fördern, für die Befragungsperson aber interessant sind und eine positive Gesprächsatmosphäre begünstigen. Die wichtigsten Fragen sind im zweiten Drittel des Interviews zu platzieren, während die Messung demographischer Kriterien, welche für die Befragungsperson i. d. R. relativ uninteressant ist, an das Ende des Interviews platziert werden sollten, vgl. Diekmann, A., Empirische Sozialforschung, Grundlagen, Methoden, Anwendungen, S. 414 f.

401 Grundsätzlich ist bei der Konstruktion des Messinstrumentariums auf eine bestmögliche Einhaltung der drei Gütekriterien Objektivität, Reliabilität und Validität zu achten. So gilt das Gütekriterium der Objektivität dann als erfüllt, wenn zwei Anwender mit dem gleichen Messin-

So können die Ausprägungen der beobachtbaren allgemeinen Kriterien wie *Geschlecht*, *Lebensalter* und *Wohnort* direkt ersehen bzw. durch Rückgriff auf die Kundendatenbank gemessen werden. Ähnliches gilt für die beobachtbaren produktspezifischen Segmentierungskriterien. Während die Ausprägungen der Kriterien *Produktartwahl*, *Gebrauchsintensität*, *Brillenglasstärke*, *Kauf in Preisklassen* sowie *Kundenloyalität* direkt der Datenbank entnommen werden können, sind für die Messung der Kriterien *Kaufanlass* und *Einkaufsstättenwahl* geeignete Fragestellungen zu formulieren.[402]

So kann zur Messung des Kriteriums *Kaufanlass* erstens nach der Situation gefragt werden, in welcher die mangelnde Sehschärfe das erste Mal bewusst wahrgenommen wurde.[403] Zweitens kann eine Batterie möglicher Anlässe zum Kauf einer neuen Brille abgeleitet werden, aus welcher die Befragungsperson dann die auf sie zutreffenden Antwortmöglichkeiten auswählt.[404] Im Hinblick auf das Segmentierungskriterium der *Einkaufsstättenwahl* steht die Akzeptanz moderner Vertriebswege durch Konsumenten im Zentrum des Interesses. Diese kann durch eine Fragestellung nach der grundsätzlichen Bereitschaft, Brillen auch über das Internet zu beziehen, gemessen werden.[405]

Zur Messung der *nicht beobachtbaren allgemeinen Kriterien* kann auf praxiserprobte Messinstrumentarien zurückgegriffen werden. So kann die Messung *allgemeiner Lebensgewohnheiten* in Anlehnung an den im Vorfeld dargestellten AIO-

---

strument übereinstimmende Messwerte ermitteln, während das Gütekriterium der Reliabilität ein Maß für die Reproduzierbarkeit von Messergebnissen darstellt. Schließlich gibt das Gütekriterium der Validität den Grad an Genauigkeit an, mit welchem ein Messinstrument die Ausprägung des betrachteten Merkmals misst, vgl. Diekmann, A., Empirische Sozialforschung, S. 216 ff. sowie Schnell, R., Hill, P., Esser, E., Methoden der empirischen Sozialforschung, München 2008, S. 149 ff.

402 Im Falle des Segmentierungskriteriums Gebrauchsintensität bzw. Brillenkaufintervall ist es sinnvoll, die der Kundendatenbank entnommenen Informationen durch eine zusätzliche Fragestellung zu ergänzen. So ist es möglich, dass ein Kunde zwischenzeitlich bei einem anderen Anbieter gekauft hat. Würde man lediglich die in der Kundendatenbank des marktforschenden Unternehmens abgespeicherten Käufe berücksichtigen, so bestünde die Gefahr einer groben Verfälschung des dem betreffenden Kunden zugeordneten Brillenkaufintervalls.

403 So gibt es Kunden, welchen die eigene Fehlsichtigkeit das erste Mal während eines Spazierganges beim Betrachten der Blätter eines Baumes auffiel. Andere wurden während des Autofahrens, während einer Vorlesung im Hörsaal usw. darauf aufmerksam.

404 Gängige Kaufanlässe für Brillen können beispielsweise die Lust auf Abwechslung, die Adoption modischer Trends, Bruch, Diebstahl, Verlust oder der Hinweis des Augenoptikers auf geänderte Korrekturwerte nach der Durchführung einer Brillenglasbestimmung sein.

405 Vgl. Benkenstein, M., Bastian, A., Holtz, M.: Profilierungsmöglichkeiten für Augenoptiker, Empirische Untersuchungen und Implikation für das Dienstleistungsmanagement des Augenoptikers, Fachberatung für die Augenoptik, Heidelberg 2001, S. 27. In diesem Zusammenhang erscheint es aufgrund aktueller Entwicklungen im Konsumentenverhalten zweckmäßig, zwischen dem Bezug von Brillenfassungen und Brillengläsern über das Internet zu differenzieren, vgl. S. 9, Fußnote Nr. 31

2 Konzeption der Makro- und Mikrosegmentierungsebene 103

Ansatz erfolgen.[406] Somit sind im Hinblick auf die interessierenden Lebensgewohnheiten Aussagen zu formulieren, nach deren Verlesung die Befragungsperson das Ausmaß der Zustimmung einstufen kann. Dabei sollen sich die zu beurteilenden Statements auf solche Lebensgewohnheiten beschränken, bei denen ein gewisser Bezug zum Kauf von augenoptischen Produkten vermutet werden kann.[407]

Die Gruppe der *nicht beobachtbaren produktspezifischen Kriterien* stellt unterschiedliche Anforderungen an die Konstruktion des Messinstrumentariums. So kann in Anlehnung an den AIO-Ansatz durch die Beurteilung unterschiedlicher Statements sowohl ermittelt werden, welche *produktspezifischen Lebensgewohnheiten* ein Konsument pflegt,[408] als auch, ob er eine positive, neutrale oder negative *Einstellung gegenüber Brillen* bzw. dem Tragen einer Brille hat.[409] Dagegen ist zur Messung der Segmentierungskriterien *Nutzenerwartungen* und *Idealmarke* der Einsatz mehrdimensionaler Einstellungsmodelle sinnvoll.[410] Gleichzeitig besteht

---

406 Vgl. Abschnitt B 2.3.2, S. 47
407 Traditionell ist der Augenoptiker den Berufsgruppen des Gesundheitswesens zuzuordnen, vgl. Herzog, R., Kennzahlen in der Apotheke, Stuttgart 2004, S. 141. Somit ist von vorneherein ein enger Zusammenhang mit Lebensgewohnheiten, welche den Themenbereich Gesundheit tangieren, gegeben. Darüber hinaus hat die augenoptische Industrie die Bedeutung des stetig wachsenden Wellness-Marktes für die Augenoptikbranche erkannt. So werden in jüngster Zeit traditionelle Verkaufsargumente um neue Aspekte wie persönliches Wohlbefinden durch dauerhaft entspanntes, ermüdungsfreies oder sonnengeschütztes Sehen bzw. Sonnen ergänzt, um den Augenoptikern durch die gezielte Ansprache wellness-interessierter Bevölkerungsgruppen zusätzliche Umsatzchancen zu eröffnen, vgl. Essilor GmbH, Wellness bleibt Trend – und bietet große Chancen für die Augenoptik, in: blickpunkt, Das Essilor Partnermagazin, Heft 3, Frühjahr 2006, S. 10 ff., Carl Zeiss, Relaxed Vision, in: Der Augenoptiker, Heft 11, 2004, S. 53 sowie Hoya Lens Deutschland GmbH, „Take care"-Sonnenschutz-Aktion 2007, gültig vom 01.03. bis 30.09.2007, www.hoya.de. Somit erscheint es sinnvoll, die Messung allgemeiner Lebensgewohnheiten auf die Aspekte Gesundheit und Wellness zu beschränken.
408 Gegenstände der Messung produktspezifischer Lebensgewohnheiten können Brillentrage- und Brillenpflegegewohnheiten sowie das vorhandene Interesse an Innovationen oder Brillenmode sein, vgl. Benkenstein, M., Dröge, R., Marketing-Management im augenoptischen Gesundheitshandwerk, Grundlagen und Anwendungen, Forschungsgutachten im Auftrag des ZVA, Heidelberg 1995, S. 31 ff.
409 Diese Statements könnten etwa lauten: „Eine Person, welche Brille trägt, wirkt gebildeter bzw. intellektueller." „Eine Brille kann einem Menschen Sex-Appeal verleihen." „Die heutigen Brillen sind zum Teil richtige Kunstwerke." „Eine Brille wertet manche Menschen auf." „Ich trage gerne Brille."
410 Dies ist durch die Tatsache zu begründen, dass von einem Augenoptikkonsumenten mit einer Brille neben dem Grundnutzen des guten Sehens erfahrungsgemäß mehrere Zusatznutzenerwartungen in Verbindung gebracht werden, vgl. Köhler, J., Dienstleistungsmarketing, S. 57 ff. In diesem Zusammenhang soll im Rahmen der vorliegenden Untersuchung zwischen eher produkteigenschaftsorientierten Nutzenerwartungen wie beispielsweise „Geringes Gewicht" und eher ergebnisorientierten Nutzenerwartungen wie beispielsweise „Hoher Tragekomfort" differenziert werden. Ebenso erweist sich das Segmentierungskriterium der Idealmarke als vielschichtig und komplex, so dass auch dieses als für die Messung durch mehrdimensionale Einstellungsmodelle prädestiniert erscheint. So wurde in einer Vielzahl von Image-Analysen un-

die Möglichkeit, mehrdimensionale Messinstrumente mit *Bedeutungsgewichten* auszustatten.[411] Eine einfache Möglichkeit zur Messung des vorhandenen *Involvements* besteht in der Frage nach der Wichtigkeit des Brillenkaufes innerhalb des persönlichen Wertesystems einer Befragungsperson.[412]

Auf Basis der dargestellten Vorgehensweise zur Auswahl und Messung der Kriterien der Mikrosegmentierungsebene wurde ein *Fragebogen* abgeleitet,[413] um auf dem Wege der empirischen *Marktforschung* ex post bedürfnishomogene Kundengruppen zu identifizieren und somit den konzipierten Segmentierungsansatz einer empirischen Überprüfung zu unterziehen.[414]

3 Empirische Überprüfung des konzipierten Segmentierungsansatzes

3.1 Beschreibung der Stichprobenstruktur

Zur empirischen Überprüfung des neu konzipierten Augenoptik-Segmentierungsansatzes führte das Institut für Marketing und Innovationsmanagement in

---

tersucht, welche Anforderungen im Zentrum der Vorstellungen von der idealen Einkaufsstätte stehen. In diesem Zusammenhang sind u. a. die Ausgestaltung des Sortiments, die Preispolitik, das Bedienungspersonal oder die Schaufenstergestaltung zu nennen, vgl. Heinemann, M., Einkaufsstättenwahl und Firmentreue des Konsumenten, S. 159 ff. Der Aufzählung im Hinblick auf die vorliegende Untersuchung hinzuzufügen sind weitere Idealattribute, welche sich aus spezifischen Besonderheiten der Augenoptikbranche, neuen Möglichkeiten durch technischen Fortschritt, einem veränderten Konsumentenverhalten oder hoher Wettbewerbsintensität ergeben haben. Im Sinne der Gesamtausrichtung der vorliegenden Forschungsarbeit sollen in diesem Zusammenhang allgemein erwartete bzw. marktübliche Leistungsattribute eines Augenoptikers vernachlässigt werden und stattdessen solche Attribute Berücksichtigung finden, bei denen von einer hinreichend diskriminierenden Wirkung auszugehen ist. So kann beispielsweise prognostiziert werden, dass die Wichtigkeit des Items „Konservativer Kleidungsstil des Fachpersonals" von älteren Konsumenten höher gewichtet wird als von jüngeren Konsumenten. Selbstverständliche bzw. branchenübliche Leistungsmerkmale wie beispielsweise Gut erreichbare Lage, Zeitgemäßes inneres und äußeres Erscheinungsbild, Sorgfältig und fachkompetent durchgeführte Augenglasbestimmung, Freundlichkeit des Fachpersonals oder Kostenloses Reinigen und Richten sollen dagegen von der Itemauswahl ausgeschlossen bleiben.

411 Somit kann eine Befragungsperson die einzelnen Nutzenaspekte bzw. die einzelnen Items der Idealmarke mit unterschiedlichen Bedeutungsgewichten versehen, welche dann als Grundlage der Segmentierung dienen können, vgl. Abschnitt B 2.5.2, S. 54 ff.

412 Alternative Ansatzpunkte für die Messung des Involvements eines Augenoptikkonsumenten bestehen in der Höhe des im Zusammenhang mit dem Brillenkauf wahrgenommenen sozialen Risikos, dem Ausmaß und der zeitlichen Ausdehnung des Interesses für Brillenmode und augenoptische Innovationen sowie in dem für den Brillenkauf investierten Zeitaufwand.

413 Der Fragebogen kann im Anhang der vorliegenden Forschungsarbeit eingesehen werden, vgl. S. 168 ff.

414 Vgl. Deckers, R., Medelnik, N., Den Marketingaufwand nach dem Wert der Kundenbeziehung steuern, S. 57

Kooperation mit einer regional tätigen, mittelständischen Augenoptikerkette im Zeitraum von Januar bis August 2008 insgesamt 303 Interviews durch.[415] Dabei wurden gemäß einer Zufallsauswahl auskunftsbereite Kunden, welche das kooperierende Augenoptikunternehmen besuchten, auf der Grundlage eines standardisierten Interviews befragt.[416]

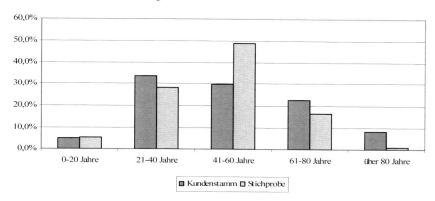

Grafik 10: Vergleichende Gegenüberstellung der Altersstruktur in Kundenstamm und Stichprobe

Die Interviewer wurden im Vorfeld der Interviewphase dahingehend sensibilisiert, hinsichtlich Alter und Geschlecht einen möglichst ausgewogenen Querschnitt der Bevölkerung anzusprechen. Wie Grafik 10 zeigt, konnte im Hinblick auf die Altersverteilung ein breiter Querschnitt der Bevölkerung in die Untersu-

---

[415] Vor Durchführung der Interviews wurde vom Verfasser ein 20 Test-Interviews umfassender Pretest vorgenommen. Erst nach erfolgreich abgeschlossener Testphase wurde der in Kapitel C 2.2.3 konzipierte Fragebogen (vgl. Anhang, S. 168 ff.) endgültig freigegeben. Nach einer eingehenden Schulung des Kundenkontaktpersonals der mittelständischen Augenoptikerkette im Rahmen einer Abendveranstaltung wurden die Interviews sowohl durch das angestellte Fachpersonal als auch den Verfasser der vorliegenden Schrift durchgeführt. Insgesamt lagen nach Abschluss der Interviewphase 314 bearbeitete Fragebögen vor. Diese wurden anschließend zur Ergänzung der Daten des vergangenen Kaufverhaltens der interviewten Kunden aus der Datenbank an die Verwaltung des Unternehmens weitergeleitet. Für elf Fragebögen konnte in der EDV kein zugehöriger Datensatz gefunden werden, so dass insgesamt 303 Interviews für die Analyse mittels mathematisch-statistischer Verfahren vorlagen.

[416] Im Falle einer positiven Reaktion der Kunden wurde das Interview in Form einer klassischen Umfrage, also der „Paper & Pencil-Methode" durchgeführt, vgl. Baur, N., Fromm, S.: Datenanalyse mit SPSS für Fortgeschrittene, ein Arbeitsbuch, Wiesbaden 2004, S. 22 f. Für die Interviews wurden die Beratungsplätze bzw. in die Ladenlokale integrierte gastronomische Bereiche zur Verfügung gestellt. Je nach Antwortverhalten der Befragungsperson nahm ein Interview ca. fünf bis zehn Minuten in Anspruch.

chung einbezogen werden.[417] Beim Großteil der mittelständischen Augenoptiker sind die weiblichen Kunden in der Überzahl. Wie Grafik 11 zeigt, spiegelt sich diese Verteilung sowohl im Kundenstamm des kooperierenden Augenoptikunternehmens als auch in der vorliegenden Stichprobe wider.

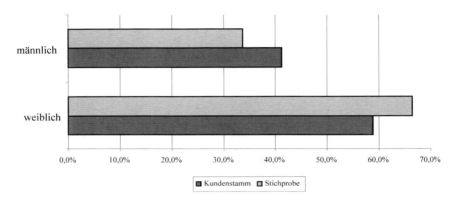

Grafik 11: Vergleichende Gegenüberstellung von Kundenstamm und Stichprobe nach Geschlecht

Insgesamt zeigt der Vergleich zwischen Kundenstamm und Stichprobe ein zufriedenstellendes Ergebnis. Die Höhe des Customer Lifetime Values für jeden einzelnen Kunden der Stichprobe wurde gemäß der geschilderten Vorgehensweise[418] mithilfe einer detaillierten Zeitperiodenanalyse auf Basis des Tabellenkalkulationsprogramms Excel errechnet. Die Durchführung der mathematisch-statistischen Analysen erfolgte durch Einsatz der Statistik-Software SPSS Version 15.0.1[419].

---

417 Wie Grafik 10 zeigt, liegt ein Schwerpunkt der interviewten Befragungspersonen in der für den Augenoptiker unter wirtschaftlichen Gesichtspunkten wichtigsten Altersgruppe von 41 bis 60 Jahren, während die wirtschaftlich weniger bedeutende Gruppe der Kunden im Alter über 61 Jahre in der gewonnenen Stichprobe im Vergleich mit dem Kundenstamm des kooperierenden Augenoptikunternehmen etwas schwächer vertreten ist.
418 Vgl. Kap. C 2.1, S. 93, insbesondere Fußnote Nr. 387
419 Dabei handelt ist sich um eine in Wissenschaft und Praxis stark verbreitete Software. Die Bezeichnung SPSS stand ursprünglich als Akronym für Statistical Package for the Social Sciences, wobei der Anwendungsbereich mittlerweile weit über den Bereich der Sozialwissenschaften hinausgeht. Somit steht die Abkürzung SPSS heute für Statistical Product and Service Solutions, vgl. Backhaus et al., Multivariate Analysemethoden, eine anwendungsorientierte Einführung, Berlin, Heidelberg 2006, S. 15

3.2 Empirische Überprüfung der Makrosegmentierungsebene

Aufgrund des vorliegenden Datensatzes lässt sich die Diskriminierungsfähigkeit des Segmentierungskriteriums Customer Lifetime Value bei einem Einsatz in der Augenoptikbranche bestätigen. So erstreckt sich die *Bandbreite* der aus den 303 vorliegenden Datensätzen errechneten Customer Lifetime Values insgesamt von -724 € bis 20.658 €.[420] Die *Bestimmungsfaktoren* für die stark unterschiedlichen Werte liegen im *Lebensalter des jeweiligen Kunden*, seinem *Beschaffungsintervall* sowie der *Höhe* der im Betrachtungszeitraum bezahlten *Brillenkaufpreise* bzw. erwirtschafteten *Kundendeckungsbeiträge*.

3.2.1 Abgrenzung der Makrosegmente

Wie in Kapitel C 2.1 ausgeführt, sollen auf der Makrosegmentierungsebene *a priori vier Kundensegmente unterschiedlicher wirtschaftlicher Bedeutung* gebildet werden.[421]

In diesem Zusammenhang wurde die Anforderung erhoben, die Segmentgrenzen so zu definieren, dass die beiden *Makrosegmente* der *Basis-* und *Top-Kunden*, welche später von einer weiteren Feinsegmentierung ausgeschlossen werden, *relativ klein*, die beiden *Makrosegmente* der *Mengen-* und *Gehobenen Kunden* dagegen *relativ groß* ausfallen.[422]

---

420 Die Errechnung des Customer Value für jeden der 303 interviewten Kunden erfolgte nach der in Kap. C 2.1 anhand zweier Beispiele dargestellten Methodik, vgl. S. 93, insbes. Fußnote Nr. 387. Die dort beschriebene Vorgehensweise wurde in kompakter Form in eine Excel-Datei übertragen. Auf diese Weise ließ sich unter der getroffenen Annahme von Verhaltenskonstanz das zukünftige Kaufverhalten für jeden einzelnen Kunden bis zu dessen Lebensende in anschaulicher und übersichtlicher Form darstellen bzw. prognostizieren. Die Summe aller zukünftigen Kundendeckungsbeiträge ergab dann den kundenindividuellen Wert des Customer Lifetime Value. Nach Sortierung der 303 Datensätze gemäß Höhe des CLV entstand eine gute Übersichtlichkeit für eine sinnvolle Definition der Segmentgrenzen. Zur Definition der Segmentgrenzen auf der Makrosegmentierungsebene vgl. auch Stuhldreier, U., Mehrstufige Marktsegmentierung im Bankmarketing, S. 77 sowie Kohrmann, O., Mehrstufige Marktsegmentierung zur Neukundenakquisition, S. 95
421 Vgl. Kap. C 2.1, S. 88 f.
422 Vgl. Kap. C 2.1, S. 89, Fußnote Nr. 375

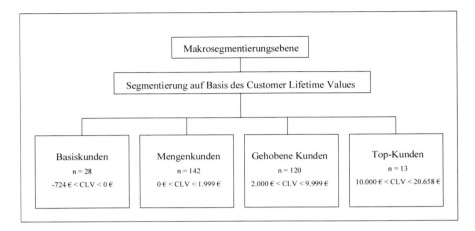

Grafik 12: Definition der Segmentgrenzen für die vier Makrosegmente nach Höhe des CLV

Wie Grafik 12 zeigt, wurden die Segmentgrenzen in Absprache mit dem kooperierenden Augenoptikunternehmen wie folgt definiert: Alle interviewten *Kunden mit negativem Deckungsbeitrag* wurden im *Makrosegment der Basiskunden* zusammengefasst. In absoluten Zahlen sind dies 28 Kunden. Dies entspricht einem Anteil von 9,2 % der gesamten Stichprobe. Für das Makrosegment der Mengenkunden wurden die *Segmentgrenzen von 0 bis 1.999 €* festgelegt. Somit besteht im vorliegenden Datensatz das *Makrosegment der Mengenkunden* aus insgesamt 142 Kunden, was einem Anteil von 46,9 % der Stichprobe entspricht. Alle Kunden der Stichprobe, deren Customer Lifetime Value *zwischen 2.000 und 9.999 €* liegt, wurden im *Makrosegment der Gehobenen Kunden* zusammengefasst. In absoluten Zahlen sind dies 120 Kunden. Dies entspricht einem Anteil von 39,6 % der Stichprobe. Kunden, mit welchen das kooperierende Augenoptikunternehmen einen Customer Lifetime Value i. H. v. *mehr als 10.000 €* erzielen kann, wurden dem *Makrosegment der Top-Kunden* zugerechnet. Innerhalb der Stichprobe sind dies 13 Kunden. Dies entspricht einem Anteil von 4,3 % der gesamten Stichprobe.[423]

---

423 Die vorgenommene Abgrenzung der vier Makrosegmente erscheint in mehrfacher Hinsicht sinnvoll. So liegt die Zusammenfassung der Kunden mit negativem Deckungsbeitrag in einem Makrosegment unter Gewinnoptimierungs- bzw. Verlustvermeidungsaspekten unmittelbar auf der Hand. Ebenso ist der relativ geringe Anteil der Top-Kunden geeignet, eine wirksame Bindung der Kunden dieses wirtschaftlich überaus bedeutenden Makrosegmentes durch One-to-One-Marketing zu erzielen. Schließlich sind die beiden „mittleren" Makrosegmente der Men-

3.2.2 Beschreibung und Bewertung der Makrosegmente

Betrachtet man die *Altersstruktur des Makrosegments der Basiskunden*, so lässt sich feststellen, dass die Altersgruppen „oberhalb der Lebensmitte" am stärksten vertreten sind. Die wirtschaftliche Bedeutung des Makrosegments der Basiskunden ist für das kooperierende Augenoptikunternehmen *unter ökonomischen Gesichtspunkten als negativ einzustufen*.[424] Die negativen CLV-Werte resultieren aus niedrigen Brillenkaufpreisen bzw. negativen Deckungsbeiträgen, wobei sich die negative Wirkung durch kurze Kaufintervalle und deren Fortschreibung in die Zukunft noch verstärkt. Insgesamt wird das Segment der Basiskunden von dem kooperierenden Augenoptikunternehmen durch die in den übrigen drei Makrosegmenten erzielten Überschüsse *subventioniert*. Somit ist eine weitere Segmentierung des Makrosegmentes der Basiskunden unter ökonomischen Gesichtspunkten nicht zu rechtfertigen.[425]

Betrachtet man die *Altersstruktur der Mengenkunden*, so bilden die Kunden zwischen 41 und 60 Jahren mit 51,4 % Anteil sowie die Altersgruppe von 61 bis 80 Jahren mit einem Anteil von 26,8 % auch hier den Schwerpunkt, wobei die Altersklasse von 21 bis 40 Jahren mit einem Anteil von 15,5 % im Vergleich zum Segment der Basiskunden bereits deutlich stärker vertreten ist. Unter wirtschaftlichen Aspekten erweisen sich die Kundenbeziehungen im Segment der Mengenkunden für das kooperierende Augenoptikunternehmen als *kostendeckend bzw. relativ geringen Gewinn bringend*. Vor diesem Hintergrund scheint eine weitere Feinsegmentierung des Makrosegments der Mengenkunden gerechtfertigt.

---

gen- und Gehobenen Kunden ausreichend und relativ gleich groß, um innerhalb dieser beiden Makrosegmente eine weitergehende Feinsegmentierung unter Einsatz mathematisch-statistischer Analyseverfahren vornehmen und eine solche unter wirtschaftlichen Aspekten rechtfertigen zu können.

424 Dabei ist zu betonen, dass die Aussagen in diesem Zusammenhang unter rein wirtschaftlichen Gesichtspunkten auf Grundlage des vergangenen Kaufverhaltens getroffen werden. Qualitative Aspekte einer Kundenbeziehung wie Kommunikations- oder Empfehlungsverhalten bleiben dabei unberücksichtigt. So ist es durchaus denkbar, dass ein Basiskunde dem Unternehmen durch Empfehlung einen neuen Top-Kunden zuführt. Somit wäre der empfehlende Basiskunde von einer übergeordneten Perspektive aus als lukrativ einzustufen. Wenngleich derartige Fälle in der Praxis erfahrungsgemäß nicht die Regel bilden, so empfiehlt der Autor im Sinne einer ethischen Unternehmensführung, einen Basiskunden und einen Top-Kunden mit derselben Wertschätzung zu empfangen und zu bedienen. Die Bewertung der Kundenbeziehungen unter ökonomischen Aspekten dient im vorliegenden Segmentierungsansatz allein einer optimalen Allokation der Marketinginvestitionen vor dem Hintergrund einer gesunkenen Branchenrentabilität.

425 Vgl. dazu auch Stuhldreier, U., Mehrstufige Marktsegmentierung im Bankmarketing, S. 89 und Kohrmann, O., Mehrstufige Marktsegmentierung zur Neukundenakquisition, S. 96

Das Makrosegment der *Gehobenen Kunden* setzt sich zu einem bedeutenden Teil aus jüngeren Kundengruppen zusammen. So weisen die Kunden im Alter von 13 bis 20 Jahren einen Anteil von 7,5 % und die Gruppe der 20- bis 41-Jährigen einen Anteil von rund 41,7 % auf. Die Gruppe der 41- bis 60-Jährigen bildet einen Anteil von rund 48,3 %, während die Präsenz der Kunden ab 61 Jahren in diesem Segment mit einem Anteil von rund 2,5 % als nahezu bedeutungslos einzustufen ist. Die Kunden dieses Segmentes weisen sowohl *überdurchschnittliche Brillenkaufpreise bzw. Deckungsbeiträge* als auch *relativ kurze Kaufintervalle* auf. Somit ist dem Makrosegment der *Gehobenen Kunden* aus Sicht des kooperierenden Augenoptikunternehmens eine *hohe ökonomische Bedeutung* beizumessen, wodurch eine weitere Feinsegmentierung dieses Makrosegmentes im Rahmen der Mikrosgementierung gerechtfertigt ist.

Das Makrosegment der *Top-Kunden* besteht zu einem Anteil von 7,5 % aus der Altersgruppe von 13 bis 20 Jahren, mit einem Anteil von 41,7 % aus der Kundengruppe der 21- bis 40-Jährigen sowie mit einem Anteil von 48,3 % aus der Gruppe der 41- bis 60-Jährigen. Dagegen fällt der Anteil der Altersgruppe der über 60-Jährigen mit 2,5 % gering aus. Aufgrund der *hohen Brillenkaufpreise bzw. Kundendeckungsbeiträge* und z. T. sehr *kurzen Kaufintervalle* ist dem zahlenmäßig kleinen Segment der *Top-Kunden* aus Sicht des kooperierenden Augenoptikunternehmens *höchste Bedeutung* beizumessen. Aufgrund der geringen Größe und der hohen wirtschaftlichen Bedeutung des Makrosegmentes der Top-Kunden scheint die individualisierte Betreuung im Sinne eines One-to-One-Marketing durch den Filialleiter gerechtfertigt.

3.3 Empirische Überprüfung der Mikrosegmentierungsebene

Im Rahmen der empirischen Überprüfung der Mikrosegmentierungsebene sollen die beiden Makrosegmente der *Mengenkunden* und der *Gehobenen Kunden* einer weiterführenden *Feinsegmentierung* unterzogen werden. Die Zielsetzung besteht darin, innerhalb der genannten Makrosegmente im Rahmen einer „ex post"-Analyse intern homogene und extern heterogene Untersegmente zu identifizieren. Angesichts der Anzahl der ausgewählten Segmentierungskriterien sind *multivariate Datenanalysemethoden* einzusetzen.[426] Innerhalb der Gruppe der mul-

---

426 Multivariate Datenanalysemethoden zeichnen sich durch den Vorzug aus, dass durch ihren Einsatz eine Vielzahl von Variablen, welche an unterschiedlichen Objekten gemessen wurden, simultan ausgewertet werden kann, vgl. Freter, Marktsegmentierung, S. 100. Grundsätzlich können die multivariaten Untersuchungsmethoden nach primär strukturenentdeckenden Verfahren und primär strukturprüfenden Verfahren unterschieden werden. Strukturenprüfende Verfahren werden dann eingesetzt, wenn der Anwender aufgrund von theoretischen bzw. sachlogischen Überlegungen bereits Vorstellungen über die Zusammenhänge zwischen den Variab-

tivariaten Analysemethoden dient die *Clusteranalyse* der Untersuchung einer heterogenen Gesamtheit von Objekten mit dem Ziel, homogene Teilmengen der Objektgesamtheit zu identifizieren. Allerdings sollen von den im Rahmen der theoretischen Abhandlung ausgewählten Segmentierungskriterien nur diejenigen in die Clusteranalyse einfließen, bei denen ein *signifikanter Zusammenhang mit dem Customer Lifetime Value* als monetärer Ausdruck des Kaufverhaltens nachgewiesen werden kann. Somit soll der Clusteranalyse eine *Regressions-* bzw. *Varianzanalyse* vorgeschaltet werden.

3.3.1 Auswahl kaufverhaltensrelevanter Segmentierungskriterien

Die Zielsetzung des nächsten Untersuchungsschrittes bestand in der *Überprüfung der Kaufverhaltensrelevanz* der vorläufig ausgewählten Segmentierungskriterien.[427] In diesem Zusammenhang wird der Customer Lifetime Value als Ausdruck des Kaufverhaltens interpretiert. Somit sind alle diejenigen der vorläufig ausgewählten Segmentierungskriterien als kaufverhaltensrelevant anzusehen, welchen auf Basis des empirischen Datensatzes durch Anwendung mathematisch-statistischer Analysemethoden ein *signifikanter Zusammenhang mit dem Customer Lifetime Value* nachgewiesen werden kann. Dazu wurde im Vorfeld der Clusteranalyse eine *explorative Zusammenhangsanalyse* durchgeführt. Die Stärke des Zusammenhangs der einzelnen Segmentierungskriterien im Hinblick auf den Customer Lifetime Value wurde mithilfe *regressions-* bzw. *varianzanalytischer Analyseverfahren* untersucht. Zu diesem Zweck wurde für die auf metrischem bzw. ordinalem Skalenniveau gemessenen Kriterien mithilfe der einfachen linearen Regression[428] das *Bestimmtheitsmaß R-Quadrat* als statistische

---

len besitzt und diese durch multivariate Verfahren überprüfen möchte. Zu den primär strukturenprüfenden Verfahren können die Regressionsanalyse, Varianzanalyse, Diskriminanzanalyse, Kontingenzanalyse, logistische Regression, Strukturgleichungsmodelle und das Conjoint Measurement gerechnet werden. Strukturentdeckende Verfahren kann der Anwender dann einsetzen, wenn er zu Beginn der Analyse noch keine Vorstellungen über die in einem Datensatz vorherrschenden Beziehungszusammenhänge hat. Zur Gruppe der primär strukturenentdeckenden Rechenverfahren sind die Faktorenanalyse, Clusteranalyse, Multidimensionale Skalierung, Korrespondenzanalyse und die neuronalen Netze zu rechnen, vgl. Backhaus et al., Multivariate Analysemethoden, S. 7 f.

427 Vgl. Kap. C 2.2.2, S. 95
428 Vgl. Kockläuner, G., Angewandte Regressionsanalyse mit SPSS, Braunschweig 1988, S. 18 ff. und Handl, A., Multivariate Analysemethoden, Theorie und Praxis multivariater Verfahren unter besonderer Berücksichtigung von S-PLUS, Berlin 2002, S. 193 f.

Kenngröße zur Messung der Stärke des linearen Zusammenhangs berechnet.[429] Dabei kann R-Quadrat Werte zwischen null und eins annehmen. Ist R-Quadrat gleich null, dann liegt kein linearer Zusammenhang vor, d. h. die jeweilige Größe hat keine Wirkung auf den Customer Lifetime Value. Läge für R-Quadrat der Wert von eins vor, so könnte der Customer Lifetime Value mit der betreffenden Einflussgröße vollständig erklärt werden. Je höher der R-Quadrat-Wert, desto stärker ist somit der Einfluss bzw. die Wirkung eines Kriteriums auf den Customer Lifetime Value. Um darüber hinaus die Richtung der Wirkung ermitteln zu können, wurde der R-Quadrat-Wert durch den *Korrelationskoeffizienten nach Pearson* ergänzt.[430] Ein negatives Vorzeichen des Korrelationskoeffizienten nach Pearson zeigt *einen gegenläufigen linearen Zusammenhang* mit dem Customer Lifetime Value an, während ein positives Vorzeichen auf einen *gleichläufigen linearen Zusammenhang* hindeutet.[431] Der Betrag des Korrelationskoeffizienten nach Pearson gibt Auskunft über die Stärke des vorliegenden Einflusses. Es liegt dann ein Einfluss des jeweiligen potenziellen Segmentierungskriteriums auf den Customer Lifetime Value vor, wenn das Signifikanzniveau unter 5,0 % liegt.

---

429 Vgl. Backhaus et al., Multivariate Analysemethoden, eine anwendungsorientierte Einführung S. 64 ff. und Sachs, L., Hedderich, J., Angewandte Statistik, Methodensammlung mit R, Berlin 2002, S. 565 sowie Kockläuner, G., Angewandte Regressionsanalyse mit SPSS, S. 25 f.

430 Vgl. Pflaumer, P., Heine, B., Hartung, J., Statistik für Wirtschafts- und Sozialwissenschaften: Deskriptive Statistik, München 2005, S. 115 ff.

431 Beispiel für einen gegenläufigen Zusammenhang: Je höher das Alter, desto geringer die Höhe des Customer Lifetime Value (vgl. Tabelle 6, Zeile 1, S. 109)

3 Empirische Überprüfung des konzipierten Segmentierungsansatzes

Einflussfaktor	R-Quadrat	Pearson-Korrelation	Signifikanz	Fallzahl
Alter	0,1330	-0,365	0,000	303
Kaufintervall Brille in Jahren	0,1009	-0,318	0,000	291
Anzahl Sonnenbrillen	0,0780	0,279	0,000	302
Anzahl Lesebrillen	0,0736	-0,271	0,000	302
Anzahl Fernbrillen	0,0657	0,256	0,000	302
Idealmarke: Angebot an Markenfassungen	0,0672	-0,259	0,000	290
Einstellung Brillen: Sex-Appeal	0,0562	-0,237	0,000	293
Idealmarke: Konservativer Kleidungsstil	0,0529	0,230	0,000	288
Höhe Fehlsichtigkeit	0,0508	0,225	0,000	266
Wellness: Konsumbereitschaft	0,0378	-0,195	0,001	293
Idealmarke: Kontaktlinsen-Kompetenz	0,0359	-0,190	0,001	287
Tragedauer in Stunden/Tag	0,0338	0,184	0,001	302
Anzahl Sportbrillen	0,0334	0,183	0,001	302
Idealmarke: Spezielle Sportbrillen	0,0337	-0,184	0,002	287
Einstellung Brillen: Aufwertung des Menschen	0,0309	-0,176	0,003	293
Wellness: Extreme Sonneneinstrahlung	0,0210	-0,145	0,013	290
Einstellung Brillen: Ich trage Brille gerne	0,0206	-0,143	0,014	293
Idealmarke: Preisgünstige Komplettangebote	0,0171	0,131	0,024	297
Putzhäufigkeit	0,0157	-0,125	0,030	302
Idealmarke: Ungestörte Ansicht des Fassungssortiment	0,0138	-0,117	0,045	292
Idealmarke: Beratung & Verkauf Terminabsprache	0,0135	0,116	0,046	295
Idealmarke: Farb-, Typ- und Stilberatung	0,0119	0,109	0,063	292
Wellness: Regelmäßige Investitionen	0,0104	-0,102	0,082	294
Idealmarke: Kleiner gastronomischer Bereich	0,0083	-0,091	0,124	286
Wellness: Wichtigkeit körperliche Fittness	0,0073	-0,085	0,145	294
Idealmarke: Gespräche persönliche Angelegenheiten	0,0071	0,085	0,150	292
Idealmarke: Aussagekräftige Schaufenstergestaltung	0,0064	0,080	0,175	291
Idealmarke: Übersichtliche, informative Homepage	0,0043	-0,066	0,263	290
Einstellung Brillen: gebildeter / intellektueller	0,0032	-0,056	0,335	295
Involvement: Wichtigkeit Brillenkauf	0,0031	-0,055	0,339	299
Idealmarke: Veranstaltungen	0,0030	-0,055	0,350	290
Anzahl Computerbrillen	0,0029	-0,054	0,354	302
Wellness: mind. 2 Std. Sport pro Woche	0,0019	-0,044	0,451	294
Idealmarke: Internetkauf	0,0012	-0,035	0,549	290
Einstellung Brillen: Kunstwerke	0,0010	-0,032	0,584	293
Wellness: Wichtigkeit gesunde Lebensweise	0,0004	-0,019	0,738	298
Wie viele Jahre tragen Sie bereits eine Brille bzw. Kor	0,0003	-0,017	0,769	302
Anzahl Gleitsichtbrillen	0,0002	-0,014	0,805	302
Idealmarke: Flexible Bezahlung	0,0000	-0,001	0,989	294

Tabelle 6: Regressionsanalytische Überprüfung potenzieller metrisch skalierter Segmentierungskriterien

So kann Tabelle 6 entnommen werden, dass das potenzielle Segmentierungskriterium Alter 13,30 % der Gesamtstreuung erklärt und damit einen vergleichsweise starken Einfluss auf die abhängige Variable CLV ausübt, während für die Idealmarkendimension Möglichkeit der flexiblen Bezahlung kein signifikanter Einfluss auf die Höhe des Customer Lifetime Values nachgewiesen werden kann. Insgesamt zeigen die vorliegenden Ergebnisse der Regressions- bzw. Korrelationsrechnung bei einer Irrtumswahrscheinlichkeit von maximal 5,0 % einen *signifikanten Zusammenhang* zwischen den *Segmentierungskriterien Alter, allgemeine Lebensgewohnheiten, Gebrauchsintensität, Brillenglasstärke, Einstellungen gegenüber Brillen, Idealmarke* und dem *Customer Lifetime Value*. Somit sind diese Segmentierungskriterien als kaufverhaltensrelevant anzusehen und entsprechen der Anforderung der Marktrelevanz in besonderer Weise.[432] Deshalb können diese Kriterien grundsätzlich im Rahmen der nachfolgenden Clusteranalyse eingesetzt werden.[433]

Für die auf nominalem Skalenniveau vorliegenden Merkmale ist die Verwendung der Regressionsanalyse als nicht sinnvoll zu erachten, da diesen Werten keine Metrik zugrunde liegt. Daher wurde in diesem Zusammenhang geprüft, ob sich die mittleren CLV-Werte der Merkmalskategorien signifikant voneinander unterscheiden. Für diesen Untersuchungszweck wurde die *einfaktorielle Varianzanalyse* eingesetzt.[434] Liegen statistisch signifikante Unterschiede zwischen den mittleren CLV-Werten vor, d. h. die berechnete Irrtumswahrscheinlichkeit ist kleiner als 5 %, dann ist für dieses Kriterium eine Wirkung auf den Customer Lifetime Value nachweisbar. Allerdings gibt die Signifikanz lediglich an, ob ein statistisch signifikanter Unterschied bzw. Zusammenhang vorliegt, während keine Aussage über die Stärke dieses Zusammenhangs getroffen wird. Daher wurde zusätzlich der *Eta-Koeffizient* bzw. das *Eta-Quadrat* errechnet.[435] Letztgenannter Wert gibt an, wie viel der Streuung des Customer Lifetime Value durch das jeweilige Kriterium erklärt werden kann.[436] Je höher der Wert von Eta-Quadrat sowie des Eta-Koeffizienten, desto stärker ist die Wirkung des jeweils betrachteten Segmentierungskriteriums auf den Customer Lifetime Value. So kann Tabelle 7 entnommen werden, dass die unabhängige Variable Nutzenaspekt Günstiger Preis 7,5 % der Streuung des CLV zu erklären vermag, während das potenzielle Segmentierungskriterium Wohnort keinen signifikanten Erklärungsbeitrag liefert.

---

432 Vgl. Kap. B 1, S. 21 f.
433 Vgl. Kap. C 3.3.2, Durchführung der Mikrosegmentierung, S. 112 f.
434 Vgl. Handl, A., Multivariate Analysemethoden, S. 293 ff. und Backhaus et al., Multivariate Analysemethoden, S. 122 ff. und Härdle, W., Simar, L., Applied Multivariate Statistical Analysis, Berlin 2007, S. 79 ff.
435 Eta-Quadrat ist mit dem Bestimmtheitsmaß R-Quadrat der linearen Regressionsanalyse vergleichbar. Vgl. zu Eta-Statistik in SPSS auch Backhaus et al., Multivariate Analysemethoden, S. 146 ff. sowie Bühl, A., SPSS 14, Einführung in die moderne Datenanalyse, 10. Aufl., München 2006, S. 427
436 Somit ist der Eta-Koeffizient mit dem Korrelationskoeffizient nach Pearson vergleichbar. Da den gemessenen Werten der Segmentierungskriterien keine Metrik zugrunde liegt, besitzt der Eta-Koeffizient kein Vorzeichen.

3 Empirische Überprüfung des konzipierten Segmentierungsansatzes

Einflussfaktor	Eta-Quadrat	Eta	Signifikanz
Nutzen Produkt: Günstiger Preis	0,0740	0,272	0,000
Kaufanlass: Neue modische Trends	0,0724	0,269	0,000
Kaufanlass: Lust auf etwas Neues	0,0723	0,269	0,000
Nutzen Produkt: Modisches Fassungsdesign	0,0710	0,267	0,000
Kaufanlass: Moderne, schöne Fassung	0,0719	0,268	0,000
Nutzen Produkt: Anmutung	0,0561	0,237	0,000
Kaufanlass: Nachlassen der Sehfähigkeit	0,0519	0,228	0,000
Nutzen Persönlichkeit: Lange Nutzungsdauer	0,0438	0,209	0,000
In welcher Situation ist Ihnen Ihre mangelnde Sehschärfe das erste Mal aufgefallen?	0,0786	0,280	0,001
Nutzen Persönlichkeit: Attraktives Aussehen	0,0335	0,183	0,001
Gekaufte Produkte: Kontaktlinsen	0,0331	0,182	0,002
Nutzen Persönlichkeit: Ausdruck Persönlichkeit	0,0292	0,171	0,003
Kaufanlass: Anregung von Menschen aus dem eigenen Umfeld	0,0234	0,153	0,008
Nutzen Persönlichkeit: Hoher Tragekomfort	0,0183	0,135	0,018
Nutzen Persönlichkeit: Aufbau von Respekt und Distanz	0,0096	0,098	0,089
Gekaufte Produkte: Hörgeräte	0,0092	0,096	0,098
Kaufanlass: Routine-Untersuchung Augenarzt	0,0038	0,062	0,288
Gekaufte Produkte: Korrektionsbrillen	0,0037	0,060	0,296
Nutzen Produkt: Geringes Gewicht	0,0033	0,058	0,317
Nutzen Produkt: Hohe Belastbarkeit	0,0032	0,057	0,323
Internetkauf: Brillenfassungen	0,0030	0,054	0,348
Gekaufte Produkte: Handelsware	0,0017	0,041	0,482
Kaufanlass: Alte Brille nicht mehr gefallen	0,0016	0,040	0,488
Kaufanlass: Alte Brille zerbrochen / verloren	0,0015	0,039	0,503
Internetkauf: Brillengläser	0,0014	0,038	0,519
Geschlecht	0,0009	0,029	0,612
Wohnort	0,0002	0,013	0,837

Tabelle 7: Varianzanalytische Überprüfung potenzieller metrisch skalierter Segmentierungskriterien

Insgesamt deuten die Ergebnisse der Varianzanalyse bzw. Korrelationsrechnung bei einer Irrtumswahrscheinlichkeit von maximal 5,0 % auf einen *signifikanten Zusammenhang* zwischen den gemessenen Dimensionen der potenziellen *Segmentierungskriterien Produktartwahl, Kaufanlass, Nutzenerwartungen* und der *Höhe des Customer Lifetime Value* hin. Zusammenfassend konnte durch den Einsatz der Regressions- und Varianzanalyse ein signifikanter Einfluss gemessener Teilaspekte der potenziellen Segmentierungskriterien

- Alter
- allgemeine Lebensgewohnheiten
- Gebrauchsintensität
- Brillenglasstärke
- Einstellungen gegenüber Brillen
- Idealmarke
- Produktartwahl
- Kaufanlass
- Nutzenerwartungen

auf das Kaufverhalten in der Augenoptikbranche nachgewiesen werden. Aufgrund der aufgezeigten mathematisch-statistischen Zusammenhänge sowie sachlogischer Überlegungen werden die Segmentierungskriterien der *allgemeinen Lebensgewohnheiten, Gebrauchsintensität, Einstellung gegenüber Brillen, Kaufanlass und Nutzenerwartungen* in die nachfolgende Clusteranalyse zur Identifizierung bedürfnishomogener Mikrosegmente einbezogen.[437] Dabei wurden einzelne Aspekte der ausgewählten Segmentierungskriterien vor Durchführung der Clusteranalyse in sinnvoller Weise verdichtet.[438]

3.3.2 Durchführung der Mikrosegmentierung

Die *Clusteranalyse* hat im Kontext der Marktsegmentierung inzwischen eine weite Verbreitung gefunden.[439] Sie ist zu den *strukturenentdeckenden Verfahren* zu rechnen und wird mit der *Zielsetzung der Gruppenbildung* eingesetzt.[440] So besteht die mithilfe der Clusteranalyse zu lösende Aufgabe stets darin, *homogene Teilmengen von Personen bzw. Objekten innerhalb einer heterogenen Objektgesamtheit zu identifizieren*.[441] Ein wesentliches Merkmal der Clusteranalyse besteht in der *simultanen Berücksichtigung aller ausgewählten Segmentierungskriterien* während des Gruppenbildungsprozesses. Als Fusionierungsmethode wur-

---

437 Die Messung der ausgewählten Segmentierungskriterien wurde z. T. auf unterschiedlichem Skalenniveau vorgenommen. Um die ausgewählten Segmentierungskriterien in die Clusteranalyse einbeziehen zu können, wurden diese in adäquater Weise einander angeglichen, vgl. Tabelle 31 im Anhang.

438 So erschien es aufgrund des Antwortverhaltens der Befragungspersonen sinnvoll, die insgesamt acht Anlässe zum Kauf einer neuen Brille auf die beiden Kategorien eigen initiiert (Motivation „Lust" auf neue modische Trends, etwas Neues usw.) und funktional initiiert (Motivation „Muss" in Form von subjektiv empfundenem nachlassendem Sehvermögen infolge veränderter Fehlsichtigkeit bzw. Brillenkauf nach Augenarztbesuch) zu reduzieren. Im Hinblick auf die produktbezogenen Nutzenaspekte wurden der Nutzen eines modischen Fassungsdesigns und der Nutzen einer hochwertigen Anmutung zum produktbezogenen Nutzen der „Ästhetik" zusammengefasst. Darüber hinaus erschien es bei der weiteren Feinsegmentierung des Makrosegmentes der Gehobenen Kunden sinnvoll, die beiden Nutzenaspekte attraktives Aussehen und Ausdruck der eigenen Persönlichkeit zum Nutzenaspekt „positive Eigenwirkung" zu verdichten, vgl. Tabelle 30 im Anhang

439 Vgl. Benkenstein, M., Entscheidungsorientiertes Marketing, S. 52

440 Vgl. Freter, H., Markt- und Kundensegmentierung, S. 208 ff., Backhaus et al., Multivariate Analysemethoden, S. 7 und S. 490 und Bacher, J., Clusteranalyse, eine anwendungsorientierte Einführung, München u. a., S. 1 sowie Handl, A., Multivariate Analysemethoden, S. 363

441 Die eingesetzte Software SPSS bietet mit der hierarchischen Clusteranalyse, der Clusterzentrenanalyse sowie der Two-Step-Clusteranalyse drei Wahlmöglichkeiten an. Die Entscheidung für das passende der drei Verfahren erfolgt nach der vorliegenden Problemstellung. Relevante Auswahlkriterien sind das vorhandene Skalenniveau, die gewünschte Vorgehensweise zur Bestimmung der Clusteranzahl, die vorliegende Fallzahl usw., vgl. Bühl, A., SPSS 14: Einführung in die moderne Datenanalyse, S. 521

de das *Ward-Verfahren*[442] und als Distanzmaß der quadrierte *Euklidische Abstand*[443] gewählt. Unter Berücksichtigung des „*Elbow-Kriteriums*" sowie dessen Ergänzung durch sachlogische Überlegungen erscheint sowohl für das Makrosegment der *Mengenkunden* als auch für das Makrosegment der *Gehobenen Kunden* eine *Drei-Cluster-Lösung* sinnvoll.[444]

---

442 Bei der Fusionierungsmethode des Ward-Verfahrens werden solche Gruppen zusammengefasst, welche ein vorgegebenes Heterogenitätsmaß am geringsten vergrößern. Somit ist das Ward-Verfahren darauf ausgerichtet, diejenigen Gruppen zu fusionieren, welche die Streuung innerhalb der Gruppe am wenigsten erhöht. Als Heterogenitätsmaß findet das Varianzkriterium, auch als Fehlerquadratsumme bezeichnet, Anwendung. Untersuchungen haben ergeben, dass das Ward-Verfahren im Vergleich zu alternativen Fusionierungsmethoden sehr gute Partitionen identifiziert und die einzelnen Elemente richtig zuordnet. Somit ist das Ward-Verfahren bei korrekter Anwendung als ein sehr gutes Fusionierungsverfahren anzusehen. Darüber hinaus neigt das Ward-Verfahren zur Bildung von etwa gleich großen Gruppen, vgl. Backhaus et al., Multivariate Analysemethoden, S. 522 und 528 und Bühl, A., SPSS 14, S. 543. In der Literatur findet sich die Empfehlung, das vorliegende Datenmaterial auf „Ausreißer" in Form verfälschend wirkender Extremwerte zu untersuchen, um diese vor Durchführung des Gruppierungsprozesses zu eliminieren, vgl. Backhaus et al., Multivariate Analysemethoden, S. 530. Gemäß dieser Empfehlung wurde der vorliegende Datensatz im Zuge einer der Clusteranalyse vorgeschalteten Datenexploration auf mögliche Extremwerte hin untersucht. Dabei wurden keine größeren Auffälligkeiten festgestellt, so dass die „natürliche Datenstruktur" der gezogenen Stichprobe in unveränderter Form erhalten werden konnte. Die Durchführung einer Clusteranalyse setzt „vollständige Datensätze" voraus. Daher wurden Fälle mit fehlenden Werten („Missing Values") aus dem Datensatz entfernt, vgl. Backhaus et al., Multivariate Analysemethoden, S. 554.

443 Die Gruppenbildung erfolgt im Rahmen der Clusteranalyse auf Grundlage einer Ähnlichkeits- bzw. Distanzmatrix der vorliegenden Fälle. In Abhängigkeit des vorhandenen Skalenniveaus der Variablen kann bei SPSS zwischen einer Reihe unterschiedlicher Ähnlichkeits- bzw. Distanzmaße gewählt werden. Der Euklidische Abstand misst die kürzeste Entfernung („Luftlinie") zwischen zwei Punkten, verstanden als Merkmalsausprägungen zweier Fälle im n-dimensionalen Raum. Beim Einsatz des Ward-Verfahrens als Fusionierungsmethode wird eine Kombination mit dem Distanzmaß des quadrierten Euklidischen Abstands empfohlen. Die Quadrierung des Euklidischen Abstands bewirkt eine stärkere Berücksichtigung großer Differenzen bei der Distanzberechnung, vgl. Bühl, SPSS 14, S. 537 f.

444 Alle agglomerativen Verfahren, zu denen u. a. auch das Ward-Verfahren zu rechnen ist, gehen von der feinsten Partition (jeder Fall bildet ein eigenes Cluster) aus und nähern sich der gröbstmöglichen Partition (alle Fälle in einem Cluster). Im Rahmen des Ward-Verfahrens ist der Fusionierungsalgorithmus an der Stelle abzubrechen, vor der die Fehlerquadratsumme sprunghaft ansteigt. Diese Entscheidungsregel wird in anschaulicher Weise auch als „Elbow-Kriterium" bezeichnet, vgl. Backhaus et al., Multivariate Analysemethoden, S. 534 ff. sowie Bühl, SPSS 14, S. 531. Als Entscheidungshilfe bzw. zur Visualisierung des „Elbow-Kriteriums" im vorliegenden Fall wurde die Heterogenitätsentwicklung, quantifiziert durch die Fehlerquadratsumme, gegen die zugehörige Clusteranzahl in einem Koordinatensystem abgetragen, vgl. Grafiken im Anhang, S. 165 f. In diesem Zusammenhang ist allerdings zu beachten, dass bei der Entscheidung über die zu wählende Clusteranzahl regelmäßig ein Konflikt zwischen der Homogenitätsanforderung an die zu bildenden Cluster und die praktische Handhabbarkeit der gewählten Clusterlösung entsteht. Bei der Ergänzung der statistischen Entscheidungsregeln durch sachlogische Überlegungen sollen sich diese lediglich auf die Anzahl der zu bildenden Cluster richten, wogegen inhaltliche Aspekte unterschiedlicher Clusterlösungen an dieser Stelle außer Acht bleiben sollen, vgl. Backhaus et al., Multivariate Analysemethoden, S. 536.

3.3.2.1 Bedürfnisorientierte Analyse der Kundengruppen im Makrosegment der Mengenkunden[445]

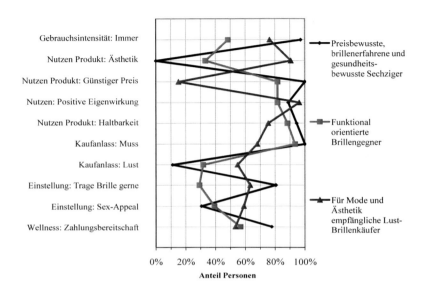

Grafik 13: Bedürfnisprofil der Mikrocluster im Makrosegment der Mengenkunden

Die Kunden aus *Cluster I* zeichnen sich durch eine *hohe Nutzungsintensität* aus. So tragen 94,4 % der Kunden dieses Clusters ihre Brille immer und 5,6 % täglich zwischen vier und acht Stunden. Produktbezogenen Nutzenaspekten wie einer *hochwertigen Anmutung* der Brille oder modischem Fassungsdesign kommt bei dieser Kundengruppe kaum Bedeutung zu, während ein *günstiger Preis der Brille* für alle Kunden dieses Clusters ein erstrebenswerter Nutzenaspekt ist. Daneben legen 83,3 % der Kunden dieses Clusters Wert auf ein *attraktives Aussehen*,

---

445 Zu einer bestmöglichen Darstellung der identifizierten Mikrocluster werden diese zunächst nach den gemessenen Ausprägungen der konstituierenden Segmentierungsmerkmale charakterisiert. Um ein möglichst lebensnahes Bild zu zeichnen, erfolgt jeweils im Anschluss daran eine Ergänzung durch Segmentierungskriterien deskriptiver Funktion. Dabei soll sich die Betrachtung im Rahmen des letztgenannten Arbeitsschrittes in erster Linie auf solche Aspekte richten, durch die sich das jeweils beschriebene Mikrocluster von den übrigen abhebt. Zur Unterscheidung zwischen konstituierenden und deskriptiven Segmentierungskriterien vgl. Fußnote Nr. 393.

während die Brille nur bei 16,7 % dem Ausdruck der eigenen Persönlichkeit dienen soll. 94,4 % dieser Kundengruppe legen Wert auf eine *lange Haltbarkeit der Brille*. Ein *Brillen-Neukauf* entspringt überwiegend *funktionalen Motiven*, während Aspekte wie Lust auf Abwechslung oder neue Brillenmode in diesem Segment eine relativ geringe Rolle spielen.[446] 77,8 % dieses Kundenclusters *tragen gerne Brille*. Dabei teilen nur 22,2 % die Auffassung, dass eine Brille einem Menschen Sex-Appeal verleihen kann. 83,4 % der Kunden dieses Clusters sind bereit, *etwas mehr Geld für Produkte auszugeben*, welche das eigene *Wohlbefinden steigern*. Die Kunden aus Cluster I weisen ein *Durchschnittsalter* von 60,6 Jahren auf. Somit sind diese Kunden im Vergleich mit den anderen beiden Mikroclustern des betrachteten Makrosegmentes im Schnitt rund 10 Jahre älter. 66,7 % der Personen aus Cluster I sind weiblich. Somit entspricht die *Männer-Frauen-Verteilung* ziemlich genau der Stichprobenstruktur. Ein vergleichsweise hoher Anteil von 66,7 % dieser Kundengruppe wohnt *außerhalb der Stadtgrenze*. Im Durchschnitt tragen sie bereits seit 21,3 Jahren eine Brille, was der *längsten gesamten Brillentragedauer* über alle Mikrocluster entspricht. Darüber hinaus zeichnet sich Cluster I durch einen *überdurchschnittlichen Besitz an Mehrstärken- und Lesebrillen* aus. So besitzen 55,6 % dieser Kunden eine Gleitsichtbrille und 27,8 % eine Lesebrille. Darüber hinaus besitzen 44,4 % der Kunden aus Cluster I eine *Sonnenbrille mit optischer Korrektionswirkung*. Auch dieser Anteil ist im Vergleich zu den übrigen Mikroclustern im Makrosegment der Mengenkunden als hoch einzustufen. Für 55,6 % bzw. 33,3 % der Kunden dieses Segments ist der *Brillenkauf sehr wichtig bzw. wichtig*. Auf die Frage nach der Vorstellung vom idealen Augenoptiker halten 44,4 % dieses Clusters *preisgünstige Brillenkomplettangebote* für sehr wichtig, 38,9 % für wichtig. 41,2 % dieser Kundengruppe legen einen sehr hohen Wert auf eine *Beratung nach Terminabsprache*. Ein überdurchschnittlicher Anteil dieses Kundensegments begrüßt das *Angebot von Getränken* während des Besuches im Geschäft. Dagegen legen diese Kunden wenig Wert auf die *Präsenz von Designerfassungen* im Sortiment. Für einen Anteil i. H. v. 29,4 % bzw. 17,6 % der Kunden von Cluster I nehmen *Gespräche über persönliche Angelegenheiten* einen sehr hohen bzw. hohen Stellenwert ein. Dagegen kommt einer *informativen Homepage* bzw. der *Möglichkeit eines Kaufes* von Brillenfassungen und Gläsern *über das Internet* in diesem Kundensegment eine sehr geringe Bedeutung zu. Die Kunden dieser Gruppe kaufen alle *4,2 Jahre* eine neue Brille. Somit weist diese Kundengruppe das *längste Wiederbeschaffungsintervall* über alle Mikrocluster auf. Der *durchschnittliche Customer Lifetime Value* dieses Kundenclusters beträgt *782 €*. Ver-

---

446 So haben 81,7 % der Kunden dieses Clusters die letzte Brille aufgrund nachlassender Sehfähigkeit gekauft. Nur 20 % dieser Kunden gaben an, eine neue Brille gekauft zu haben, weil das gegebene Modell nicht mehr gefiel.

glichen mit den anderen Mikroclustern ist dieser Wert als relativ niedrig anzusehen. Zusammenfassend wird *Cluster I* als das *Segment der preissensiblen, brillenerfahrenen und gesundheitsbewussten Sechziger* bezeichnet.

Im Gegensatz zu Cluster I zeichnen sich die Kunden aus *Cluster II* insgesamt durch eine *geringe Nutzungsintensität* aus. So liegt die tägliche Brillentragedauer bei 41,7 % dieser Kunden unter vier Stunden. 20 % der Kunden tragen ihre Brille täglich zwischen vier und acht Stunden. Nur 38,3 % tragen immer Brille. *Ästhetische Aspekte* der Brille spielen bei diesen Kunden eine geringe Rolle. So legen lediglich 28,3 % dieser Kunden Wert auf modisches Fassungsdesign und 6,7 % auf eine hochwertige Anmutung der Brille. Im Gegensatz dazu erfährt ein *günstiger Preis* bei 81,7 % dieses Segments Beachtung. Ein *attraktives Aussehen* erwarten 66,7 % dieser Kunden, während nur 25,0 % den Wunsch haben, die *eigene Persönlichkeit* durch eine Brille zu unterstreichen. Die *Langlebigkeit der Brille* ist für die Kunden dieses Segments ein wichtiger Aspekt. So legen 88,3 % der Kunden Wert auf eine lange Nutzungsdauer und 83,3 % auf eine hohe Belastbarkeit. Die *Motivation für den Kauf einer neuen Brille* wird bei Kunden dieses Clusters klar durch *funktionale Motive* dominiert. So besteht für 81,7 % der Kaufanlass in einer *nachlassenden Sehfähigkeit*, während nur 20,0 % angeben, dass ihnen die alte Brille nicht mehr gefallen habe. Nur 10,0 % der Kunden dieses Clusters geben an, *gerne Brille zu tragen,* und nur 20,0 % der Kunden dieses Segments sind der Meinung, dass die Brille einem Menschen *Sex-Appeal* verleihen kann. 45 % der Kunden dieses Segments sind bereit, *etwas mehr Geld für Produkte* auszugeben, welche das eigene *Wohlbefinden steigern.* Das *Durchschnittsalter* in Cluster II beträgt *49,1 Jahre.* 41,7 % der Personen aus Cluster II sind männlich. Dies entspricht dem *höchsten Männeranteil* über alle Mikrosegmente der Stichprobe. Durchschnittlich tragen diese Kunden *seit 16,1 Jahren* eine Brille, was die kürzeste jährliche Brillentragedauer über alle Mikrosegmente darstellt. Lediglich für einen Anteil von 25,4 % ist der *Brillenkauf sehr wichtig.*[447] Dies stellt den geringsten Wert über alle Mikrocluster dar. Betrachtet man den *Brillenbestand* dieser Kundengruppe, so fällt der größte Anteil des vorhandenen Brillenbestandes auf *Einstärkenbrillen* für die *Ferne.* Die Anteile für *Wechsel-, Sonnen-* und *Spezialbrillen* für besondere Einsatzzwecke wie EDV-Arbeit oder Sport fällt im Vergleich mit den übrigen Mikroclustern *sehr gering* aus. So besitzen 40,0 % des betrachteten Clusters *eine Fernbrille* und nur 15,0 % besitzen *zwei Fernbrillen* aktueller Sehstärke. Nur 21,7 % besitzen eine Gleitsichtbrille, 26,7 % eine Lesebrille und nur 13,3 % eine *Sonnenbrille mit optischer Korrektionswirkung.* Dies ist der niedrigste Wert im Vergleich über alle Mikrocluster. Nur 53,3 % der Kunden dieses Clusters *reinigen ihre Brille*

---

447 Zum Vergleich: In Cluster V beträgt der Anteil der Kunden, dem der Brillenkauf sehr wichtig ist, 71,4 %.

täglich, was ebenfalls dem niedrigsten Wert über alle Mikrocluster entspricht. Nur 8,3 % der Kunden dieses Clusters sind vollkommen überzeugt davon, dass *die richtige Brille einen Menschen aufwerten kann*. Auf die Frage nach der *Vorstellung vom idealen Augenoptiker* halten 27,1 % dieses Clusters *preisgünstige Brillenkomplettangebote* für sehr wichtig, 45,8 % für wichtig. 8,3 % halten die *Möglichkeit einer flexiblen Bezahlung* für sehr wichtig, 23,3 % für wichtig. Eine *informative Homepage* ist 5,0 % der Kunden dieses Clusters sehr wichtig und 21,7 % der Kunden wichtig. Der Großteil der Kunden dieses Clusters weist mit einem Anteil i. H. v. 85,2 % lediglich eine *leichte Fehlsichtigkeit* auf. Die Kunden dieses Clusters kaufen durchschnittlich *alle 3,7 Jahre* eine neue Brille. Der *durchschnittliche Customer Lifetime Value* dieser Kunden beträgt *780 €*. Dieser Wert ist im Vergleich zu den anderen Mikroclustern als *niedrig* anzusehen. Zusammenfassend wird das *Cluster II* als das *Segment der funktional orientierten Brillengegner* bezeichnet.

Die Kunden aus *Cluster III* weisen eine *relativ hohe Nutzungsintensität* auf. So tragen 67,9 % der Kunden dieses Clusters ihre Brille immer und 17,0 % täglich zwischen vier bis acht Stunden. Die *Ästhetik der Brille* besitzt bei diesen Kunden einen *hohen Stellenwert*. So legen 79,2 % dieser Kunden Wert auf ein *modisches Fassungsdesign* und 22,6 % auf eine *hochwertige Anmutung*, während der *Preis der Brille* bei diesen Kunden eher in den Hintergrund tritt. Lediglich 15,1 % dieses Kundensegments achten auf einen günstigen Brillenpreis. 78,8 % der Kunden dieses Clusters legen Wert auf ein *attraktives Aussehen*. Das Bedürfnis, die eigene *Persönlichkeit durch die Brille zu unterstreichen*, ist bei den Kunden des Clusters III im Vergleich mit Cluster I und II stärker ausgeprägt. So soll die Brille für einen Kundenanteil i. H. v. 40,4 % u. a. dem *Ausdruck der eigenen Persönlichkeit* dienen. Der Kundenanteil, welcher auf eine *lange Brillennutzungsdauer* Wert legt, fällt mit 76,9 % im Vergleich mit Cluster I und II geringer aus. Allerdings nimmt die *Belastbarkeit* der Brille für einen Anteil i. H. v. 83,0 % dieser Kundengruppe einen relativ hohen Stellenwert ein. Im Vergleich zu Cluster I und II spielen funktionale Motive beim *Brillen-Neukauf* eine vergleichsweise geringere Bedeutung, während Aspekte wie *Lust auf Abwechslung* oder *neue Brillenmode* in diesem Segment *deutlich stärker in den Vordergrund* treten. So haben 54,7 % aufgrund nachlassender Sehschärfe und 17,0 % aufgrund einer augenärztlichen Untersuchung eine neue Brille gekauft. Dagegen hatten 37,7 % der Kunden dieses Clusters Lust auf etwas Neues und 32,1 % dieser Kunden kauften sich eine neue Brille, weil ihnen das alte Modell nicht mehr gefiel. Bei 11,3 % der Kunden gaben neue Modetrends den Kaufausschlag. Der Kundenanteil, welcher *gerne Brille trägt*, ist in Cluster III mit 54,7 % vergleichsweise hoch. Darüber hinaus sind 52,8 % der Kunden in Cluster III davon überzeugt, dass eine Brille einem Menschen *Sex-Appeal verleihen kann*. Die *Ausgabebereitschaft für Wellness-Produkte* ist bei den Kunden dieses Clusters eher durchschnittlich ausgeprägt. So sind 39,6 % der Kunden bereit, *etwas mehr Geld für Produkte* auszugeben, welche das eigene *Wohlbefinden steigern*. Das *Durchschnittsalter* in Cluster III beträgt *49,2 Jahre*. *81,7 %* der Personen aus Cluster III sind *weiblich*. Dies entspricht dem *höchsten Frauenanteil* über alle Mikrosegmente der Stichprobe. 57,8 % dieser Kundengruppe haben ihren *Wohnsitz außerhalb des Stadtgebietes*. Durchschnittlich tragen diese Kunden bereits *seit 21,0 Jahren* eine Brille, was zusammen mit Cluster I der *längsten jährlichen Brillentragedauer* über alle Mikrosegmente entspricht. Für einen Anteil von *39,6 %* dieses Kundenclusters ist der *Brillenkauf sehr wichtig*, für *49,1 %* wichtig. 26,4 % dieser Kundengruppe besitzen *eine Fernbrille*, 24,5 % *zwei Fernbrillen*. Somit neigt das betrachtete Kundensegment zum *Mehrbrillenbesitz*. 22,6 % der Kunden besitzen *eine Gleitsichtbrille*, 24,5 % *eine Lesebrille* und 26,4 % *eine Sonnenbrille* mit optischer Wirkung. 5,7 % besitzen zudem eine *Sportbrille*. Dies entspricht dem höchsten Anteil innerhalb der Mikrocluster im Makrosegment der Mengenkunden. Ein relativ hoher Anteil von 75,5 % der Kunden dieses Clusters *reinigt ihre Brille täglich*. Auf die Frage nach dem idealen Augenoptiker ist für 40,4 % dieser Kundengruppe die Möglichkeit zur *ungestörten Begutachtung des Fassungssortimentes* sehr wichtig und für 30,8 % wichtig. Für 6,0 % dieser Kundengruppe ist das *Angebot von Sportbrillen* sehr wichtig, für 18,0 % wichtig. Dagegen halten 15,1 % der Kunden die Möglichkeit einer *flexiblen Bezahlung* für sehr wichtig, weitere 15,1 % für wichtig. 35,8 % dieser Kundengruppe *investieren regelmäßig in Wellness-Angebote* wie Sauna, Massagen, Ayurveda u. Ä. Dies entspricht dem höchsten Wert über alle Mikrosegmente innerhalb des Makrosegmentes der Mengenkunden. 75,0 % der Kunden dieses Clusters sehen in modernen Brillen *richtiggehende Kunstwerke*. Insgesamt 63,9 % teilen die Auffassung, dass eine Brille *manche Menschen aufwerte*. 70,8 % dieser Kundengruppe sind leicht, 25,0 % mittelstark fehlsichtig. Somit sind die Kunden dieses Clusters im Vergleich mit den anderen beiden Mikroclustern im Makrosegment der Mengenkunden vergleichsweise *höher fehlsichtig*. Die Kunden dieses Clusters kaufen durchschnittlich *alle 3,6 Jahre* eine neue Brille. Dies entspricht dem kürzesten Kaufintervall über alle Mikrocluster im Makrosegment der Mengenkunden. Der *durchschnittliche Customer Lifetime Value* dieser Kunden beträgt *1.011 €*. Dieser Wert ist der höchste über alle Mikrocluster im Makrosegment der Mengenkunden. Unter Berücksichtigung aller dargestellten Aspekte wird das Cluster III als *Segment der für Mode und Ästhetik empfänglichen Lust-Brillenkäufer* bezeichnet.[448]

---

448 Im Rahmen der Bezeichnung der identifizierten Mikrocluster wurde zwischen Muss-Brillenkäufern und Muss-Brillenträgern differenziert. Muss-Brillenkäufer tragen tendenziell gerne Brille, kaufen aber nur aus funktionalen Motivationslagen heraus eine neue Brille, während Muss-Brillenträger sowohl widerwillig Brille tragen als auch funktional induziert eine neue Brille kaufen.

Zusammenfassend gibt Tabelle 8 einen vergleichenden Überblick über die im Makrosegment der Mengenkunden identifizierten Mikrocluster.

Mikrocluster im Makrosegment Mengenkunden (N = 131)	Die preisbewussten, brillenerfahrenen und gesundheitsbewussten 60er (n = 18)	Die funktional orientierten Brillengegner (n = 60)	Die für Mode und Ästhetik empfänglichen Lust-Brillenkäufer (n = 53)
Durchschnittsalter	60,6 Jahre	49,1 Jahre	49,2 Jahre
Brillentragedauer	21,1 Jahre	16,1 Jahre	21,0 Jahre
Tägliche Tragedauer	Sehr hoch	Gering	Mittel
Verteilung Männer/ Frauen	Ausgewogen	Männer stärker vertreten	Frauen stärker vertreten
Einstellung zu Brillen	Neutral	Negativ	Positiv
Brillenkaufintervall	4,2 Jahre	3,7 Jahre	3,6 Jahre
Durchschnittliche Höhe CLV	782 €	780 €	1.011 €

Tabelle 8: Gegenüberstellung der Mikrocluster im Makrosegment der Mengenkunden

3.3.2.2 Bedürfnisorientierte Analyse der Kundengruppen im Makrosegment der Gehobenen Kunden

Im Makrosegment der Gehobenen Kunden zeichnen sich die Brillenträger in *Cluster IV* im Vergleich zu Cluster V und VI durch eine relativ *geringe Nutzungsintensität* aus. So wird die Brille nur von 61, 5 % dieser Kundengruppe immer und von 17,3 % täglich zwischen vier bis acht Stunden getragen. 21,2 % tragen täglich weniger als vier Stunden Brille. *Ästhetische Aspekte* der Brille sind bei diesen Kunden eher von nachrangiger Bedeutung. So legen 44,2 % dieser Kunden Wert auf *modisches Fassungsdesign* und nur 7,7 % sehen eine *hochwertige Anmutung* der Brille als erstrebenswert an. Im Gegensatz dazu legen 67,3 % der Kunden dieses Segments Wert auf einen *günstigen Preis*. Ein *attraktives Aussehen* ist 82,7 % dieser Kunden wichtig, während nur ein sehr geringer Teil i. H. v. 9,6 % bestrebt ist, die *eigene Persönlichkeit durch die Brille auszudrücken*. Im Vordergrund steht für die Kunden von Cluster IV die *Langlebigkeit* der Brille. So möchten alle Kunden dieses Segments ihre Brille lange tragen, was auch mit der Erwartung einer *hohen Belastbarkeit* (84,6 % der Kunden) korrespondiert. Die *Motivation für den Kauf einer neuen Brille* wird bei Kunden des

Clusters IV in hohem Maße durch *funktionale Motive* bestimmt. So besteht für 53,8 % der *Kaufanlass* in einer nachlassenden Sehfähigkeit, für einen vergleichsweise hohen Anteil i. H. v. 44,2 % in einer Augenarztdiagnose und für 21,1 % im Bruch der alten Brille. Dagegen geben nur 23,1 % der Kunden an, dass Lust auf Abwechslung bestanden, bzw. 21,2 %, dass die alte Brille nicht mehr gefallen habe. Nur 23,1 % der Kunden dieses Clusters *tragen gerne Brille*. Lediglich 28,9 % der Kunden dieses Segment sind der Meinung, dass die *Brille einem Menschen Sex-Appeal verleihen kann*. 48,1 % des betrachteten Kundensegmentes sind gerne bereit, *etwas mehr Geld für Produkte auszugeben*, welche das *eigene Wohlbefinden* steigern. Das *Durchschnittsalter* in Cluster IV beträgt *42,4 Jahre*. Somit ist diese Kundengruppe im Vergleich mit den anderen beiden Mikroclustern im Makrosegment der Gehobenen Kunden durchschnittlich um rund fünf bis sechs Jahre älter. *67,3 %* der Personen aus Cluster IV sind *weiblich*. Dies entspricht ziemlich genau der vorliegenden Stichprobenstruktur. 58,1 % dieser Kundengruppe haben ihren *Wohnsitz außerhalb des Stadtgebietes*. Durchschnittlich tragen diese Kunden bereits *seit 18,7 Jahren* eine Brille. Für einen Anteil von nur 38,5 % dieses Kundenclusters ist der *Brillenkauf sehr wichtig*. 38,5 % dieser Kundengruppe besitzen *eine Fernbrille*, 28,8 % *zwei Fernbrillen*. 9,6 % der Kunden besitzen eine, 15,4 % *zwei Gleitsichtbrillen* und 13,5 % *eine Lesebrille*. 40,4 % dieser Kundengruppe haben *eine Sonnenbrille* mit optischer Wirkung. 11,5 % besitzen zudem *eine Computerbrille*. Dies entspricht dem höchsten Anteil über alle Mikrocluster. Nur 55,8 % der Kunden dieses Clusters *reinigen ihre Brille täglich*, was dem niedrigsten Wert über alle Mikrocluster im Makrosegment der Gehobenen Kunden entspricht. 19,2 % dieses Kundenclusters ist die *Möglichkeit einer flexiblen Bezahlung* wie Brillen-Leasing, Ratenkauf usw. sehr wichtig. Dies entspricht dem höchsten Wert im Vergleich mit allen übrigen Mikroclustern. 65,2 % dieser Kunden sind *leicht*, 30,4 % *mittelstark fehlsichtig*. Die Kunden dieses Clusters kaufen durchschnittlich *alle 3,2 Jahre* eine neue Brille, was als das *längste Kaufintervall* über alle Mikrocluster im Makrosegment der Gehobenen Kunden anzusehen ist. Der *durchschnittliche Customer Lifetime Value* dieser Kunden beträgt *3.738 €*. Dieser Wert ist der niedrigste im Makrosegment der Gehobenen Kunden. Unter Berücksichtigung aller dargestellten Aspekte wird das Cluster IV *Segment der ökonomisch denkenden Muss-Brillenträger genannt*.

3 Empirische Überprüfung des konzipierten Segmentierungsansatzes 125

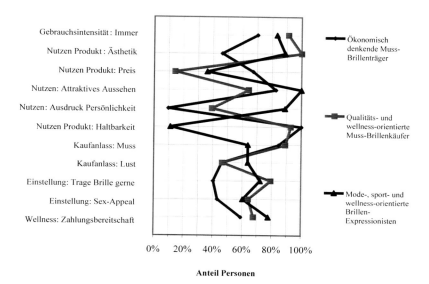

Grafik 14: Bedürfnisprofil der Mikrocluster im Makrosegment der Gehobenen Kunden

Die Kunden aus *Cluster V* weisen eine *hohe Nutzungsintensität* auf. So tragen 85,7 % der Kunden dieses Clusters ihre Brille *immer* und 10,6 % *zwischen vier und acht Stunden täglich*, während die Brille nur von einem kleinen Anteil i. H. v. 3,6 % weniger als vier Stunden pro Tag genutzt wird. Die *Ästhetik der Brille* besitzt bei diesen Kunden einen hohen Stellenwert. So legen 85,7 % Wert auf ein *modisches Fassungsdesign* und 25,0 % auf eine *hochwertige Anmutung,* während der *Preis der Brille* bei diesen Kunden klar in den Hintergrund tritt. So achtet lediglich ein Anteil i. H. v. 14,3 % dieses Kundensegments auf einen günstigen Brillenpreis. 82,7 % der Kunden dieses Clusters legen Wert auf ein *attraktives Aussehen.* Das Bedürfnis, die eigene Persönlichkeit durch die Brille auszudrücken, ist bei den Kunden des Clusters V im Vergleich mit Cluster IV und VI mittelmäßig stark ausgeprägt. So soll die Brille für einen Kundenanteil i. H. v. 39,3 % u. a. dem *Ausdruck der eigenen Persönlichkeit* dienen. Der Kundenanteil, welcher auf eine *lange Brillennutzungsdauer* Wert legt, fällt mit 92,9 % hoch aus. Ebenso nimmt die *Belastbarkeit* der Brille für einen Anteil i. H. v. 92,9 % dieser Kundengruppe einen hohen Stellenwert ein. Im Vergleich zu Cluster IV und VI *dominieren funktionale Motive beim Brillen-Neukauf,* während Aspekte wie *Lust auf Abwechslung* oder *neue Brillenmode* in diesem Segment zwar ebenfalls vorhanden sind, von der Bedeutung her aber doch nachgeordnet sind. In diesem Sinne haben 64,3 % aufgrund nachlassender Sehschärfe und 28,6 % aufgrund einer augenärztlichen Verordnung eine neue Brille gekauft. Die *überwiegende Mehrheit* mit einem Anteil i. H. v. 82,2 % in Cluster V *trägt gerne Brille*. Darüber hinaus sind 57,2 % der Kunden in Cluster V davon überzeugt, dass die richtige Brille einem Menschen *Sex-Appeal verleihen kann*. Die *Ausgabebereitschaft für Wellness-Produkte* ist bei den Kunden dieses Clusters überdurchschnittlich ausgeprägt. So sind 71,4 % der Kunden bereit, etwas mehr Geld für Produkte auszugeben, welche das eigene Wohlbefinden steigern. Das *Durchschnittsalter* in Cluster V beträgt *36,6 Jahre*. 39,3 % der Personen aus Cluster V sind *männlich*. Dies entspricht dem höchsten Männeranteil über alle Mikrosegmente der Gehobenen Kunden. 52,4 % dieser Kundengruppe haben ihren *Wohnsitz außerhalb des Stadtgebietes*. Durchschnittlich tragen diese Kunden bereits *seit 17,3 Jahren* eine Brille. Für einen Anteil von 71,4 % dieses Kundenclusters ist der *Brillenkauf sehr wichtig*. Dies entspricht dem höchsten Wert über alle Mikrocluster. 42,9 % dieser Kundengruppe besitzen *eine Fernbrille*, 25,0 % *zwei Fernbrillen*. 25,0 % der Kunden besitzen *eine* und 7,1 % *zwei Gleitsichtbrillen*. Somit neigt das betrachtete Kundensegment zum *Mehrbrillenbesitz*. 7,1 % dieses Clusters besitzen *eine Lesebrille* und 57,1 % *eine Sonnenbrille* mit optischer Wirkung, was dem höchsten Wert über alle Mikrocluster entspricht. 3,6 % verfügen über *eine Computer-* und 7,1 % über *eine Sportbrille*. 14,3 % der Kunden dieses Clusters halten das *Angebot spezieller Sportbrillen* für sehr wichtig, weitere 14,3 % für wichtig. Die Präsenz von Fassungen bekannter *Designer* im Sortiment des idealen Augenoptikers halten 14,3 % der Kunden dieses Clusters für sehr wichtig und 28,6 % für wichtig. 14,3 % dieser Kundengruppe halten das *Angebot von Sportbrillen* für sehr wichtig, was dem höchsten Wert über alle Mikrocluster entspricht. 55,6 % der Kunden legen einen sehr hohen Wert auf eine *Beratung nach Terminabsprache*. Ein überdurchschnittlicher Anteil dieser Kundengruppe schätzt das *Angebot von Getränken* während des Besuches im Geschäft. Im Vergleich zu den anderen Mikroclustern der Stichprobe legen die Kunden dieses Clusters einen überdurchschnittlichen Wert auf eine *informative und übersichtliche Homepage*. 10,7 % halten dies für sehr wichtig, 21,4 % für wichtig. 14,3 % dieser Kundengruppe könnten sich vorstellen, eine *Brillenfassung über das Internet zu kaufen*. Dies stellt den höchsten Wert über alle Cluster dar. 85 % dieses Clusters sehen moderne Brillen als regelrechte *Kunstwerke* an. 53,6 % dieser Kundengruppe investieren regelmäßig in *Wellness-Angebote*, 82,2 % legen Wert auf eine *gesunde Lebensweise* und 78,6 % legen Wert auf *körperliche Fitness*. 61,5 % dieser Kunden sind *leicht*, 30,8 % *mittelstark fehlsichtig*. Die Kunden dieses Clusters kaufen durchschnittlich *alle 2,7 Jahre* eine *neue Brille.* Der *durchschnittliche Customer Lifetime Value* dieser Kunden beträgt *4.612 €.* Dies ist der höchste Wert über alle Mikrocluster der vorliegenden Stichprobe. Unter Berücksichtigung aller dargestellten Aspekte wird Cluster V als das *Segment der qualitäts- und wellnessorientierten Muss-Brillenkäufer* bezeichnet.

Die Kunden aus *Cluster VI* weisen eine *hohe Nutzungsintensität* auf. So tragen 77,8 % der Kunden dieses Clusters ihre Brille *immer* und 11,1 % täglich *zwischen vier bis acht Stunden.* Weitere 11,1 % dieses Segments tragen ihre Brille *weniger als vier Stunden pro Tag.* Die *Ästhetik der Brille* besitzt bei diesen Kunden einen sehr hohen Stellenwert. So legen 88,9 % dieser Kunden Wert auf ein *modisches Fassungsdesign* und 27,8 % auf eine *hochwertige Anmutung,* während der *Preis der Brille* bei diesen Kunden eher in den Hintergrund tritt. Nur 36,1 % der Kunden dieses Clusters achten auf einen günstigen Brillenpreis. Dagegen legen alle Kunden dieses Clusters großen Wert auf ein *attraktives Aussehen.* Das Bedürfnis, die eigene *Persönlichkeit durch die Brille zu unterstreichen*, ist bei den Kunden des Clusters VI im Vergleich zu allen übrigen Mikroclustern *deutlich am stärksten ausgeprägt.* So soll die Brille für einen Kundenanteil i. H. v. 88,9 % dem *Ausdruck der eigenen Persönlichkeit* dienen. Dagegen legen diese Kunden kaum Wert auf eine *lange Nutzungsdauer* der Brille. Lediglich 11,1 % der Kunden des Clusters VI äußerten diese Präferenz. Ebenso nimmt die *Belastbarkeit* der Brille für einen Anteil i. H. v. 58,3 % dieser Kundengruppe im Vergleich mit den übrigen Mikroclustern einen eher *geringen Stellenwert* ein. Im Vergleich zu Cluster IV und V spielen funktionale *Anlässe beim Brillenkauf* eine vergleichsweise eher geringe Bedeutung, während Aspekte wie *Lust auf Abwechslung* oder *neue Brillenmode* in diesem Segment auffallend in den Vordergrund treten. So haben 52,8 % aufgrund nachlassender Sehschärfe und 27,8 % aufgrund einer augenärztlichen Untersuchung eine neue Brille gekauft, während 44,4 % Lust auf etwas Neues hatten und 33,3 % dieser Kunden kauften, da das gegebene Modell nicht mehr gefiel. Bei 16,7 % dieses Kundensegmentes gaben neue modische Trends den Kaufausschlag. Die Anzahl der Kunden, welche *gerne Brille tragen*, ist in Cluster VI mit 66,6 % relativ hoch. Darüber hinaus teilt die Mehrheit i. H. v. 55,5 % der Kunden in Cluster VI die Überzeugung, dass *die richtige Brille einem Menschen Sex-Appeal verleihen kann.* Die *Ausgabebereitschaft für Wellness-Produkte* ist bei den Kunden dieses Clusters deutlich überdurchschnittlich ausgeprägt. So sind 75,0 % der Kunden bereit, etwas mehr Geld für Produkte auszugeben, die das eigene Wohlbefinden steigern. Das *Durchschnittsalter* in Cluster VI beträgt *37,7 Jahre.* 72,2 % der Personen aus Cluster VI sind *weiblich.* Dies entspricht dem höchsten Frauenanteil über alle Mikrosegmente der gehobenen Kunden. 53,6 % dieser Kundengruppe haben ihren *Wohnsitz außerhalb des Stadtgebietes.* Durchschnittlich tragen diese Kunden bereits *seit 18,8 Jahren* eine Brille. Für einen Anteil von 55,6 % dieses Kundenclusters ist der *Brillenkauf sehr wichtig,* für 25,0 % *wichtig.* 27,8 % dieser Kundengruppe besitzen *eine Fernbrille* und 33,3 % *zwei Fernbrillen.* Somit neigt das betrachtete Kundensegment zum *Mehrbrillenbesitz.* 16,7 % der Kunden besitzen *eine Gleitsichtbrille* und 13,9 % *zwei Gleitsichtbrillen.* 11,1 % dieses Clusters haben *eine Lesebrille* und 52,8 % *eine Sonnenbrille* mit Korrektionswirkung, 8,3 % *zwei Sonnenbrillen* und 5,6 % drei Sonnenbrillen. 11,1 % besitzen zudem eine *Sportbrille.* Dies entspricht dem höchsten Anteil über alle Mikrocluster der Stichprobe. 77,8 % der Kunden dieses Clusters *reinigen ihre Brille täglich,* was dem höchsten Wert über alle Mikrocluster entspricht. 75 % dieser Kunden teilen die Meinung, dass eine moderne Brille *eine Art Kunstwerk* verkörpern kann. 63,9 % sind der Meinung, dass eine Brille *manche Menschen aufwertet.* Auf die Frage nach der *Vorstellung vom idealen Augenoptiker* zeigen die Kunden dieses Clusters u. a. eine relativ stark ausgeprägte Neigung zu exklusiven *Markenfassungen.* So ist es 19,4 % der Kunden sehr wichtig, dass der Augenoptiker Markenfassungen in seinem Sortiment führt. Weitere 22,2 % halten dies für wichtig. 47,2 % der Kunden dieses Clusters ist es sehr wichtig, das *Fassungssortiment* des Augenoptikers *ungestört begutachten* zu können, weiteren 36,1 % ist dies wichtig. 27,8 % dieser Gruppe kommunizieren mit dem Augenoptiker gerne über *persönliche Angelegenheiten.* Eine *Farb- und Stilberatung* ist 36,1 % der Kunden dieses Mikroclusters sehr wichtig. Dies entspricht dem höchsten Anteil über alle Cluster. Weiteren 30,6 % ist das Kriterium der Farb- und Stilberatung wichtig. 27,8 % dieser Kunden halten eine *hohe Kontaktlinsenkompetenz* des Augenoptikers für sehr wichtig, 11,1 % für wichtig. Dies entspricht den höchsten Anteilen über alle Mikrocluster. 33,3 % dieser Kundengruppe haben neben Korrektionsbrillen bereits *Kontaktlinsen* bei dem kooperierenden Augenoptikunternehmen gekauft. 57,1 % dieser Kunden investieren *regelmäßig* in *Wellness-Angebote* wie Sauna, Massagen, Ayurveda u. Ä. Dieser Wert entspricht dem höchsten über alle Mikrosegmente der vorliegenden Stichprobe. 61,1 % der Kunden dieses Clusters *treiben jede Woche mindestens zwei Stunden Sport,* was ebenfalls den höchsten Wert über alle Segmente darstellt. 11,1 % dieses Segmentes ist es sehr wichtig, dass der Augenoptiker *spezielle Sportbrillen* anbietet, weiteren 13,9 % ist dieses Kriterium wichtig. 44,8 % dieser Kundengruppe sind *leicht,* 48,3 % *mittelstark fehlsichtig.* Somit ist der Anteil der mittelstark Fehlsichtigen in diesem Segment relativ stark vertreten. Die Kunden dieses Clusters kaufen durchschnittlich *alle 2,6 Jahre* eine neue Brille. Dies entspricht dem kürzesten Kaufintervall über alle Mikrocluster der vorliegenden Stichprobe. Der *durchschnittliche Customer Lifetime Value* dieser Kunden beträgt *4.206 €.* Dieser Wert ist der zweithöchste über alle Mikrocluster. Unter Berücksichtigung aller dargestellten Aspekte wird das Cluster VI als *Segment der mode-, sport- und wellnessorientierten Brillen-Expressionisten bezeichnet.* Zusammenfassend gibt Tabelle 9 einen vergleichenden Überblick über die im Makrosegment der Gehobenen Kunden identifizierten Mikrocluster.

Mikrocluster im Makrosegment der Gehobenen Kunden (N = 116)	Die ökonomisch denkenden Muss-Brillenträger (n = 52)	Die qualitäts- und wellnessorientierten Muss-Brillenkäufer (n = 28)	Die mode-, sport-, und wellnessorientierten Brillen-Expressionisten (n = 36)
Durchschnittsalter	42,4 Jahre	36,6 Jahre	37,7 Jahre
Brillentragedauer	18,7 Jahre	17,3 Jahre	18,8 Jahre
Tägliche Tragedauer	Mittel	Sehr hoch	Hoch
Verteilung Männer/ Frauen	Ausgewogen	Männer stärker vertreten	Frauen stärker vertreten
Einstellung zu Brillen	Eher negativ	Positiv	Sehr positiv
Brillenkaufintervall	3,2 Jahre	2,7 Jahre	2,6 Jahre
Durchschnittliche Höhe CLV	3.738 €	4.612 €	4.206 €

Tabelle 9: Gegenüberstellung der Mikrocluster im Makrosegment der Gehobenen Kunden

3.3.3 Überprüfung der identifizierten Clusterlösung

Die *Homogenität der identifizierten Mikrocluster* kann durch den *F-Wert* überprüft werden. Je kleiner der F-Wert, desto geringer ist die Streuung der untersuchten Variable in dem betrachteten Mikrocluster im Vergleich zur Erhebungsgesamtheit.[449] Der F-Wert sollte den Wert eins nicht übersteigen. Anderenfalls weist die untersuchte Variable im betrachteten Mikrocluster eine größere Streuung auf als innerhalb der gesamten Stichprobe. Um den Homogenitätsgrad eines Mikroclusters zu ermitteln, muss der F-Wert für jedes konstituierend eingesetzte Segmentierungskriterium der betrachteten Mikrocluster errechnet werden. Ein Cluster wäre dann vollkommen homogen, wenn keiner der errechneten F-Werte oberhalb des Wertes eins läge.

---

449 Der F-Wert definiert sich als Quotient aus der Streuung einer Variable innerhalb eines Teilsegmentes und der Streuung derselben Variable innerhalb der gesamten Stichprobe, vgl. Backhaus et al., Multivariate Analysemethoden, S. 545

Segmentierungsvariable	clust1	clust2	clust3
Nutzen Produkt: Ästhetik	0,35	0,90	0,00
Nutzen Produkt: Günstiger Preis	0,53	0,62	0,00
Nutzen: Positive Eigenwirkung	0,36	1,49	1,02
Nutzen Produkt: Haltbarkeit	1,39	0,77	0,41
Kaufanlass: Muss	1,64	0,47	0,00
Kaufanlass: Lust	1,06	0,93	0,44
Einstellung: Trage gerne Brille	0,87	0,56	0,47
Einstellung: Sex-Appeal	0,82	0,89	1,01
Wellness: Zahlungsbereitschaft	0,87	1,09	0,45
Gebrauchsintensität: Immer	0,77	1,11	0,08
Homogenitätsgrad	70,0%	70,0%	80,0%

Tabelle 10: Homogenitätsanalyse der Mikrocluster im Makrosegment Mengenkunden

Tabelle 10 ist zu entnehmen, dass innerhalb des Mikroclusters I im Makrosegment der Mengenkunden die F-Werte der Segmentierungskriterien Nutzenaspekt Haltbarkeit, Kaufanlass Muss und Kaufanlass Lust den Wert eins übersteigen, während die übrigen errechneten F-Werte dieses Mikroclusters unterhalb dieser Grenze liegen. Somit weist Cluster I insgesamt einen *Homogenitätsgrad* von 70,0 % auf. Dieser Wert ist als vollkommen zufriedenstellend anzusehen. Ebenso weisen die Mikrocluster II und III im Makrosegment der Mengenkunden mit 70,0 % bzw. 80,0 % hinreichende Homogenitätsgrade auf.

Segmentierungsvariable	clust1	clust2	clust3
Nutzen Produkt: Ästhetik	0,00	1,26	0,50
Nutzen Produkt: Günstiger Preis	0,51	0,90	0,95
Nutzen: Attraktives Aussehen	1,72	1,06	0,00
Nutzen: Ausdruck Persönlichkeit	1,01	0,36	0,42
Nutzen Produkt: Haltbarkeit	0,33	0,00	0,49
Kaufanlass: Muss	0,60	0,80	1,43
Kaufanlass: Lust	1,02	1,01	0,94
Einstellung: Trage gerne Brille	0,49	0,90	0,61
Einstellung: Sex-Appeal	0,62	0,96	1,09
Wellness: Zahlungsbereitschaft	0,62	1,15	0,80
Gebrauchsintensität: Immer	0,43	1,29	0,87
Homogenitätsgrad	72,7%	54,5%	81,8%

Tabelle 11: Homogenitätsanalyse der Mikrocluster im Makrosegment Gehobene Kunden

Analog kann Tabelle 11 entnommen werden, dass auch die im Makrosegment der Gehobenen Kunden identifizierten Mikrocluster mit Homogenitätsgraden i. H. v. 72,7 %, 54,5 % und 81,8 % die Homogenitätsanforderung insgesamt gut erfüllen.

Zur Untersuchung der *Diskriminierungsbeiträge der einzelnen Segmentierungskriterien* kann eine *F-Statistik zur Varianzanalyse* genutzt werden: Je höher der *F-Wert*, desto größer die Trennungswirkung des betrachteten Segmentierungskriteriums.[450]

Segmentierungsvariable	F	Signifikanz
Nutzen Produkt: Günstiger Preis	66,067	0,000
Nutzen Produkt: Ästhetik	53,176	0,000
Einstellung: Trage gerne Brille	32,796	0,000
Gebrauchsintensität: Immer	13,770	0,000
Einstellung: Sex-Appeal	9,988	0,000
Kaufanlass: Muss	9,856	0,000
Wellness: Zahlungsbereitschaft	7,117	0,001
Kaufanlass: Lust	6,936	0,001
Nutzen: Positive Eigenwirkung	3,011	0,053
Nutzen Produkt: Haltbarkeit	2,624	0,076

Tabelle 12: Trennungswirkung der Segmentierungsvariablen im Segment Mengenkunden

So ist Tabelle 12 zu entnehmen, dass das Segmentierungskriterium Preis im Makrosegment der Mengenkunden den höchsten Trennungsbeitrag leistet, während das Segmentierungskriterium der Nutzenaspekte Ausdruck der eigenen Persönlichkeit sowie Haltbarkeit in diesem Makrosegment nur schwach diskriminieren, so dass deren Trennungswirkungen als nicht signifikant einzustufen sind. Weitere relativ stark trennende Segmentierungskriterien sind im Makrosegment der Mengenkunden die Einstellung zum Brilletragen sowie die tägliche Nutzungsdauer.

---

450 Vgl. Backhaus et al., Multivariate Analysemethoden, S. 552

Segmentierungsvariable	F	Signifikanz
Nutzen Produkt: Haltbarkeit	194,382	0,000
Nutzen: Ausdruck Persönlichkeit	51,258	0,000
Einstellung: Trage gerne Brille	24,280	0,000
Nutzen Produkt: Schönheit	22,951	0,000
Nutzen Produkt: Günstiger Preis	13,440	0,000
Nutzen: Attraktives Aussehen	8,216	0,000
Wellness: Zahlungsbereitschaft	6,135	0,003
Einstellung: Sex-Appeal	6,123	0,003
Kaufanlass: Muss	4,077	0,020
Gebrauchsintensität: Immer	3,504	0,033
Kaufanlass: Lust	1,548	0,217

Tabelle 13: Trennungswirkung der Segmentierungsvariablen im Segment Gehobene Kunden

In analoger Form zeigt Tabelle 13, dass im Segment der Gehobenen Kunden die Segmentierungskriterien der Nutzenaspekte Haltbarkeit sowie Ausdruck der eigenen Persönlichkeit die stärkste Trennungswirkung aufweisen, während der Trennungsbeitrag des Segmentierungskriteriums Kaufanlass Lust als nicht mehr signifikant einzustufen ist. Weitere relativ stark trennende Segmentierungskriterien sind im Makrosegment der Gehobenen Kunden die Einstellung zum Brilletragen, der produktbezogene Nutzenaspekt der Ästhetik sowie der produktbezogene Nutzenaspekt eines günstigen Brillenpreises.

Insgesamt geht aus den Tabellen 12 und 13 hervor, dass die beiden Makrosegmente der Mengenkunden und der Gehobenen Kunden vollkommen unterschiedliche Strukturen aufweisen. Allerdings fällt bei Betrachtung der trennschärfsten Segmentierungskriterien auf, dass die beiden obersten Ränge sowohl im Makrosegment der Mengenkunden als auch im Makrosegment der Gehobenen Kunden durch nutzenbasierte Segmentierungskriterien besetzt werden.[451]

---

451 Diese Struktur bestätigt Russel I. Haley, welcher sich bereits Ende der sechziger Jahre intensiv mit der Nutzensegmentierung befasste. Seiner Segmentierungsphilosophie lag die Auffassung zugrunde, dass die Nutzenaspekte, welche die Konsumenten im Konsum von Produkten suchten, als Basis zur Identifikation wahrer Marktsegmente anzusehen seien, vgl. Haley, R. I., Benefit Segmentation, S. 30

4 Zusammenfassende Darstellung und Beurteilung des zweistufigen Augenoptik-Segmentierungsansatzes

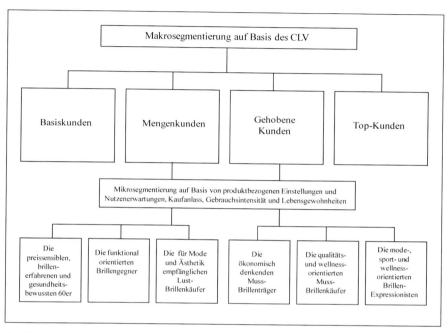

Grafik 15:   Zusammenfassende Darstellung des zweistufigen Augenoptik-Segmentierungsansatzes

Grafik 15 zeigt den empirisch überprüften Segmentierungsansatz im Gesamtüberblick. Nachfolgend soll der konzipierte Segmentierungsansatz auf Grundlage der in Kapitel B1 definierten Anforderungen einer kritischen Würdigung unterzogen werden.

Durch die starke Ausrichtung auf beobachtbare produktspezifische und nicht beobachtbare produktspezifische Segmentierungskriterien sowie deren Messung durch multidimensionale Einstellungsmodelle weist der konzipierte Augenoptik-Segmentierungsansatz insgesamt eine *gute Mess- und Operationalisierbarkeit* auf. Darüber hinaus wurde der Gruppe der nicht beobachtbaren, produktspezifischen Segmentierungskriterien im Rahmen der vorangegangenen Kriteriendiskussion eine ausgeprägte Kaufverhaltensrelevanz zugesprochen. Durch die hohe Gewichtung einstellungsrelevanter Aspekte wie nachfrageseitige Nutzenerwartungen und produktspezifische Einstellungen verfügt der Segmentierungsansatz über eine hohe

Aussagekraft im Hinblick auf die Gestaltung des Marketinginstrumentariums unter der Zielsetzung einer wirkungsvollen Marktbearbeitung. Durch die nach Implementierung des Segmentierungsansatzes in der Datenbank gespeicherte Segmentzugehörigkeit jedes einzelnen Kunden sowie die dem Augenoptiker vorliegenden Kundenkontaktdaten sind die einzelnen Kundensegmente für eine gezielte Marktbearbeitung beispielsweise in Form unterschiedlicher Direktmarketingaktionen gut erreichbar. Somit ist dem konzipierten Augenoptik-Segmentierungsansatz insgesamt eine *hohe Marktrelevanz* zuzusprechen. Aufgrund der relativ geringen Anzahl der identifizierten Mikrocluster und die infolgedessen zu erwartenden hohen Fallzahlen der einzelnen Segmente im gesamten Datenbestand des Augenoptikers ist mit hoher Wahrscheinlichkeit von einer positiven Rentabilität einer differenzierten Marktbearbeitung auszugehen. Darüber hinaus kann der Augenoptiker die Messwerte der beobachtbaren allgemeinen Segmentierungskriterien sowie der beobachtbaren produktspezifischen Kriterien unmittelbar aus der Kundendatenbank entnehmen. Durch den Einsatz multidimensionaler Einstellungsmodelle kann darüber hinaus der wirtschaftliche Aufwand zur Messung der nicht beobachtbaren produktspezifischen Segmentierungskriterien in Grenzen gehalten werden. Somit ist auch der Aspekt der *Wirtschaftlichkeit* des konzipierten Augenoptik-Segmentierungsansatzes als positiv zu beurteilen. Sämtliche im vorliegenden Segmentierungsansatz verarbeiteten Segmentierungskriterien weisen eine hohe zeitliche Stabilität auf. Dies gilt für die Gruppe der beobachtbaren allgemeinen, der nicht beobachtbaren produktspezifischen wie auch für die Gruppe der beobachtbaren produktspezifischen Segmentierungskriterien. Somit ist auch der Anforderungsaspekt der *zeitlichen Stabilität* als gut erfüllt anzusehen. Schließlich wurden im Rahmen der Kriteriendiskussion ausschließlich solche Kriterien ausgewählt, deren Relevanz im Hinblick auf einen Einsatz in der Augenoptikbranche positiv beurteilt wurde. Darüber hinaus erfolgte die Auswahl der Segmentierungskriterien nach der vermuteten Akzeptanz bzw. Handhabbarkeit durch das angestellte Kundenkontaktpersonal. Somit ist das Gütekriterium der *Praxistauglichkeit* im Hinblick auf den vorliegenden Segmentierungsansatz als sehr gut erfüllt anzusehen. Tabelle 14 zeigt das Beurteilungsergebnis im Überblick.

Anforderungen	Mess- und Operationalisierbarkeit	Marktrelevanz	Wirtschaftlichkeit	Zeitliche Stabilität	Praxis-Tauglichkeit
Beurteilung des Segmentierungsansatzes	+	++	+	+	++

Tabelle 14: Abschließende Beurteilung des Segmentierungsansatzes gemäß der in Kapitel B 1 definierten Anforderungen

D Vergleich des zweistufigen mit einem einstufigen Segmentierungsansatz

1 Zielsetzung und Konzeption einer vergleichenden Betrachtung

Durch die nachfolgende Betrachtung soll geprüft werden, ob die in Teil C dargestellte zweistufige Verfahrensweise durch eine einstufige Variante ersetzt werden kann. Dabei sollen im Zuge eines einstufigen mehrdimensionalen Segmentierungsansatzes wert- und bedürfnisorientierte Aspekte simultan berücksichtigt werden. Um die Makrosegmentierungsebene des zweistufigen Segmentierungsansatzes in eine einstufige Variante zu integrieren, sollen solche Kriterien zum Einsatz kommen, welche in einem signifikanten Zusammenhang mit dem Customer Lifetime Value stehen bzw. als Prädiktoren des CLV anzusehen sind. Darüber hinaus werden solche Kriterien in die Clusteranalyse einfließen, welche sich im Zuge der empirischen Überprüfung des zweistufigen Segmentierungsansatzes durch eine signifikante Trennungswirkung auszeichneten. Die Gesamtheit der ausgewählten Segmentierungskriterien wird dann der einstufigen Bildung wert- und bedürfnishomogener Kundengruppen dienen. Nach Darstellung der identifizierten Marktsegmente werden die Segmentpopulationen des zweistufigen und des einstufigen Segmentierungsansatzes miteinander verglichen, um die Ähnlichkeit bzw. Unähnlichkeit der beiden identifizierten Segmentierungslösungen zu beurteilen.

2 Empirische Überprüfung eines einstufigen Segmentierungsansatzes

2.1 *Auswahl der Segmentierungskriterien*

Um die Makrosegmentierungsebene des zweistufigen Segmentierungsansatzes zu ersetzen, werden für die nachfolgende Clusteranalyse solche Kriterien ausgewählt, welche in einem engen Zusammenhang mit dem Customer Lifetime Value stehen. Zu diesem Zweck wird durch eine *schrittweise multiple Regressionsanalyse* untersucht, welche der in Kapitel C 2.2.2 ausgewählten Segmentierungskriterien aufgrund des Datensatzes als *Prädiktoren des Customer Lifetime Value* anzusehen sind.[452] Dies ist dann gegeben, wenn ein signifikanter Zusammenhang zwischen dem jeweiligen Segmentierungskriterium und dem Customer Lifetime Value nachgewiesen werden kann.[453]

Einflussfaktor	B	Standardfehler	Beta	T	Signifikanz
Durchschnittspreis	1397,17	110,23	0,55	12,67	0,000
Korrektionsbrillenkäufe (letzten 10 Jahren)	364,58	49,95	0,30	7,30	0,000
Alter	-52,40	9,17	-0,27	-5,72	0,000
Einstellung Brillen: Aufwertung des Menschen	-333,11	102,34	-0,12	-3,25	0,001
Anzahl Gleitsichtbrillen	-597,42	185,21	-0,16	-3,23	0,001
Kaufanlass: Neue modische Trends	1343,96	417,63	0,12	3,22	0,001
Anzahl Sonnenbrillen	624,33	195,63	0,13	3,19	0,002
Idealmarke: Farb-, Typ- und Stilberatung	289,06	95,25	0,12	3,03	0,003
Kaufintervall Brille in Jahren	-183,30	67,23	-0,11	-2,73	0,007
Kaufanlass: Moderne, schöne Fassung	1010,35	388,72	0,10	2,60	0,010
Brillen- / Kontaktlinsenträger seit [Jahre]	-20,44	9,32	-0,09	-2,19	0,029

Tabelle 15: Signifikante Prädiktoren des Customer Lifetime Value

Tabelle 15 zeigt die Stärke des Einflusses der untersuchten Kriterien auf den CLV an. Dabei enthält die erste Spalte die Regressionskoeffizienten der unabhängigen Einflussfaktoren. In Spalte zwei finden sich die Standardfehler der Regressionskoeffizienten.[454] Spalte drei enthält die standardisierten Regressionskoeffizienten (Beta-Werte). Das Kriterium des Durchschnittspreises weist den höchsten Beta-Wert auf.[455] Daraus kann geschlossen werden, dass dieser den stärksten Einfluss auf die abhängige Variable ausübt. Entsprechend erreicht auch der T-Wert dieses Kriteriums den höchsten Wert. Im Ergebnis weist Spalte fünf einen signifikanten Einfluss des Durchschnittspreises auf den Customer Lifetime

---

452 Das primäre Einsatzgebiet der Regressionsanalyse besteht in der Untersuchung von Ursache-Wirkungs-Beziehungen. Dabei lässt sich die Beziehung zwischen einer abhängigen und einer unabhängigen Variable durch eine einfache Regressionsanalyse untersuchen. Dieses Analyseverfahren wurde zur Prüfung der Kaufverhaltensrelevanz der vorläufig ausgewählten Segmentierungskriterien im Rahmen der explorativen Zusammenhangsanalyse eingesetzt, vgl. Kap. C 3.3.1. Eine multiple Regressionsanalyse ist dann anzuwenden, wenn mehrere unabhängige Variablen auf eine abhängige Variable einwirken, vgl. Bortz, Statistik für Human- und Wirtschaftswissenschaftler, Heidelberg 2005, S. 181 ff. sowie S. 448 ff. So kann ein Verkaufsleiter prüfen, welche Relevanz die drei unabhängigen Variablen Preis, Werbeausgaben und Vertreterbesuche für die Erklärung der Absatzmenge eines Produktes besitzen, vgl. Backhaus et al., Multivariate Analysemethoden, S. 46 f. und S. 60 f. Auch die Höhe des Customer Lifetime Value hängt gleichzeitig von mehreren Einflussfaktoren ab. Somit ist im vorliegenden Fall eine multiple Regressionsanalyse anzuwenden.
453 Vgl. Backhaus et al., Multivariate Analysemethoden, S. 96 ff.
454 Die Standardfehler der Regressionskoeffizienten werden für die Errechnung der t-Werte und der Konfidenzintervalle der Koeffizienten benötigt, vgl. Backhaus et al., Multivariate Analysemethoden, S. 98.
455 Entscheidend für die Beurteilung der Stärke eines Einflussfaktors ist stets der absolute Betrag des Beta-Wertes. Dies gilt in analoger Form für die Interpretation des T-Wertes.

Value aus.[456] Weiterhin lässt sich beobachten, dass die statistischen Parameter der einzelnen Kriterien unterschiedliche Vorzeichen aufweisen. Dabei deutet ein positives Vorzeichen auf einen gleichläufigen, ein negatives Vorzeichen auf einen gegenläufigen Zusammenhang zwischen dem jeweiligen Einflussfaktor und dem Customer Lifetime Value hin.[457]

---

[456] Das jeweils untersuchte Kriterium ist dann als Prädiktor des Customer Lifetime Value anzusehen, wenn das Signifikanzniveau unter 0,05 (5,0 %) liegt.

[457] Dabei kann ein positives bzw. negatives Vorzeichen sowohl durch die vorliegende Codierung des Fragebogens als auch durch inhaltliche Zusammenhänge verursacht werden. Sollen die Ergebnisse aus Tabelle 15 detailliert interpretiert werden, so weist das Kriterium Durchschnittspreis (Kauf in Preisklassen) einen gleichläufigen Zusammenhang mit dem CLV auf: Mit jeder nächst höheren Preisklasse eines Kunden steigt der CLV um rund 1.397 €. Ebenso weist das Kriterium Anzahl an Korrekturbrillenkäufen (Loyalität) einen gleichläufigen Zusammenhang mit dem CLV auf: Mit jedem weiteren Korrekturbrillenkauf steigt der CLV um rund 365 € an. Liegt bei einem Kunden der Kaufanlass „Neue modische Trends" vor, so erhöht sich der CLV um rund 1.344 €. Analog steigt der CLV mit jeder im Brillenbestand eines Kunden vorhandenen Sonnenbrille um rund 624 €. Zur korrekten Interpretation der Wirkung des Einflussfaktors Wichtigkeit des Angebotes von Farb- und Stilberatung (Idealmarke) ist die vorliegende Codierung des Fragebogens zu berücksichtigen: Mit aufsteigendem Skalenwert (Bedeutung: Abnehmende Wichtigkeit des Kriteriums Farb- und Stilberatung aus Sicht der Befragungsperson) steigt der CLV um rund 289 € an. Dies bedeutet, dass Kunden, welche dem Angebot von Farb- und Stilberatung lediglich einen geringen Wert beimessen, tendenziell einen höheren Customer Lifetime Value aufweisen. Dieses zunächst weniger plausible Ergebnis lässt sich dadurch erklären, dass erfahrungsgemäß gerade Kunden mit einer geringeren Kauffähigkeit in stärkerem Maße Farb- und Stilberatung nachfragen, wogegen Kunden mit einer höheren Kauffähigkeit regelmäßig auf das eigene Beurteilungsvermögen vertrauen. Liegt der Kaufanlass „Moderne, schöne Fassung gesehen" vor, so steigt der CLV um rund 1.010 € an. Im Gegensatz zu den bisher erläuterten gleichläufigen Zusammenhängen weisen einige der signifikanten Prädiktoren des CLV gegenläufige Kausalitäten auf. So nimmt der CLV mit jedem zusätzlichen Lebensjahr eines Kunden um rund 52 € ab. Wie im Falle des Kriteriums Wichtigkeit Farb- und Stilberatung ist für die richtige Interpretation des Einflussfaktors Aufwertung des Menschen durch eine Brille (produktspezifische Einstellung) die Berücksichtigung der vorliegenden Codierung des Fragebogens ausschlaggebend: Mit aufsteigendem Skalenwert (Bedeutung: Abnehmende Richtigkeit des Statements „Eine Brille wertet manche Menschen auf" aus Sicht der Befragungsperson) sinkt der CLV um rund 333 €. Dies bedeutet, dass diejenigen Kunden, welche der Meinung sind, dass eine Brille manche Menschen aufwerte, tendenziell einen höheren Customer Lifetime Value aufweisen. Ebenso weist das Kriterium Bestand an Gleitsichtbrillen einen gegenläufigen Zusammenhang mit dem CLV auf: Mit jeder vorhandenen Gleitsichtbrille im Bestand eines Kunden sinkt dessen Customer Lifetime Value um rund 597 €. Angesichts der Tatsache, dass Gleitsichtbrillen erst in der zweiten Lebenshälfte benötigt werden und diese Kunden daher über eine vergleichsweise geringere Lebenserwartung verfügen, erscheint auch dieser Zusammenhang vollkommen plausibel. Schließlich weist das Kriterium Brillenkaufintervall in Jahren einen gegenläufigen und unmittelbar eingängigen Zusammenhang mit dem Customer Lifetime Value auf: Mit jeder Verlängerung des Brillenkaufintervalles um ein Jahr sinkt die Höhe des Customer Lifetime Values um rund 183 €. Bereits in den vorangegangenen Kapiteln C 3.2, S. 103 sowie C 3.2.2, S. 105 f. wurde der dominante Einfluss der Kriterien Lebensalter, Kaufintervall und Brillenkaufpreis bzw. Kundendeckungsbeitrag festgestellt. Somit

Als Ergebnis der empirischen Überprüfung der Kriterienauswahl sind alle in Tabelle 15 aufgelisteten Einflussfaktoren als signifikante Prädiktoren des Customer Lifetime Value anzusehen. Für die Gesamtheit dieser Einflussfaktoren errechnet sich ein *Bestimmtheitsmaß R^2* i. H. v. 0,616.[458] Somit erklären die aufgelisteten Einflussfaktoren mehr als 60,0 % der Streuung des Customer Lifetime Value. Dieser Wert ist angesichts der vorliegenden Marktuntersuchung sowie der starken Reduktion der Kriterienanzahl als relativ hoch einzustufen.

---

erscheint es unmittelbar einsichtig, dass die drei Kriterien Durchschnittspreis, Anzahl Korrektionsbrillenkäufe und Alter die stärksten Prädiktoren des Customer Lifetime Value darstellen, während die übrigen Kriterien im Hinblick auf ihre prognostischen Bedeutung deutlich dahinter zurücktreten, was an niedrigeren Beta- und T-Werten bzw. einem höheren Signifikanzniveau in Tabelle 15 abgelesen werden kann. Dabei liegen vielfältige indirekte Zusammenhänge vor. So ist es beispielsweise unmittelbar einsichtig, dass der CLV mit jeder zusätzlichen Gleitsichtbrille im Brillenbestand eines Kunden sinkt, da sich der Kunde mit jedem weiteren Kauf weiter von der Lebensmitte entfernt bzw. seine verbleibende Lebenszeit abnimmt, weshalb auch die Höhe seines CLV sinken muss. Ein ähnlicher Zusammenhang ist im Hinblick auf das Kriterium der Brillentragedauer in Jahren zu unterstellen. Dagegen werden Sonnenbrillen mit Korrektionswirkung von Kunden jeden Lebensalters gekauft. Sonnenbrillenkäufe sind als Ergänzungskäufe anzusehen, welche die Anzahl der von einem Kunden gekauften Brillen erhöhen bzw. das Brillenkaufintervall verkürzen. Somit muss ein positiver Zusammenhang auf den CLV vorliegen. Ebenso erscheint es vollkommen plausibel, dass eine positive Einstellung zu Brillen bzw. ein Interesse an Brillenmode und neuen Brillenfassungen mit häufigeren Brillenkäufen einhergehen und somit das Brillenkaufintervall eines Kunden verkürzen, wodurch die Höhe des Customer Lifetime Values positiv beeinflusst wird.

458 Das Bestimmtheitsmaß R2 stellt ein globales Gütemaß der Regressionsfunktion dar, dessen Wertebereich zwischen null und eins liegt. Der Wert fällt umso größer aus, je höher der Anteil der erklärten Streuung an der Gesamtstreuung ist. Zur detaillierten Definition des Bestimmtheitsmaßes vgl. Schlittgen, Einführung in die Statistik, Analyse und Modellierung von Daten, München u. a. 2003, S. 420 ff. sowie Backhaus et al., Multivariate Analysemethoden, S. 64 ff.

Für die Kriterien Geschlecht, Wohnort, allgemeine Lebensgewohnheiten, Produktartwahl, Brillenglasstärke, Einkaufsstättenwahl, produktspezifische Lebensgewohnheiten, Nutzenerwartungen und Involvement konnte hingegen kein signifikanter Zusammenhang im Hinblick auf die Prognose des Customer Lifetime Value nachgewiesen werden. Eine detaillierte Aufstellung der einzelnen Kriterien ohne signifikante Prädiktoreigenschaft ist Tabelle 16 zu entnehmen.[459]

---

[459] Die Ursache des schwachen Zusammenhanges zwischen den einzelnen Einflussfaktoren aus Tabelle 11 und dem CLV ist darin zu sehen, dass diese Einflussfaktoren auf Grundlage des vorliegenden Datensatzes offenbar lediglich in einer entfernten Kausalbeziehung mit den wesentlichen Determinanten des CLV wie Brillendurchschnittspreis, Anzahl Brillenkäufe und Lebensalter stehen. Abschließend ist die Aussagekraft des vorliegenden Datensatzes vor dem Hintergrund der durchgeführten „Face-to-Face-Umfrage" kritisch zu hinterfragen. So wird die Interviewsituation einerseits durch die soziale Interaktion von Interviewer und Befragtem geprägt. Bei der persönlichen Befragung treffen in den meisten Fällen zwei fremde Menschen aufeinander, wobei der Ablauf der Kommunikation in hohem Maße durch den Interviewer bestimmt wird. Bereits durch diese Einseitigkeit unterscheidet sich eine Face-to-Face-Umfrage stark von alltäglicher Kommunikation. Darüber hinaus können sich die wahrnehmbaren sozialen Merkmale sowohl des Interviewers als auch des Befragten verfälschend auswirken. In diesem Zusammenhang sind Geschlecht, Alter, soziale Schicht, Herkunft, äußeres Erscheinungsbild, Bildungsgrad, Auftreten und Gebaren sowie Sprache bzw. Dialekt zu nennen. Durch das Zusammenspiel dieser Merkmale kann bereits vor Gesprächsbeginn bei den Interviewpartnern ein bestimmtes Bild vom Anderen entstehen, welches mit gewissen Mutmaßungen bezüglich dessen Einstellungen, Werthaltungen, Lebensgewohnheiten usw. einhergehen und bewusst oder unbewusst zu Anpassungsmechanismen führen können. Darüber hinaus können die Befragungsergebnisse durch situative Faktoren bzw. das Befragungsumfeld in unerwünschter Weise beeinflusst werden. So können sich der Befragungszeitpunkt, der Befragungsort, die Anwesenheit Dritter sowie die Länge des Interviews auf das Befragungsergebnis auswirken. Schließlich kann das Befragungsergebnis durch ein nachlassendes Arbeitsethos oder auch eine mangelnde Qualifikation der Interviewer in negativer Weise beeinflusst werden, vgl. Berekoven, L., Eckert, W., Ellenrieder, P., Marktforschung, methodische Grundlagen und praktische Anwendung, 11. Aufl., Wiesbaden 2006, S. 104 ff. und Bücker, R., Statistik für Wirtschaftswissenschaftler, 5. Aufl., München 2003, S. 18. Im Falle der vorliegenden Befragung wurde durch einen vorteilhaft gestalteten Fragebogen versucht, den oben beschriebenen sozialen Interaktionsprozess möglichst ergebnisneutral zu gestalten. Darüber hinaus wurden die an der Befragung beteiligten Interviewer sorgfältig ausgewählt und durch eine intensive Schulung gut auf die Durchführung der Befragung vorbereitet. Ergänzend wurden den Interviewern detaillierte schriftliche Intervieweranweisungen ausgehändigt. Somit ist der vorliegende Datensatz als aussagekräftig einzustufen. Dies gilt gerade angesichts der Tatsache, dass die erhobenen Marktforschungsdaten eine inhaltlich logische Struktur aufweisen.

Einflussfaktor	T	Signifikanz
Wellness: Mind. 2 Std. Sport pro Woche	1,807	0,072
Anzahl Lesebrillen	-1,665	0,097
Kaufanlass: Alte Brille zerbrochen / verloren	-1,613	0,108
Gekaufte Produkte: Handelsware	-1,568	0,118
Idealmarke: Angebot an Markenfassungen	-1,553	0,122
Höhe Fehlsichtigkeit	1,455	0,147
Kaufanlass: Routine-Untersuchung Augenarzt	1,445	0,150
Idealmarke: Beratung & Verkauf Terminabsprache	1,375	0,170
Gekaufte Produkte: Hörgeräte	1,207	0,228
Kaufanlass: Alte Brille nicht mehr gefallen	-1,109	0,268
Einstellung Brillen: Gebildeter / intellektueller	1,100	0,272
Nutzen Persönlichkeit: Eigene Persönlichkeit	-1,075	0,283
Idealmarke: Preisgünstige Komplettangebote	-1,028	0,305
Gekaufte Produkte: Kontaktlinsen	-1,013	0,312
Wellness: Wichtigkeit gesunde Lebensweise	-0,966	0,335
Wohnort	-0,946	0,345
Anzahl Sportbrillen	0,940	0,348
Einstellung Brillen: Ich trage Brille gerne	0,931	0,353
Nutzen Produkt: Modisches Fassungsdesign	-0,892	0,373
Idealmarke: Aussagekräftige Schaufenstergestaltung	-0,841	0,401
Anzahl Computerbrillen	-0,807	0,420
Wellness: Mittelwertscore	0,804	0,422
Internetkauf: Brillenfassungen	-0,779	0,436
Nutzen Persönlichkeit: Respekt und Distanz	0,744	0,457
Nutzen Produkt: Gewicht	0,711	0,478
Idealmarke: Kontaktlinsenkompetenz	-0,685	0,494
Idealmarke: Kleiner gastronomischer Bereich	-0,653	0,514
Anzahl Fernbrillen	0,615	0,539
Wellness: Regelmäßige Investitionen	0,598	0,550
Idealmarke: Ungestörte Ansicht des Fassungssortiments	-0,579	0,563
Idealmarke: Spezielle Sportbrillen	-0,551	0,582
Idealmarke: Übersichtliche, informative Homepage	0,427	0,670
Wellness: Wichtigkeit körperliche Fittness	0,415	0,679
Kaufanlass: Lust auf etwas Neues	0,387	0,699
Idealmarke: Veranstaltungen	0,380	0,704
Idealmarke: Internetkauf	0,376	0,708
Kaufanlass: Anregung von Menschen aus dem eigenen Umfeld	0,362	0,717
Nutzen Produkt: Preis	0,334	0,739
Einstellung Brillen: Sex-Appeal	0,320	0,749
Wellness: Extreme Sonneneinstrahlung	-0,311	0,756
Nutzen Persönlichkeit: Tragekomfort	0,282	0,778
Kaufanlass: Nachlassen der Sehfähigkeit	-0,223	0,823
Tragedauer in Stunden/Tag	0,193	0,847
Geschlecht	-0,189	0,850
Internetkauf: Brillengläser	0,174	0,862
Idealmarke: Konservativer Kleidungsstil	0,142	0,887
Idealmarke: Gespräche persönliche Angelegenheiten	-0,141	0,888
Nutzen Persönlichkeit: Aussehen	0,112	0,911
Involvement: Wichtigkeit Brillenkauf	0,090	0,929
Wellness: Konsumbereitschaft	-0,089	0,929
Nutzen Persönlichkeit: Nutzungsdauer	-0,082	0,934
Putzhäufigkeit	0,065	0,948
Gekaufte Produkte: Korrektionsbrillen	-0,065	0,948
Idealmarke: Flexible Bezahlung	-0,053	0,958
Einstellung Brillen: Kunstwerke	-0,037	0,970
Nutzen Produkt: Anmutung	0,017	0,986
Nutzen Produkt: Belastbarkeit	-0,012	0,990

Tabelle 16: Nicht signifikante Prädiktoren des Customer Lifetime Value

Über die CLV-relevanten Kriterien hinaus sollen jene Segmentierungskriterien in die nachfolgende Clusteranalyse einfließen, welche im Zuge des vorangehend dargestellten Segmentierungsansatzes auf der Mikroebene einen signifikanten Trennungsbeitrag aufwiesen.

Segmentierungsvariable	F	Signifikanz
Nutzen Produkt: Günstiger Preis	66,067	0,000
Nutzen Produkt: Ästhetik	53,176	0,000
Einstellung: Trage gerne Brille	32,796	0,000
Gebrauchsintensität: Immer	13,770	0,000
Einstellung: Sex-Appeal	9,988	0,000
Kaufanlass: Muss	9,856	0,000
Wellness: Zahlungsbereitschaft	7,117	0,001
Kaufanlass: Lust	6,936	0,001
Nutzen: Positive Eigenwirkung	3,011	0,053
Nutzen Produkt: Haltbarkeit	2.624	0.076

Tabelle 17: Trennungswirkung der Segmentierungsvariablen im Segment Mengenkunden

So kann den Tabellen 17 und 18 entnommen werden, welche Aspekte der auf der Mikrosegmentierungsebene im Rahmen des empirisch überprüften zweistufigen Segmentierungsansatzes eingesetzten Kriterien im Segment der Mengen- bzw. Gehobenen Kunden eine signifikante Trennung der einzelnen Mikrocluster verursachten.

Segmentierungsvariable	F	Signifikanz
Nutzen Produkt: Haltbarkeit	194,382	0,000
Nutzen: Ausdruck Persönlichkeit	51,258	0,000
Einstellung: Trage gerne Brille	24,280	0,000
Nutzen Produkt: Schönheit	22,951	0,000
Nutzen Produkt: Günstiger Preis	13,440	0,000
Nutzen: Attraktives Aussehen	8,216	0,000
Wellness: Zahlungsbereitschaft	6,135	0,003
Einstellung: Sex-Appeal	6,123	0,003
Kaufanlass: Muss	4,077	0,020
Gebrauchsintensität: Immer	3,504	0,033
Kaufanlass: Lust	1,548	0,217

Tabelle 18: Trennungswirkung der Segmentierungsvariablen im Segment Gehobene Kunden

Den Tabellen 17 und 18 ist zu entnehmen, dass sämtliche dargestellten Segmentierungskriterien entweder im Makrosegment der Mengenkunden oder im Makrosegment der Gehobenen Kunden eine signifikante Trennungsleistung aufwiesen. Somit fließen sowohl die in Tabelle 15 als auch die in den Tabellen 17 und 18 aufgelisteten Messaspekte der Segmentierungskriterien in die nachfolgende Clusteranalyse ein.[460] Zusammenfassend zeigt Tabelle 19 eine vergleichende Gegenüberstellung der für den zwei- und einstufigen Augenoptik-Segmentierungsansatz ausgewählten Segmentierungskriterien.

Aktive Segmentierungskriterien	Zweistufiger Segmentierungsansatz	Einstufiger Segmentierungsansatz	
Customer Lifetime Value (Makrosegmentierungsebene)	x		
Lebensalter		x	⎫
Gebrauchsintensität	x	x	⎪
Kauf in Preisklassen		x	⎪
Kundenloyalität		x	⎬ CLV-relevant
Kaufanlass	x	x	⎪
Produktspezifische Einstellungen:			⎪
Einstellung gegenüber Brillen	x	x	⎪
Idealmarke		x	⎭
Nutzenerwartungen	x	x	
Allgemeine Lebensgewohnheiten	x	x	

Tabelle 19: Vergleichende Gegenüberstellung der segment-konstituierenden Kriterien des zweistufigen und des einstufigen Augenoptik-Segmentierungsansatzes

Im Unterschied zum zweistufigen Segmentierungsansatz kommen im Rahmen der einstufigen Variante zusätzlich die vier Segmentierungskriterien Lebensalter, Kauf in Preisklassen, Kundenloyalität und Idealmarke zum Einsatz.

Die auf dem Customer Lifetime Value basierende Makrosegmentierungsebene des zweistufigen Segmentierungsansatzes wurde im Rahmen der einstufigen Variante durch die CLV-relevanten Segmentierungskriterien Lebensalter,

---

460 Die Konzeption der Clusteranalyse erfolgt nach identischem Muster, um die Vergleichbarkeit des zweistufigen mit dem einstufigen Segmentierungsverfahren zu gewährleisten, vgl. Kap. C 3.3.2, S. 112 f.

Gebrauchsintensität, Kauf in Preisklassen, Kundenloyalität, Kaufanlass, Einstellungen gegenüber Brillen und Idealmarke ersetzt. Das Elbow-Kriterium deutete für den Fall des einstufigen Augenoptik-Segmentierungsansatzes auf eine Fünf-Cluster-Lösung hin.[461]

2.2 Wert- und bedürfnisorientierte Analyse der Kundengruppen

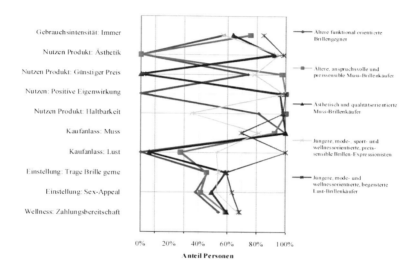

Grafik 16: Bedürfnisprofil der Cluster des einstufigen Segmentierungsansatzes

Die Kunden aus *Cluster I* zeichnen sich durch eine *mittlere Nutzungsintensität* aus. So tragen 44,4 % der Kunden dieses Clusters ihre Brille immer und 25,9 % täglich zwischen vier und acht Stunden. 29,6 % der Kunden aus Cluster I tragen täglich weniger als vier Stunden Brille. Nutzenaspekten wie einer hochwertigen Anmutung der Brille, modischem Fassungsdesign sowie dem Ausdruck der eigenen Persönlichkeit durch die Brille kommen bei dieser Kundengruppe keine Bedeutung zu, während *funktionale Aspekte klar im Vordergrund* stehen. So legen 88,0 % dieses Clusters Wert auf eine *lange Haltbarkeit*, 84,0 % auf einen *hohen Tragekomfort* der Brille. Eine *hohe Belastbarkeit*, ein *geringes Gewicht*

---

461 Vgl. Grafik Nr. 20 im Anhang

und ein *günstiger Preis* stellen weitere wichtige Nutzenaspekte dieser Kundengruppe dar. Ein *Brillen-Neukauf* entspringt ausschließlich *funktionalen Motiven* wie nachlassender Sehfähigkeit (92,6 %) oder Routine-Untersuchung durch den Augenarzt, während Aspekte wie Lust auf Abwechslung oder neue Brillenmode in diesem Segment so gut wie keine Rolle spielen. Nur eine Minderheit der Kunden aus Cluster I trägt *gerne* Brille. Lediglich 29,6 % stimmen der Aussage zu, dass eine Brille einem Menschen *Sex-Appeal* verleihen kann. Nur rund die Hälfte dieser Kundengruppe ist der Meinung, dass eine Brille *manche Menschen aufwertet*. 70,3 % der Kunden aus Cluster I legen großen bzw. sehr großen Wert auf *günstige Brillenkomplettangebote* des Augenoptikers. 50,0 % dieser Kunden halten die Möglichkeit einer *flexiblen Bezahlung* für wichtig bzw. sehr wichtig. Für 38,5 % dieser Kunden ist es wichtig bzw. sehr wichtig, mit dem Augenoptiker auch über *persönliche Angelegenheiten* sprechen zu können. Nur 37,0 % der Kunden dieses Clusters sind bereit, *etwas mehr Geld für Produkte auszugeben*, welche das eigene *Wohlbefinden steigern*. Die Kunden aus Cluster I weisen einen überdurchschnittlichen Besitz an *Lesebrillen* und einen sehr niedrigen Besitz an *Sonnenbrillen* mit Korrektionswirkung auf. So besitzen 40,7 % dieser Kunden eine Lesebrille und nur 18,5 % eine Sonnenbrille. 3,7 % der Kunden aus Cluster I haben in der Vergangenheit neben Brillen auch Hörgeräte bei dem befragenden Unternehmen gekauft. Die Kunden dieser Gruppe kaufen im Schnitt alle *4,3 Jahre* eine neue Brille. Somit weisen diese Kunden das *längste Wiederbeschaffungsintervall* über alle Mikrocluster auf. In den vergangenen zehn Jahren haben die Kunden aus Cluster I durchschnittlich *3,5 Brillen* gekauft. Der *Durchschnittspreis* von Cluster I ist vergleichsweise *niedrig*. So haben 44,4 % der Kunden beim letzten Brillenkauf weniger als 100 € investiert, 33,3 % lagen in der Preisklasse zwischen 100 und 199 €. Nur 22,2 % dieses Clusters haben mehr als 200 € für ihre letzte Brille ausgegeben. Der *durchschnittliche Customer Lifetime Value* dieses Kundenclusters beträgt *1.107 €*. Dies entspricht dem niedrigsten Wert über alle Mikrocluster der Stichprobe. Die Kunden aus Cluster I weisen ein *Durchschnittsalter* von *53,0 Jahren* auf. Dies entspricht dem höchsten Durchschnittsalter über alle Kundengruppen. Mit einem Anteil i. H. v. 70,4 % sind *Männer* in Cluster I *stärker vertreten*. Zusammenfassend wird *Cluster I* als das *Segment der älteren, funktional orientierten Brillengegner* bezeichnet.

Im Vergleich zu Cluster I zeichnen sich die Kunden aus *Cluster II* durch eine relativ *hohe Nutzungsintensität* aus. So tragen 68,8 % dieser Kundengruppe ihre Brille immer, 13,6 % zwischen vier und acht Stunden täglich. Neben einem *hohen Tragekomfort* und einer *langen Nutzungsdauer* legen die Kunden dieses Clusters großen Wert auf ein *gutes Aussehen*. Während eine *hochwertige Anmutung* und ein *modisches Design* der Brille für keinen Kunden dieses Clusters eine Rolle spielt, stellt eine *hohe Belastbarkeit* für alle Kunden dieses Clusters ein wesentliches Kriterium dar. 98,8 % legen großen Wert auf ein *geringes Gewicht* und 97,5 % auf einen *günstigen Preis*. Die *Motivation für den Kauf einer neuen Brille* wird bei Kunden des Clusters überwiegend durch *funktionale Motive* dominiert. Allerdings tritt die Lust auf etwas Neues (12,5 %) und das Kaufmotiv „Alte Brille nicht mehr gefallen" (17,5 %) im Vergleich zu Cluster I etwas stärker in den Vordergrund. Dennoch besteht für 63,3 % dieses Clusters der Kaufanlass in einer *nachlassenden Sehfähigkeit* und für 36,3 % gab der *Besuch beim Augenarzt* den Ausschlag. Lediglich ein Anteil i. H. v. 31,3 % der Kunden aus Cluster II trägt gerne Brille. Lediglich 27,6 % dieser Kundengruppe sind der Meinung, dass die Brille einem Menschen *Sex-Appeal* verleihen kann. 53,8 % der Kunden aus Cluster II sind der Meinung, dass eine Brille *manche Menschen aufwertet*. 76,3 % der Kunden dieses Clusters legen großen bzw. sehr großen Wert auf *preisgünstige Brillenkomplettangebote* des Augenoptikers. 68,8 % legen großen bzw. sehr großen Wert auf *Farb-, Typ- und Stilberatung* durch den Augenoptiker. 21,3 % dieser Kundengruppe legen großen bzw. sehr großen Wert auf einen *konservativen Kleidungsstil* des Personals. Nur 47,6 % der Kunden dieses Segmentes sind bereit, *etwas mehr Geld für Produkte* auszugeben, welche das eigene *Wohlbefinden steigern*. Durchschnittlich tragen diese Kunden bereits *seit 20,4 Jahren* eine Brille. Die Kunden aus Cluster II weisen insgesamt eine *leichte bis mittlere Fehlsichtigkeit* auf. 26,3 % dieser Kunden besitzen eine *Gleitsichtbrille*, 13,8 % besitzen zwei Gleitsichtbrillen. Dies entspricht insgesamt dem höchsten Gleitsichtbrillenanteil über alle Mikrocluster. Die Kunden dieses Clusters kaufen durchschnittlich *alle 3,7 Jahre* eine neue Brille. Diese Kundengruppe weist insgesamt einen eher *niedrigen bis mittleren Durchschnittspreis* auf. So haben 27,5 % der Kunden dieses Clusters für ihre letzte Brille weniger als 100 € bezahlt, 33,8 % lagen in der Preisgruppe zwischen 100 und 199 € und 20,0 % in der Klasse 200-299 €. Der *durchschnittliche Customer Lifetime Value* dieser Kunden beträgt rund *1.762 €*. Auch dieser Wert ist im Vergleich zu den anderen Mikroclustern als relativ *niedrig* anzusehen. Das *Durchschnittsalter* in Cluster II beträgt *52,1 Jahre*. Angesichts der vorliegenden Stichprobenstruktur sind *Frauen und Männer* in ausgewogenem Verhältnis vertreten. Zusammenfassend wird das *Cluster II* als das *Segment der älteren, anspruchsvollen und preissensiblen Muss-Brillenträger* bezeichnet.

Die Kunden aus *Cluster III* weisen eine *mittlere Nutzungsintensität* auf. So tragen 56,9 % dieser Kunden ihre Brille immer, 13,7 % zwischen vier und acht Stunden. 29,4 % der Kunden aus Cluster III tragen weniger als vier Stunden am Tag Brille. Im Gegensatz zu Cluster I und II legen die Kunden aus Cluster III großen Wert auf ein *modisches Fassungsdesign*. Darüber hinaus stehen die Nutzenaspekte *Gutes Aussehen* (82,4 %), *lange Nutzungsdauer* (82,4 %) bzw. *hohe Belastbarkeit* (98,0 %), *hoher Tragekomfort* (90,2 %) sowie *geringes Gewicht* der Brille (82,4 %) im Vordergrund. *Funktionale Motivationen* dominieren auch in diesem Cluster beim *Brillen-Neukauf.* So haben 74,5 % aufgrund nachlassender Sehschärfe und 29,4 % aufgrund einer augenärztlichen Untersuchung eine neue Brille gekauft. Der Kundenanteil, welcher *gerne Brille trägt,* liegt bei diesen Kunden im Gegensatz zu Cluster I und II mit 53,0 % wesentlich höher. Darüber hinaus stimmen 39,2 % der Kunden in Cluster III der Aussage zu, dass eine Brille einem Menschen *Sex-Appeal* verleihen kann. 58,9 % der Kunden aus Cluster II sind der Meinung, dass eine Brille *manche Menschen aufwertet.* 88,3 % der Kunden aus Cluster III reinigen ihre Brille täglich. 29,4 % dieser Kunden legen großen bzw. sehr großen Wert auf die *Präsenz bekannter Markenfassungen* im Sortiment des Augenoptikers. 23,5 % dieser Kunden halten eine kleine *Kaffee-/ Getränkebar* für wichtig bzw. sehr wichtig. 24,5 % dieser Kunden legen großen bzw. sehr großen Wert auf das *Angebot spezieller Sportbrillen* durch den Augenoptiker. Die *Ausgabebereitschaft für Wellness-Produkte* ist bei den Kunden dieses Clusters im Vergleich zu Cluster I und II stärker ausgeprägt. So sind 54,9 % der Kunden bereit, *etwas mehr Geld für Produkte* auszugeben, welche das eigene *Wohlbefinden steigern.* 41,2 % dieser Kunden investieren regelmäßig in das eigene seelische und körperliche Wohlbefinden. 78,7 % der Kunden aus Cluster III legen großen bzw. sehr großen Wert auf *körperliche Fitness.* 35,3 % treiben jede Woche *mindestens zwei Stunden Sport.* Durchschnittlich tragen diese Kunden *seit 15,9 Jahren* eine Brille. 27,5 % der Kunden aus Cluster III besitzen eine *Gleitsichtbrille,* 7,8 % besitzen zwei Gleitsichtbrillen. 39,2 % dieser Kunden besitzen *eine Sonnenbrille* mit optischer Wirkung. 80,0 % der Kunden aus Cluster III sind *leicht fehlsichtig.* Die Kunden dieses Clusters kaufen durchschnittlich *alle 3,2 Jahre* eine neue Brille. Diese Kundengruppe weist insgesamt einen *mittleren bis hohen Durchschnittspreis* auf. So haben nur 9,8 % der Kunden dieses Clusters für ihre letzte Brille weniger als 100 € bezahlt. 43,1 % lagen in der Preisgruppe zwischen 100 und 199 €, 25,5 % in der Spanne zwischen 200 und 299 € und 13,7 % in der Preisklasse zwischen 300 und 399 €. Der *durchschnittliche Customer Lifetime Value* der Kunden aus Cluster III liegt bei *2.963 €.* Im Vergleich zu Cluster I und II ist dieser Wert als relativ hoch anzusehen. Das *Durchschnittsalter* in Cluster III beträgt *45,0 Jahre.* Angesichts der vorliegenden Stichprobenstruktur sind *Männer und Frauen* in Cluster III ein einem ausgewogenen *Verhältnis* vertreten. Unter Berücksichtigung aller dargestellten Aspekte wird das Cluster III als *Segment der ästhetisch und qualitätsorientierten Muss-Brillenkäufer* bezeichnet.

Die Brillenträger in *Cluster IV* zeichnen sich durch eine *mittlere Nutzungsintensität* aus. So wird die Brille von 44,6 % dieser Kundengruppe immer, von 24,6 % täglich zwischen vier bis acht Stunden und von 30,8 % weniger als vier Stunden am Tag getragen. *Ästhetischen Aspekten* der Brille kommt bei diesen Kunden eine vergleichsweise starke Bedeutung zu. So legen 89,2 % dieser Kunden Wert auf ein *modisches Fassungsdesign* und für 27,7 % der Kunden dieses

2 Empirische Überprüfung eines einstufigen Segmentierungsansatzes 147

Clusters ist eine *hochwertige Anmutung* der Brille wünschenswert. Allerdings kommt bei 78,5 % dieser Kunden auch einem *günstigen Brillenpreis* eine wichtige Bedeutung zu, während das Kriterium einer hohen Belastbarkeit im Vergleich zu den übrigen Mikroclustern der Stichprobe deutlich dahinter zurücktritt, ebenso das Kriterium eines geringen Gewichtes. Ein *attraktives Aussehen* ist 87,7 % dieser Kunden wichtig. 55,4 % dieser Kunden haben den Wunsch, die *eigene Persönlichkeit* durch ihre Brille auszudrücken. Dies ist der höchste Anteil innerhalb aller Mikrocluster der Stichprobe. Der *Kauf einer neuen Brille* wird bei den Kunden des Clusters IV neben funktionalen Auslösern im Vergleich zu den Clustern I bis III in deutlich höherem Maße durch *modisch-ästhetische Motive* bestimmt. So besteht für nur 61,5 % der *Kaufanlass* in einer nachlassenden Sehfähigkeit, was dem niedrigsten Anteil innerhalb der Stichprobe entspricht. Für 26,2 % gab der Besuch beim Augenarzt den Ausschlag, während 38,5 % dieser Kunden Lust auf etwas Neues hatten und 33,8 % dieser Kundengruppe die alte Brille nicht mehr gefiel. 18,5 % ließen sich durch neue modische Trends zum Brillenkauf verleiten. Dies entspricht dem höchsten Anteil über alle Mikrocluster der Stichprobe. 43,1 % der Kunden dieses Clusters geben an, *gerne Brille zu tragen*, was im Vergleich zu den übrigen Mikroclustern einem mittleren Wert entspricht. 38,5 % der Kunden dieses Segments sind der Meinung, dass eine *Brille einem Menschen Sex-Appeal verleihen kann*. Auch dieser Wert entspricht im Vergleich zu den übrigen Mikroclustern einem mittleren Niveau. 67,7 % der Kunden aus Cluster IV sind der Meinung, dass eine Brille *manche Menschen aufwertet*. Dies entspricht dem höchsten Wert über alle Mikrocluster der Stichprobe. 20,6 % dieses Kundenclusters legen sehr großen Wert auf die Präsenz von Fassungen namhafter *Designer* im Sortiment des Augenoptikers. Dieser Anteil entspricht dem höchsten über alle Mikrocluster. 75,4 % dieser Kunden legen großen bzw. sehr großen Wert auf *preisgünstige Brillenkomplettangebote*. 73,4 % dieser Kunden legen großen bzw. sehr großen Wert auf *Farb-, Typ- und Stilberatung* durch den Augenoptiker. Dies entspricht dem höchsten Anteil über alle Mikrocluster der Stichprobe. Ebenso kommt der *Kontaktlinsenkompetenz* des Augenoptikers bei diesem Segment eine vergleichsweise große Bedeutung zu. So ist für 23,8 % dieser Kunden eine hohe Kontaktlinsenkompetenz des Augenoptikers wichtig bzw. sehr wichtig. 32,3 % dieser Kunden haben bei dem befragenden Unternehmen *bereits Kontaktlinsen gekauft*, was dem höchsten Anteil über alle Mikrocluster entspricht. 32,8 % der Kunden aus Cluster IV legen großen bzw. sehr großen Wert auf das Angebot *spezieller Sportbrillen* durch den Augenoptiker. 38,4 % legen großen bzw. sehr großen Wert auf die *Möglichkeit einer flexiblen Bezahlung*. 25,4 % dieser Kunden ist es wichtig bzw. sehr wichtig, mit dem Augenoptiker auch über *persönliche Angelegenheiten* sprechen zu können. 27,0 % der Kunden dieses Clusters legen großen bzw. sehr großen Wert auf die Existenz einer *informativen Homepage*. Dies entspricht dem höchsten

Wert über alle Mikrocluster der Stichprobe. 13,8 % dieser Kunden könnten sich vorstellen, eine *Brille auch über das Internet zu kaufen*. Auch dieser Wert entspricht dem höchsten über alle Mikrosegmente der Stichprobe. 64,6 % des betrachteten Kundensegmentes sind gerne bereit, *etwas mehr Geld für Produkte auszugeben*, welche das *eigene Wohlbefinden* steigern. 43,0 % dieser Kundengruppe investieren regelmäßig in das eigene *seelische und körperliche Wohlbefinden*. Für 84,6 % dieser Kunden ist eine *gesunde Lebensweise* wichtig bzw. sehr wichtig. 73,9 % dieser Kunden legen großen bzw. sehr großen Wert auf *körperliche Fitness*. 58,5 % der Kunden aus Cluster IV treiben *jede Woche mindestens zwei Stunden Sport*. Durchschnittlich tragen diese Kunden *seit 15,0 Jahren* eine Brille. 33,8 % dieser Kunden besitzen zwei und 6,2 % drei *Fernbrillen*. Die Kunden dieses Clusters kaufen durchschnittlich *alle 3,0 Jahre* eine neue Brille. Cluster IV weist insgesamt einen *niedrigen bis mittleren Durchschnittspreis* auf. So haben 27,7 % der Kunden dieses Clusters für ihre letzte Brille weniger als 100 € bezahlt. 36,9 % lagen in der Preisklasse zwischen 100 und 199 €, 18,5 % in der Preisklasse zwischen 200 und 299 €. Der *durchschnittliche Customer Lifetime Value* beträgt in Cluster IV *2.823 €*. Das *Durchschnittsalter* liegt in Cluster IV bei *39,2 Jahren*. Dies entspricht dem niedrigsten Durchschnittsalter über alle Mikrocluster der Stichprobe. Mit einem Anteil i. H. v. 76,3 % sind *Frauen* in Cluster IV stärker vertreten. Unter Berücksichtigung aller dargestellten Aspekte wird das Cluster IV *Segment der jüngeren, mode-, sport- und wellnessorientierten, preisbewussten Brillen-Expressionisten* genannt.

Die Kunden aus *Cluster V* weisen insgesamt eine *hohe Nutzungsintensität* auf. So tragen 78,0 % der Kunden dieses Clusters ihre Brille immer, 13,6 % zwischen vier und acht Stunden und nur 8,5 % weniger als vier Stunden pro Tag. Die *Ästhetik der Brille* besitzt bei diesen Kunden einen hohen Stellenwert. So legen 91,5 % dieser Kunden Wert auf ein *modisches Fassungsdesign*, 18,6 % auf eine *hochwertige Anmutung*. Für 47,5 % dieser Kunden stellt der *Ausdruck der eigenen Persönlichkeit* einen wesentlichen Nutzenaspekt der Brille dar und 96,6 % achten auf einen *hohen Tragekomfort*. Einem *günstigen Brillenpreis* kommt lediglich für 1,7 % dieses Kundenclusters ein hoher Stellenwert zu. 84,7 % der Kunden dieses Clusters legen Wert auf ein *attraktives Aussehen*. Im Gegensatz zu allen anderen Mikroclustern der vorliegenden Stichprobe dominieren in Cluster V *ästhetische Motive* beim Brillen-Neukauf. So haben 59,3 % der Kunden aus Cluster V ihre letzte Brille gekauft, weil sie *Lust auf etwas Neues* hatten. 49,2 % der Kunden hat die *alte Brille nicht mehr gefallen*, 27,1 % haben eine moderne, schöne Fassung gesehen und 23,7 % kauften nach einer Anregung durch Menschen aus dem sozialen Umfeld. 16,9 % ließen sich von neuen modischen Trends leiten. Dagegen kauften nur 37,3 % aufgrund nachlassender Sehfähigkeit und 15,3 % nach einem Augenarztbesuch. 49,1 % der Kunden aus Cluster V *tragen gerne Brille*. 61,0 % der Kunden aus Cluster V stimmen der Aussage zu, dass die richtige Brille einem Menschen *Sex-Appeal* verleihen kann. Dies stellt den höchsten Wert über alle Mikrocluster der Stichprobe dar. 62,7 % der Kunden aus Cluster V teilen die Auffassung, dass eine Brille *manche Menschen aufwertet*. 69,5 % der Kunden dieses Clusters sind der Meinung, dass moderne Brillen *regelrechte Kunstwerke* darstellen. Für 52,5 % dieser Kundengruppe ist der *Brillenkauf sehr wichtig*. 95,0 % der Kunden aus Cluster V *reinigen ihre Brille täglich*. Dieser Anteil stellt den höchsten über alle Mikrocluster der Stichprobe dar. 45,8 % dieser Kunden legen großen bzw. sehr großen Wert auf die Präsenz bekannter *Markenfassungen* im Sortiment des Augenoptikers. 72,0 % der Kunden dieses Clusters legen großen bzw. sehr großen Wert auf eine *Beratung nach Terminabsprache*. 43,1 % dieser Kunden legen sehr großen Wert auf die Möglichkeit einer *ungestörten Begutachtung des Fassungssortimentes*. 39,7 % der Kunden aus Cluster V legen großen bzw. sehr großen Wert auf eine hohe *Kontaktlinsenkompetenz* des Augenoptikers. 25,4 % der Kunden dieses Clusters haben bereits Kontaktlinsen bei dem befragenden Augenoptikunternehmen gekauft. 28,9 % legen Wert auf das Angebot *spezieller Sportbrillen*. 30,5 % der Kunden schätzen die Möglichkeit, mit dem Augenoptiker auch über *persönliche Angelegenheiten* sprechen zu können. 25,4 % der Kunden aus Cluster V legen großen bzw. sehr großen Wert auf eine *informative Homepage* des Augenoptikers. 64,4 % der Personen dieser Kundengruppe sind bereit, *etwas mehr Geld für Produkte* auszugeben, welche das *eigene Wohlbefinden steigern*. 39,7 % investieren regelmäßig in das eigene seelische und körperliche Wohlbefinden. 89,9 % dieser Kunden ist eine *gesunde Lebensweise* wichtig. 84,8 % legen großen Wert auf *körperliche Fitness* und 52,5 % treiben jede Woche *mindestens zwei Stunden Sport*. Durchschnittlich tragen diese Kunden bereits *seit 20,2 Jahren* eine Brille. Dies entspricht der zweithöchsten Brillentragedauer über alle Mikrocluster. 32,2 % der Kunden aus Cluster V besitzen zwei und 3,4 % besitzen drei *Fernbrillen*. Dagegen besitzen 34,1 % eine Lesebrille und 6,8 % zwei Lesebrillen. *Eine Sonnenbrille* mit optischer Wirkung besitzen 45,8 % dieser Kunden, 5,1 % besitzen zwei Sonnenbrillen und 8,5 % drei Sonnenbrillen. 16,9 % der Kunden aus Cluster V besitzen eine *Sportbrille* mit Korrektionswirkung. 41,2 % der Kunden aus Cluster V weisen eine *mittlere Fehlsichtigkeit* auf. Somit ist diese Kundengruppe im Vergleich zu den übrigen Mikroclustern stärker fehlsichtig. Die Kunden dieses Clusters kaufen durchschnittlich *alle 2,9 Jahre eine neue Brille*. Cluster V weist insgesamt *einen mittleren bis hohen Durchschnittspreis* auf. So haben nur 10,2 % dieser Kunden weniger als 100 € für ihre letzte Brille bezahlt, 42,4 % zwischen 100 und 199 € und 23,7 % zwischen 200 und 299 €. 16,9 % lagen in der Preisklasse über 400 €. Der *durchschnittliche Customer Lifetime Value* dieser Kundengruppe beträgt *4.070 €*, das *Durchschnittsalter 42,0 Jahre*. Mit einem Anteil i. H. v. 76,3 % sind *Frauen* in Cluster V *stärker vertreten*. Unter Berücksichtigung aller dargestellten Aspekte wird

Cluster V als das *Segment der jüngeren, mode-, sport- und wellnessorientierten, begeisterten Lust-Brillenkäufer* bezeichnet.
Zusammenfassend gibt Tabelle 20 einen Überblick über die im Zuge des einstufigen Segmentierungsansatzes identifizierten Mikrocluster.

Mikrocluster einstufige Segmentierungslösung (N=282)	Ältere, funktional orientierte Brillengegner (n=27)	Ältere, anspruchsvolle und preissensible Muss-Brillenträger (n=80)	Ästhetisch und qualitätsorientierte Muss-Brillenkäufer (n=51)	Jüngere, mode-, sport- und wellnessorientierte, preisbewusste Brillen-Expressionisten (n=65)	Jüngere, mode-, sport- und wellnessorientierte, begeisterte Lust-Brillenkäufer (n=59)
Durchschnittsalter	53,0 Jahre	52,1 Jahre	45,0 Jahre	39,2 Jahre	42,0 Jahre
Brillentragedauer	16,2 Jahre	20,4 Jahre	15,9 Jahre	15,1 Jahre	20,2 Jahre
Tägliche Tragedauer	Gering	Hoch	Mittel	Mittel	Hoch
Anteil Männer/ Frauen	Mehr Männer	Mehr Männer	Ausgewogen	Mehr Frauen	Mehr Frauen
Einstellung zu Brillen	Sehr negativ	Eher negativ	Neutral	Positiv	Sehr positiv
Brillenkaufintervall	4,3 Jahre	3,7 Jahre	3,2 Jahre	3,0 Jahre	2,9 Jahre
Höhe CLV	1.107 €	1.762 €	2.963 €	2.823 €	4.070 €

Tabelle 20: Vergleichende Gegenüberstellung der Mikrocluster der einstufigen Segmentierungslösung

2.3 Überprüfung der identifizierten Clusterlösung

Wie in Kapitel C 3.3.3 dargestellt, kann die *Homogenität der identifizierten Mikrocluster* durch den *F-Wert* überprüft werden.[462] Je kleiner der F-Wert, desto geringer ist die Streuung der untersuchten Variable in dem betrachteten Microcluster im Vergleich zur Erhebungsgesamtheit. Der F-Wert sollte den Wert eins nicht übersteigen. Anderenfalls weist die untersuchte Variable im betrachteten Mikrocluster eine größere Streuung auf als innerhalb der gesamten Stichprobe.

---

462 Der F-Wert definiert sich als Quotient aus der Streuung einer Variable innerhalb eines Teilsegmentes und der Streuung derselben Variable innerhalb der gesamten Stichprobe, vgl. Backhaus et al., Multivariate Analysemethoden, S. 545

2 Empirische Überprüfung eines einstufigen Segmentierungsansatzes 151

Um den Homogenitätsgrad eines Mikroclusters zu ermitteln, muss der F-Wert für jedes konstituierend eingesetzte Segmentierungskriterium der betrachteten Mikrocluster errechnet werden. Ein Cluster wäre dann vollkommen homogen, wenn keiner der errechneten F-Werte oberhalb des Wertes eins läge.

Segmentierungsvariable	Clust I	Clust II	Clust III	Clust IV	Clust V
Alter	0,67	0,85	1,14	1,49	0,76
Anzahl Korrektionsbrillenkäufe	0,73	0,98	1,04	0,65	1,48
Kaufintervall	0,72	1,35	0,66	2,00	0,64
Brillentragedauer (Jahre)	1,17	0,89	1,01	0,87	0,87
Anzahl Gleitsichtbrillen	0,95	0,79	0,65	0,89	1,64
Anzahl Sonnenbrillen	0,56	0,88	0,79	0,37	1,84
Durchschnittspreis	1,05	1,05	0,79	0,73	1,03
Brillentragedauer (Stunden)	0,89	1,10	1,18	1,10	0,57
Einstellung: Trage gerne Brille	0,98	0,94	1,12	0,90	0,95
Einstellung: Aufwertung des Menschen	0,91	0,91	0,86	1,47	1,09
Einstellung: Sex-Appeal	0,94	0,89	1,09	1,12	0,77
Idealmarke: Farb-, Typ-, Stilberatung	0,92	0,97	0,96	1,15	1,05
Allg. Lebensgewohnheiten: Wellnessprodukte	1,10	1,03	0,86	1,21	0,74
Nutzen: Haltbarkeit	0,00	1,61	0,14	1,09	0,12
Nutzen: Preis	0,10	0,69	0,00	0,80	0,07
Nutzen: Attraktivität	0,00	0,16	0,40	0,00	0,00
Nutzen: Ästhetik	0,00	0,18	0,30	0,00	0,07
Kaufanlass: Muss	0,63	1,37	0,00	0,00	1,93
Kaufanlass: Lust	0,83	1,04	0,23	0,00	0,00
Homogenitätsgrad	84,2%	63,2%	68,4%	57,9%	63,2%

Tabelle 21: Homogenitätsanalyse der Mikrocluster der einstufigen Segmentierungslösung

Tabelle 21 ist zu entnehmen, dass innerhalb des Mikroclusters I der einstufigen Segmentierungslösung die F-Werte der Segmentierungskriterien Brillentragedauer in Jahren, Durchschnittspreis und allgemeine Lebensgewohnheiten den Wert eins übersteigen, während die übrigen errechneten F-Werte des Mikroclusters I unterhalb dieser Grenze liegen. Somit weist Cluster I insgesamt einen *Homogenitätsgrad* von 84,2 % auf. Dieser Wert ist als vollkommen zufriedenstellend anzusehen. Ebenso weisen die Mikrocluster II bis V mit 63,2 %, 68,4 %, 57,9 % sowie 63,2 % hinreichende Homogenitätsgrade auf.

Wie in Kapitel C 3.3.3 ausgeführt, kann zur Untersuchung der *Diskriminierungsbeiträge der einzelnen Segmentierungskriterien* eine *F-Statistik zur Varianzanalyse* eingesetzt werden: Je höher der *F-Wert*, desto größer die Trennungswirkung des betrachteten Segmentierungskriteriums.[463]

---

463 Vgl. Backhaus et al., Multivariate Analysemethoden, S. 552

Segmentierungsvariable	F	Signifikanz
Nutzen: Attraktivität	569,557	0,000
Nutzen: Ästhetik	556,989	0,000
Nutzen: Preis	185,279	0,000
Kaufanlass: Lust	66,571	0,000
Nutzen: Haltbarkeit	64,902	0,000
Alter	9,430	0,000
Kaufanlass: Muss	8,857	0,000
Anzahl Sonnenbrillen	6,586	0,000
Einstellung: Sex-Appeal	5,593	0,000
Brillentragedauer (Stunden)	5,084	0,001
Kaufintervall	3,953	0,004
Durchschnittspreis	3,087	0,016
Allg. Lebensgewohnheiten: Wellness-Produkte	2,666	0,033
Einstellung: Trage gerne Brille	2,120	0,078
Idealmarke: Farb-, Typ-, Stilberatung	1,971	0,099
Brillentragedauer (Jahre)	1,918	0,108
Anzahl Korrektionsbrillenkäufe	1,690	0,152
Einstellung: Aufwertung des Menschen	1,679	0,155
Anzahl Gleitsichtbrillen	1,180	0,320

Tabelle 22: Trennungswirkung der Segmentierungsvariablen des einstufigen Ansatzes

So ist Tabelle 22 zu entnehmen, dass das Segmentierungskriterium des Nutzenaspektes Attraktives Aussehen im Rahmen der einstufigen Segmentierungslösung den höchsten Trennungsbeitrag leistet, während das Segmentierungskriterium Anzahl Gleitsichtbrillen vergleichsweise wesentlich schwächer diskriminiert, wobei auch dessen Trennungswirkung als signifikant einzustufen ist. Als weitere relativ stark trennende Segmentierungskriterien erweisen sich im Zuge der einstufigen Segmentierungslösung produktspezifische Einstellungen in Form unterschiedlicher Nutzenaspekte sowie der Kaufanlass.

3 Zusammenfassende Darstellung und Beurteilung des einstufigen Augenoptik-Segmentierungsansatzes

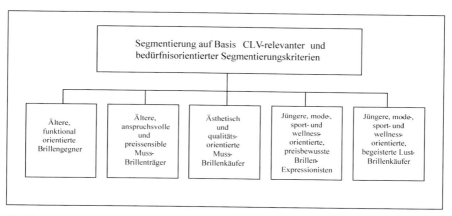

Grafik 17:   Zusammenfassende Darstellung des einstufigen Augenoptik-Segmentierungsansatzes

Grafik 17 zeigt den einstufigen empirisch überprüften Segmentierungsansatz im Überblick. Auch dieser Segmentierungsansatz soll auf Grundlage der in Kapitel B1 definierten Anforderungen einer kritischen Würdigung unterzogen werden. Wie der zweistufige Augenoptik-Segmentierungsansatz weist auch die einstufige Variante durch die starke Ausrichtung auf beobachtbare produktspezifische und nicht beobachtbare produktspezifische Segmentierungskriterien sowie deren Messung durch multidimensionale Einstellungsmodelle insgesamt eine *gute Mess- und Operationalisierbarkeit* auf. Darüber hinaus ist der Gruppe der nicht beobachtbaren, produktspezifischen Segmentierungskriterien gemäß der vorangegangenen Kriteriendiskussion eine ausgeprägte Kaufverhaltensrelevanz zuzusprechen. Durch die hohe Gewichtung einstellungsrelevanter Aspekte wie nachfrageseitige Nutzenerwartungen und produktspezifische Einstellungen verfügt auch der einstufige Segmentierungsansatz grundsätzlich über eine hohe Aussagekraft im Hinblick auf die Gestaltung des Marketinginstrumentariums unter der Zielsetzung einer wirkungsvollen Marktbearbeitung. Durch die nach Implementierung des Segmentierungsansatzes in der Datenbank gespeicherte Segmentzugehörigkeit jedes einzelnen Kunden sowie die dem Augenoptiker vorliegenden Kundenkontaktdaten sind die einzelnen Kundensegmente für eine gezielte Marktbearbeitung beispielsweise in Form unterschiedlicher Direktmarketingaktionen gut erreichbar. Allerdings ist in diesem Zusammenhang anzumerken, dass sich die im Zuge der einstufigen Verfahrensweise identifizierten Mikrocluster im Hinblick auf zentrale Kriterien stärker ähneln, was Unsicherheiten bei der Ausgestaltung der Marketinginstrumente im Zuge der nachfolgenden Marktbearbeitung nach sich ziehen kann.[464] Somit ist dem einstufigen Augenoptik-Segmentierungsansatz insgesamt nur eine *mäßige Marktrelevanz* zuzusprechen. Aufgrund der relativ geringen Anzahl der identifizierten Mikrocluster und die infolgedessen zu erwartenden hohen Fallzahlen der einzelnen Segmente im gesamten Datenbestand des Augenoptikers kann mit hoher Wahrscheinlichkeit von einer positiven Rentabilität einer differenzierten Marktbearbeitung ausgegangen werden. Darüber hinaus kann der Augenoptiker die Messwerte der beobachtbaren allgemeinen Segmentierungskriterien sowie der beobachtbaren produktspezifischen Kriterien unmittelbar seiner Kundendatenbank entnehmen. Durch den Einsatz multidimensionaler Einstellungsmodelle ist es darüber hinaus möglich, den wirtschaftlichen Aufwand zur Messung der nicht beobachtbaren produktspezifischen Segmentierungskriterien zu begrenzen. Folglich ist auch der Aspekt der *Wirtschaftlichkeit* des einstufigen Augenoptik-Segmentierungsansatzes positiv zu beurteilen. Sämtliche im einstufigen Segmentierungsansatz verarbeiteten Segmentierungskriterien weisen eine hohe zeitliche Stabilität auf. Dies gilt für die Gruppe der beobachtbaren allgemeinen Kriterien, der nicht beobachtbaren produktspezifischen und die Gruppe der beobachtbaren produktspezifischen Segmentierungskriterien. Deshalb ist auch die Anforderung der *zeitlichen Stabilität* als gut erfüllt zu beurteilen. Schließlich wurden im Rahmen der Kriteriendiskussion ausschließlich solche Kriterien ausgewählt, deren Relevanz im Hinblick auf einen Einsatz in der Augenoptikbranche positiv beurteilt wurde. Allerdings könnte die stärkere Ähnlichkeit der durch die einstufige Verfahrensweise identifizierten Mikrocluster eine schnelle und eindeutige Zuteilung jedes Kunden zu den einzelnen Segmenten durch das angestellte Fachpersonal erschweren, wodurch die Akzeptanz des einstufigen Ansatzes sinken dürfte. Somit ist das Gütekriterium der *Praxistauglichkeit* im Hinblick auf den einstufigen Augenoptik-Segmentierungsansatz als nur mäßig erfüllt einzustufen. Tabelle 23 zeigt das Beurteilungsergebnis im Überblick.

---

464 So reicht beispielsweise die Bandbreite des Durchschnittsalters innerhalb der Segmente des einstufigen Ansatzes nur von 39,2 bis 53,0 Jahre, beim zweistufigen Ansatz dagegen von 36,6 bis 60,6 Jahre.

Anforderungen	Mess- und Operationalisierbarkeit	Marktrelevanz	Wirtschaftlichkeit	Zeitliche Stabilität	Praxis-Tauglichkeit
Beurteilung des Segmentierungsansatzes	+	+/-	+	+	+/-

Tabelle 23: Abschließende Beurteilung des einstufigen Segmentierungsansatzes

4 Vergleich des zweistufigen mit dem einstufigen Segmentierungsansatz über die Segmentpopulationen

Um die Ergebnisse der beiden Segmentierungsansätze miteinander vergleichen zu können, wurde zunächst jeder Fall der Stichprobe eindeutig durch eine Zahl zwischen eins und 281 gekennzeichnet. Dadurch wurde es möglich, die einzelnen Mikrocluster der beiden Segmentierungsansätze paarweise miteinander zu vergleichen und die Anzahl der übereinstimmenden Elemente zu ermitteln. Wie Tabelle 24 entnommen werden kann, ergaben sich durch die beiden vorliegenden Segmentierungslösungen mit acht (zweistufiger Ansatz) und fünf Segmenten (einstufiger Ansatz) insgesamt 40 Paarvergleiche. Um den Grad der Übereinstimmung der beiden Segmentierungslösungen zu beurteilen, wurde der *Erwartungswert* unter Annahme der Unabhängigkeit der beiden vorliegenden Segmentierungslösungen gewählt. Der Erwartungswert gibt an, inwieweit die Cluster des einstufigen Ansatzes *zufällig* mit den Clustern des zweistufigen Segmentierungsansatzes übereinstimmen können.[465] Sind Erwartungswert und Anzahl der tatsächlichen Übereinstimmungen identisch, so liegt kein Zusammenhang zwischen den beiden betrachteten Segmenten vor. Je größer die Differenz zwischen Erwartungswert und der Anzahl tatsächlicher Übereinstimmungen ausfällt, desto stärker ist der Zusammenhang zwischen den beiden betrachteten Segmenten.

---

465 Vgl. Stegmüller, B., Hempel, P., Empirischer Vergleich unterschiedlicher Marktsegmentierungsansätze über die Segmentpopulationen, S. 29 f.

Zweistufig	Größe (N)	Einstufig	Größe (N)	Erwartungswert	Tatsächliche Übereinstimmungen
Basiskunden	22	Cluster I	80	6,3	9
Basiskunden	22	Cluster II	65	5,1	3
Basiskunden	22	Cluster III	51	4,0	0
Basiskunden	22	Cluster IV	26	2,0	8
Basiskunden	22	Cluster V	59	4,6	2
Cluster I	18	Cluster I	80	5,1	15
Cluster I	18	Cluster II	65	4,2	1
Cluster I	18	Cluster III	51	3,3	0
Cluster I	18	Cluster IV	26	1,7	2
Cluster I	18	Cluster V	59	3,8	0
Cluster II	60	Cluster I	80	17,1	29
Cluster II	60	Cluster II	65	13,9	16
Cluster II	60	Cluster III	51	10,9	6
Cluster II	60	Cluster IV	26	5,6	9
Cluster II	60	Cluster V	59	12,6	0
Cluster III	53	Cluster I	80	15,1	0
Cluster III	53	Cluster II	65	12,3	10
Cluster III	53	Cluster III	51	9,6	21
Cluster III	53	Cluster IV	26	4,9	2
Cluster III	53	Cluster V	59	11,1	20
Cluster IV	52	Cluster I	80	14,8	22
Cluster IV	52	Cluster II	65	12,0	13
Cluster IV	52	Cluster III	51	9,4	4
Cluster IV	52	Cluster IV	26	4,8	4
Cluster IV	52	Cluster V	59	10,9	9
Cluster V	28	Cluster I	80	8,0	0
Cluster V	28	Cluster II	65	6,5	3
Cluster V	28	Cluster III	51	5,1	14
Cluster V	28	Cluster IV	26	2,6	0
Cluster V	28	Cluster V	59	5,9	11
Cluster VI	36	Cluster I	80	10,2	4
Cluster VI	36	Cluster II	65	8,3	16
Cluster VI	36	Cluster III	51	6,5	3
Cluster VI	36	Cluster IV	26	3,3	0
Cluster VI	36	Cluster V	59	7,6	13
Top-Kunden	12	Cluster I	80	3,4	1
Top-Kunden	12	Cluster II	65	2,8	3
Top-Kunden	12	Cluster III	51	2,2	3
Top-Kunden	12	Cluster IV	26	1,1	1
Top-Kunden	12	Cluster V	59	2,5	4

Tabelle 24: Paarweiser Vergleich der beiden Segmentierungslösungen

Dabei lässt sich feststellen, dass die Zusammenhänge zwischen den einzelnen Clustern der beiden Segmentierungsansätze z. T. deutlich voneinander abweichen.

4 Vergleich des zweistufigen mit dem einstufigen Segmentierungsansatz   157

Zweistufig	Größe (N)	Einstufig	Größe (N)	Erwartungswert	Tatsächliche Übereinstimmunge	Anteil %
Cluster I	18	Cluster I	80	5,1	15	83,3%
Cluster I	18	Cluster II	65	4,2	1	5,6%
Cluster I	18	Cluster III	51	3,3	0	0,0%
Cluster I	18	Cluster IV	26	1,7	2	11,1%
Cluster I	18	Cluster V	59	3,8	0	0,0%
Insgesamt						100,0%

Tabelle 25: Abbildung von Cluster I der zweistufigen Segmentierungslösung durch die einstufige Segmentierungslösung

So ist Tabelle 25 zu entnehmen, dass Cluster I der zweistufigen Segmentierungslösung zu 83,3 % durch Cluster I der einstufigen Segmentierungslösung abgebildet werden kann. Somit liegt in diesem Fall eine recht gute Kongruenz zwischen den beiden Segmentierungsansätzen vor.

Dagegen kann das wirtschaftlich bedeutungsvolle Makrosegment der Top-Kunden der zweistufigen Segmentierungslösung nur in unzureichender Weise durch die einstufige Segmentierungslösung abgebildet werden. So geht aus Tabelle 26 hervor, dass das Makrosegment der Top-Kunden der zweistufigen Lösung zu 8,3 % in Cluster I, zu 25,0 % in Cluster II, zu 25,0 % in Cluster III, zu 8,3 % in Cluster IV und zu 33,3 % in Cluster V der einstufigen Segmentierungslösung fällt. Somit weichen die beiden Segmentierungsansätze in diesem Fall sehr stark voneinander ab.

Zweistufig	Größe (N)	Einstufig	Größe (N)	Erwartungswert	Tatsächliche Übereinstimmunge	Anteil %
Top-Kunden	12	Cluster I	80	3,4	1	8,3%
Top-Kunden	12	Cluster II	65	2,8	3	25,0%
Top-Kunden	12	Cluster III	51	2,2	3	25,0%
Top-Kunden	12	Cluster IV	26	1,1	1	8,3%
Top-Kunden	12	Cluster V	59	2,5	4	33,3%
Insgesamt						100,0%

Tabelle 26: Abbildung des Makroclusters der Top-Kunden der zweistufigen Segmentierungslösung durch die einstufige Segmentierungslösung

Ebenso lässt sich das wirtschaftlich schwächste Makrosegment der Basiskunden nur unzureichend durch den einstufigen Segmentierungsansatz abbilden. So finden sich 40,9 % der Basiskunden in Cluster I der einstufigen Lösung wieder, 13,6 % in Cluster II, 36,4 % in Cluster IV und 9,1 % in Cluster V.

Zweistufig	Größe (N)	Einstufig	Größe (N)	Erwartungswert	Tatsächliche Übereinstimmungen	Anteil %
Basiskunden	22	Cluster I	80	6,3	9	40,9%
Basiskunden	22	Cluster II	65	5,1	3	13,6%
Basiskunden	22	Cluster III	51	4,0	0	0,0%
Basiskunden	22	Cluster IV	26	2,0	8	36,4%
Basiskunden	22	Cluster V	59	4,6	2	9,1%
Insgesamt						100,0%

Tabelle 27: Abbildung des Makroclusters der Basiskunden der zweistufigen Segmentierungslösung durch die einstufige Segmentierungslösung

Die unzureichende Abbildung der beiden Segmente der Basis- und Top-Kunden des zweistufigen durch den einstufigen Segmentierungsansatz ist als ein schwerwiegendes Manko des einstufigen Ansatzes anzusehen. Dies gilt insbesondere vor dem Hintergrund, dass die beiden Makrosegmente der Basis- und Top-Kunden jeweils auf völlig unterschiedliche Art und Weise bearbeitet werden sollen. So war es für den zweistufigen Segmentierungsansatz vorgesehen, das Segment der Basiskunden weitgehend standardisiert, das Makrosegment der Top-Kunden dagegen im Sinne eines One-to-One-Marketing zu betreuen.[466]

Zur statistischen Absicherung der gewonnenen Ergebnisse wird der *exakte Chi-Quadrat-Unabhängigkeitstest* herangezogen.[467] Um diesen einsetzen zu können, wurde eine Kreuztabelle mit den tatsächlichen Übereinstimmungen der beiden Segmentierungslösungen gebildet.

		Zweistufige Lösung						
		Makro I (n = 22)	Cluster I (n = 18)	Cluster II (n = 60)	Cluster III (n = 53)	Cluster IV (n = 52)	Cluster V (n = 28)	Cluster VI (n = 36)	Makro IV (n = 12)
Einstufige Lösung	Cluster I (n = 65)	9	15	29	0	22	0	4	1
	Cluster II (n = 26)	3	1	16	10	13	3	16	3
	Cluster III (n = 59)	0	0	6	21	4	14	3	3
	Cluster IV (n = 80)	8	2	9	2	4	0	0	1
	Cluster V (n = 51)	2	0	0	20	9	11	13	4

Tabelle 28: Kreuztabelle der Übereinstimmungen zwischen ein- und zweistufiger Segmentierungslösung

---

466 Vgl. Kap. C 2.2.1, S. 93 f.
467 Der Chi-Quadrat-Unabhängigkeitstest ist ein Signifikanztest, durch dessen Einsatz die Hypothese geprüft werden kann, ob zwei Merkmale X und Y einer Grundgesamtheit voneinander statistisch unabhängig sind. Als Grundlage des Tests dient eine Kreuztabelle, welche aus einer Zufallsstichprobe mit einem Umfang von n Merkmalsträgern gebildet wurde, vgl. Eckstein, P., Angewandte Statistik mit SPSS, praktische Einführung für Wirtschaftswissenschaftler, 2. Aufl., Wiesbaden 1999, S. 185 ff.

Die Prüfung des statistischen Zusammenhanges mithilfe des exakten Chi-Quadrat-Unabhängigkeitstests ergibt ein berechnetes Signifikanzniveau von 0,000. Dies bedeutet, dass ein statistischer Zusammenhang zwischen den beiden Segmentierungslösungen hoch signifikant nachgewiesen werden kann. Zur Beurteilung der Stärke des statistischen Zusammenhangs wurde das *Kontingenzmaß V nach Cramér* berechnet.[468] Dieses kann Werte im Bereich von null bis eins annehmen. Nimmt das Kontingenzmaß V nach Cramér den Wert null an, so bedeutet dies, dass die beiden Segmentierungslösungen voneinander statistisch unabhängig sind. Beträgt der Wert des Kontingenzmaßes eins, so kann daraus geschlossen werden, dass eine vollständige Abhängigkeit zwischen den beiden Segmentierungslösungen besteht.[469] Dies bedeutet, dass ein Cluster der zweistufigen Segmentierungslösung vollständig durch ein Cluster der einstufigen Segmentierungslösung abgebildet werden kann und umgekehrt. Für die Stärke des statistischen Zusammenhangs (Cramérs V) errechnet sich im vorliegenden Zusammenhang ein Wert i. H. v. 0,400. Somit kann von einem mittelstarken Zusammenhang ausgegangen werden. Unter der Prämisse, dass man für die Verwerfung des zweistufigen Segmentierungsansatzes einen starken statistischen Zusammenhang benötigt, ist der Wert i. H. v. 0,400 als nicht ausreichend einzustufen.[470] Dies lässt den Schluss zu, dass die *zweistufige Segmentierungslösung durch die einstufige Variante nicht ausreichend gut abgebildet werden kann*. Angesichts der Tatsache, dass die beiden verglichenen Segmentierungslösungen sowohl durch unterschiedliche Verfahrensweisen als auch durch unterschiedliche Segmentierungskriterien identifiziert wurden, erscheint dieses Ergebnis vollkommen plausibel.[471]

Aus einem Vergleich der Überprüfungen der beiden identifizierten Clusterlösungen geht hervor, dass die *zweistufige* und die *einstufige Segmentierungslösung* im Hinblick auf die *Trennungsbeiträge der jeweils eingesetzten Segmentierungskriterien* eine relativ gute Kongruenz aufweisen. So werden die höchsten Trennungsbeiträge bei beiden Segmentierungsansätzen durch unterschiedliche Nutzenerwartungen bewirkt. Allerdings zeigten sich im Zusammenhang mit der Überprüfung der zweistufigen Segmentierungslösung deutliche *strukturelle Un-*

---

468 Im Unterschied zum Chi-Quadrat-Unabhängigkeitstest liegt der Nutzen von Kontingenzmaßen darin, dass diese über die Prüfung der Unabhängigkeit von zwei Merkmalen hinaus eine Aussage über die Stärke des Zusammenhanges ermöglichen. Innerhalb der in SPSS verfügbaren Kontingenzmaße ist Cramérs V als ein ideales Maß zur Deskription der Stärke eines statistischen Zusammenhanges zwischen zwei nominalen Merkmalen anzusehen, vgl. Eckstein, P., Angewandte Statistik mit SPSS, S. 188 ff.
469 Vgl. Eckstein, P., Angewandte Statistik mit SPSS, S. 188
470 Ein starker statistischer Zusammenhang läge bei einem Wert des Kontingenzmaßes V nach Cramér im Wertebereich von mindestens 0,8 bis 1,0 vor.
471 Vgl. Kap. D 2.1, S. 137

terschiede zwischen den beiden *Makrosegmenten* der *Mengenkunden* und der *Gehobenen Kunden*, welche nur durch eine zweistufige Verfahrensweise aufgedeckt werden konnten.[472] Diese Beobachtung spiegelt sich in der Charakterisierung der einzelnen Mikrocluster der Mengen- und Gehobenen Kunden deutlich wider. Der *zweistufige Augenoptik-Segmentierungsansatz polarisiert stärker* und bildet die *einzelnen Mikrocluster* wesentlich *schärfer* und *lebensnaher* ab.[473] Diese Beobachtung wurde *vom Verkaufspersonal des kooperierenden Augenoptikunternehmens* nach Vorlage der beiden Segmentierungslösungen *klar bestätigt*.

Somit führt eine zweistufige Segmentierung des Augenoptikmarktes einerseits zu *Vorteilen* im Hinblick auf die *Gestaltung der Marketinginstrumente* unter der Zielsetzung einer treffenden und *effizienten Marktbearbeitung*. Andererseits wird eine *korrekte Zuordnung neuer Kunden* zu den einzelnen Mikroclustern erleichtert, wodurch die *Akzeptanz aufseiten des Kundenkontaktpersonals* gesteigert werden kann.

Zusammenfassend ergibt sich eine Überlegenheit des zweistufigen Augenoptik-Segmentierungsansatzes gegenüber der einstufigen Variante im Hinblick auf die Gütekriterien der Marktrelevanz sowie der Praxistauglichkeit, während die Gütekriterien der Mess- und Operationalisierbarkeit, der Wirtschaftlichkeit und der zeitlichen Stabilität von beiden Segmentierungsansätzen in gleicher Weise erfüllt werden.

Anforderung Beurteilung	Mess- und Operationalisierbarkeit	Marktrelevanz	Wirtschaftlichkeit	Zeitliche Stabilität	Praxis-Tauglichkeit
Zweistufiger Segmentierungsansatz	+	++	+	+	++
Einstufiger Segmentierungsansatz	+	+/-	+	+	+/-

Tabelle 29: Inhaltlicher Vergleich des zweistufigen Segmentierungsansatzes mit der einstufigen Variante gemäß den in Kapitel B1 definierten Anforderungen

---

472 Vgl. Kap. C 3.3.3, S. 127 f.
473 Als numerischer Beleg für die stärker polarisierende Wirkung des zweistufigen Segmentierungsansatzes können die deutlich höheren Spannbreiten der Messwerte zentraler Segmentierungskriterien dienen. Beispielhaft seien das Lebensalter oder der Customer Lifetime Value genannt.

E Schlussbetrachtung und Ausblick

1 Zusammenfassung der Untersuchungsergebnisse

Die bundesdeutsche Augenoptikbranche sieht sich einem *fortschreitenden Strukturwandel* ausgesetzt. Änderungen in der Gesundheitsgesetzgebung und in der Distributionsstruktur, eine schwache Einzelhandelskonjunktur, Substitutionsprodukte im Zuge des technischen Fortschrittes sowie ein verändertes Konsumentenverhalten führen zu einer sinkenden Branchenrentabilität, welche sich für den mittelständischen Augenoptiker in nachlassender Kundenfrequenz, sinkenden Verkaufszahlen, steigenden Ansprüche vonseiten der Konsumenten und einer nachlassenden Kundenloyalität manifestiert. Vor dem Hintergrund des Strukturwandels in der Augenoptikbranche, einhergehend mit einem *harten Verdrängungswettbewerb*, wurde die Basisstrategie der Marktsegmentierung als ein möglicher Lösungsweg angesehen, dessen Diskussion innerhalb der augenoptischen Fachpresse zum gegenwärtigen Zeitpunkt begonnen hat. Die *Voraussetzungen* einer erfolgreichen Implementierung der Basisstrategie der Marktsegmentierung wurden *innerhalb der Augenoptikbranche als erfüllt* angesehen. Somit bestand die Zielsetzung der vorliegenden Forschungsarbeit in der Konzeption eines wert- und bedürfnisorientierten Segmentierungsansatzes für die Augenoptikbranche. Dabei konzentrierte sich die Betrachtung auf den konsumenten- und methodenorientierten Ansatz der Marktsegmentierung.

Zu diesem Zwecke stand zunächst die Auswahl relevanter Segmentierungskriterien im Vordergrund. Um eine Beurteilungsgrundlage für die Auswahl der Segmentierungskriterien zu schaffen, wurden *fünf Anforderungen an die Segmentierungskriterien* definiert. Im Einzelnen waren dies die Gütekriterien der Mess- und Operationalisierbarkeit, der Marktrelevanz, der Wirtschaftlichkeit, der zeitlichen Stabilität sowie der Praxistauglichkeit. Auf dieser Beurteilungsbasis wurden *vier Kategorien von Segmentierungskriterien* einer kritischen Prüfung unterzogen. Im Einzelnen handelte es sich dabei um die Gruppe der *beobachtbaren allgemeinen Segmentierungskriterien*, welche in eindimensionale und mehrdimensionale Kriterien unterteilt wurde, die Gruppe der *allgemeinen nicht beobachtbaren Segmentierungskriterien*, welche nach soziologischen und psychologischen Kriterien systematisiert wurden, die Gruppe der *nicht beobachtbaren produktspezifischen Segmentierungskriterien*, welche in Elastizitäten und psychologische Kriterien unterteilt wurde sowie die Gruppe der *beobachtbaren produktspezifischen Segmentierungskriterien*, welche nach produkt-, distributions-, preis-, kommunikationsbezogenen und wertbasierten Kriterien abgehandelt wurden. Im Ergebnis erfolgte die Untersuchung von insgesamt 49 potenziellen Segmentierungskriterien. Diese wurden in kompakter Form dargestellt und im Hinblick auf deren Eignung für einen Augenoptik-Segmentierungsansatz geprüft. Nach Abschluss der Darstellung einer der vier Kriteriengruppen erfolgte die Bewertung der jeweiligen Kriteriengruppe auf Basis der fünf definierten Anforderungen. Schließlich wurden die Erkenntnisse der Kriterienvorauswahl in einer kompakten Übersicht zusammengefasst. Angesichts dieser Betrachtung wies *jede der vier Kriteriengruppen spezifische Stärken und Schwächen* auf. Daraus resultierte die Erkenntnis, dass die Stärken der unterschiedlichen Kriteriengruppen nur durch deren *kombinierten Einsatz* nutzbar sind. Im Ergebnis wurden 22 der 49 diskutierten Segmentierungskriterien im Hinblick auf den beabsichtigten Einsatzzweck als relevant erachtet.

Zum Zwecke eines umfangreicheren Erkenntnisgewinnes im Sinne *informations-ökonomischer Überlegungen* sowie einer *besseren Übersichtlichkeit* wurde auf Basis der vorangegangenen Kriterienvorauswahl ein zweistufiger Segmentierungsansatz für die Augenoptikbranche konzipiert. Dabei war die Zielsetzung, auf der Makrosegmentierungsebene solche Kriterien einzusetzen, welche Rückschlüsse auf die ökonomische Bedeutung einer Kundenbeziehung erlauben. Zu diesem Zweck wurde das Segmentierungskriterium des Customer Lifetime Value ausgewählt, dessen Eignung für einen Einsatz in der Augenoptikbranche im Rahmen der Kriterienvorauswahl positiv beurteilt worden war. Dabei bestand die Aufgabenstellung darin, durch Einsatz des CLV den gesamten Kundenstamm eines Augenoptikers *a priori in vier Makrosegmente unterschiedlicher wirtschaftlicher Bedeutung* einzuteilen, wobei sowohl das wirtschaftlich schwächste als auch das wirtschaftlich stärkste Segment im Vergleich zu den beiden mittleren relativ klein auszufallen hatte. In diesem Zusammenhang wurde eine Berechnungssystematik entwickelt, welche die Deckungsbeiträge nach dem vergangenheitsorientierten Kaufmuster zweier beispielhafter Kunden unter der Annahme von Verhaltenskonstanz bis zum statistischen Lebensende prognostizierte. Als Grundlage zur Errechnung des CLV diente dabei ausschließlich das in die Zukunft fortgeschriebene Kaufverhalten des jeweils betrachteten Modellkunden. Im Falle des beispielhaft konstruierten Modellversuchs konnte die *diskriminierende Wirkung des CLV* zur Beurteilung von Kundenbeziehungen nach deren ökonomischer Bedeutung bestätigt werden. Die Zielsetzung der *Mikrosegmentierungsebene* bestand in der *Identifikation bedürfnishomogener Marktsegmente*, um deren Deckungsbeiträge durch Bearbeitung mithilfe eines differenzierten Marketingkonzeptes zu steigern. Dabei richtete sich die Betrachtungsperspektive auf der Mikrosegmentierungsebene *ausschließlich auf die beiden Makrosegmente der Mengen- und Gehobenen Kunden*, während das Segment der Basiskunden mangels Wirtschaftlichkeit und das wirtschaftlich hoch bedeutende Makro-

1 Zusammenfassung der Untersuchungsergebnisse

segment der Top-Kunden zum Zwecke einer Betreuung im Sinne eines *One-to-One-Marketing* von einer tieferen Analyse ausgenommen wurden. Im nächsten Untersuchungsschritt erfolgte die *Feinauswahl der Kriterien für den Einsatz auf der Mikrosegmentierungsebene*. Als Ergebnis verblieben dabei 16 Segmentierungskriterien, welche im Anschluss an die Auswahl in geeigneter Weise operationalisiert wurden, um sie einer Messung zugänglich zu machen. Weiterhin wurde ein *Fragebogen zur Messung der Segmentierungskriterien* im Zuge der nachfolgenden Primärmarktforschung abgeleitet.

In Kooperation mit einem regional tätigen mittelständischen Augenoptikunternehmen erfolgte die *Generierung eines Datensatzes zur empirischen Überprüfung* des konzipierten Augenoptik-Segmentierungsansatzes. Zu diesem Zweck wurden rund 300 Interviews mit Kunden des kooperierenden Unternehmens durchgeführt. Wie bereits bei den beiden konstruierten Modellkunden bestätigte sich die *Diskriminierungsfähigkeit des CLV* auch im Rahmen der empirischen Überprüfung. So erstreckten sich die errechneten Customer Lifetime Values insgesamt über eine Bandbreite von -724 € bis 20.658 €. Dabei wurde die Höhe des CLV vornehmlich durch das erreichte Alter, die Länge des durchschnittlichen Kaufintervalls sowie die Höhe des durchschnittlichen Deckungsbeitrages des jeweils betrachteten Kunden bestimmt. Somit war es möglich, auf Basis des CLV durch eine geeignete Festlegung der Segmentgrenzen *a priori vier Makrosegmente* zu bilden. Dabei umfasste das Makrosegment der *Basiskunden* lediglich 28 Kunden. In diesem Segment wurden alle *Kundenbeziehungen mit negativem Deckungsbeitrag* zusammengefasst. Ebenso wurde das Segment der wirtschaftlich bedeutenden *Top-Kunden* mit 13 Personen relativ eng eingegrenzt, während das Makrosegment der *Mengenkunden* 142 und das Makrosegment der *Gehobenen Kunden* 120 Personen umfasste. Somit war es möglich, die in der Konzeptionsphase geforderten Größenverhältnisse der vier Makrosegmente auf der Grundlage des Datensatzes nachzuvollziehen. Im nächsten Schritt wurde im Rahmen einer *explorativen Zusammenhangsanalyse* untersucht, welche der erhobenen Segmentierungskriterien einen *signifikanten Zusammenhang mit dem Kaufverhalten* in der Augenoptikbranche aufwiesen. Nur solche Segmentierungskriterien, deren signifikanter Einfluss auf das Kaufverhalten im Rahmen einer Einzelbetrachtung auf mathematisch-statistischem Wege nachgewiesen werden konnte, flossen in die nachfolgende *Clusteranalyse zu einer weiteren Differenzierung der beiden Makrosegmente der Mengenkunden sowie der Gehobenen Kunden* ein. Als Ergebnis der Clusteranalyse konnten in jedem der beiden untersuchten Makrosegmente *jeweils drei in sich homogene, untereinander aber heterogene Mikrosegmente* identifiziert werden. In diesem Zusammenhang stellte sich heraus, dass die *stärksten Trennungsbeiträge* in den beiden betrachteten Makrosegmenten *durch jeweils unterschiedliche Segmentierungskriterien* geleistet wurden. So polarisierten im Makrosegment der *Mengenkunden* die beiden

Nutzenaspekte eines günstigen Preises sowie einer *produktbezogenen Ästhetik* am stärksten, während im Segment der *Gehobenen Kunden* die *Nutzenaspekte einer langen Haltbarkeit* und des *Ausdrucks der eigenen Persönlichkeit* die höchste Trennungswirkung entfalteten. Durch den ergänzenden Einsatz deskriptiver Segmentierungskriterien war es möglich, jedes der sechs identifizierten Mikrocluster umfassend und lebensnah zu charakterisieren. Auf diesem Wege gelang es, eine tragfähige *Verbindung zum managementorientierten Ansatz der Marktsegmentierung* herzustellen. So bietet der empirisch überprüfte Augenoptik-Segmentierungsansatz eine Vielzahl von Ansatzpunkten für die Gestaltung des Marketinginstrumentariums im Zuge einer differenzierten Marketingkonzeption.

In einem weiteren Arbeitsgang wurde geprüft, ob der neu konzipierte und empirisch überprüfte zweistufige Augenoptik-Segmentierungsansatz durch eine *einstufige Variante ersetzt werden kann*. Dazu wurde im Rahmen einer *multiplen Regressionsanalyse* untersucht, welche Segmentierungskriterien als hinreichende *Prädiktoren des CLV* anzusehen sind. Diese wurden mit den Segmentierungskriterien, welche im Rahmen des zweistufigen Ansatzes auf der Mikrosegmentierungsebene eine signifikante Trennungswirkung aufwiesen, kombiniert und im Zuge einer zweiten *Clusteranalyse über die gesamten Stichprobe* eingesetzt. Die auf diese Weise gewonnene *einstufige Segmentierungslösung* wurde sowohl unter *mathematisch-statistischen* als auch *inhaltlichen Gesichtspunkten* mit der zweistufigen Segmentierungslösung *verglichen*. Im Ergebnis zeigte sich die *Überlegenheit des zweistufigen Segmentierungsansatzes* über die einstufige Variante.

2 Implementierung des zweistufigen Augenoptik-Segmentierungsansatzes

Um den konzipierten zweistufigen Augenoptik-Segmentierungsansatz in der Unternehmenspraxis implementieren zu können, stellt sich die Aufgabe, die *Stamm- und Neukunden* des Unternehmens möglichst *treffsicher den identifizierten Makro- bzw. Mikroclustern zuzuordnen.*[474] Als Instrument zur Lösung dieser Aufgabe soll der bereits eingesetzte Fragebogen als Grundlage der Entwicklung einer *Scorecard* dienen. Um die Akzeptanz durch das Kundenkontaktpersonal zu wahren, soll der *Erfassungsaufwand* beim Einsatz dieses Instrumentes *möglichst gering* gehalten werden, wobei gleichzeitig eine *möglichst hohe Treffsicherheit*

---

474 Die Partitionierungs- bzw. Diskriminierungsaufgabe sind als die beiden grundlegenden Aufgaben der Marktsegmentierung anzusehen. Im Rahmen der Partitionierungsaufgabe steht die Bildung von intern homogenen und extern heterogenen Segmenten im Vordergrund, um eine Grundlage für die Entwicklung einer differenzierten Marketing-Konzeption zu legen. Dagegen steht im Rahmen der Diskriminierungsaufgabe das Problem im Vordergrund, aktuelle und potenzielle Kunden treffsicher in die erforschte Segmentstruktur einzuordnen, vgl. Reutterer, T., Bestandsaufnahme und aktuelle Entwicklungen bei der Segmentierungsanalyse von Produktmärkten, S. 54

im Hinblick auf die richtige Einordnung jedes einzelnen Kunden angestrebt wird. Somit soll sich die Erfassung auf möglichst wenige Aspekte beschränken. Aufgrund der Ergebnisse der empirischen Überprüfung des Segmentierungsansatzes sind die Trennungsbeiträge der einzelnen Segmentierungskriterien bekannt. Daher kann sich die Konzeption der Scorecard auf die als konstituierend eingesetzten Segmentierungskriterien mit den höchsten Trennungsbeiträgen konzentrieren. Somit scheint es zielführend, auf der Scorecard die individuellen Ausprägungen der Segmentierungskriterien

- Nutzenorientierung
- Tägliche Tragedauer
- Kaufanlass
- Wellness-Orientierung
- Daten des beobachtbaren Kaufverhaltens
- Demographische Daten

zu erfassen. Ein detaillierter Entwurf einer Scorecard ist im Anhang niedergelegt. Das Ausfüllen der Scorecard kann sowohl bei Neukunden als auch bei noch nicht zugeordneten Stammkunden in das Verkaufsgespräch integriert werden. Die Bearbeitung beansprucht nur ca. zwei bis fünf Minuten und ist durch das Kundenkontaktpersonal auszuführen.

Resümierend ist darauf hinzuweisen, dass die vorliegende Segmentierungslösung auf der Grundlage eines empirischen Datensatzes basiert, welcher im Südosten Deutschlands generiert wurde. Dabei weisen die Marktstrukturen erfahrungsgemäß immer wieder *regionale Besonderheiten* auf.[475] Somit ist die Gültigkeit der dargestellten Marktstrukturen nur in eingeschränktem Maße auf andere Bundesgebiete adaptierbar. Um von den positiven Effekten der Basisstrategie der Marktsegmentierung am wirkungsvollsten profitieren zu können, empfiehlt sich für das anwendende Unternehmen die Durchführung einer eigenen *Primärmarktforschung vor Ort*.

Darüber hinaus ist die Basisstrategie der Marktsegmentierung nicht als eine einzelne Maßnahme, sondern als ein *fortlaufender Prozess* zu verstehen. So können sich die Bestimmungsgründe einer zu einem bestimmten Zeitpunkt identifizierten Segmentstruktur im Zeitablauf ändern.[476] Daher empfiehlt es sich, die identifizierte Segmentstruktur von Zeit zu Zeit zu überprüfen.

---

475 Vgl. Froböse, M. Mikrogeographische Segmentierung von Einzelhandelsmärkten, S. 47 und Freter, H., Marktsegmentierung, S. 52
476 Vgl. Emödi, A., Dynamisches Segmentmanagement und Leistungssystem am Beispiel des Privat Bankings (PB), Bamberg 1999, S. 10 f.

3 Ansatzpunkte für die weitere Forschung

Aus der vorliegenden Konzeption und empirischen Überprüfung eines wert- und bedürfnisorientierten Segmentierungsansatzes für die Augenoptikbranche ergeben sich *mehrere Ansatzpunkte für die weitere wissenschaftliche Forschung.*

Der Datensatz zur empirischen Überprüfung des konzipierten Segmentierungsansatzes wurde in Kooperation mit einem regional agierenden mittelständischen Augenoptikunternehmen generiert. Aus *überregional bzw. bundesweit durchgeführten empirischen Untersuchungen* könnten Erkenntnisse über die Besonderheiten einzelner Gebiete bzw. Ballungsräume als Grundlage einer effizienten differenzierten Marketingkonzeption gewonnen werden. Dabei böte sich die Durchführung einer solchen Untersuchung sowohl aus der *Perspektive eines überregional aktiven Anbieters* als auch aus der Perspektive eines *Berufs-, Handelskooperations- bzw. Industrieverbandes* an.

Der Fokus der vorliegenden Schrift richtete sich auf die Erfassungsseite der Marktsegmentierung. Dabei wurde darauf geachtet, eine tragfähige Verbindung zum managementorientierten Ansatz der Marktsegmentierung herzustellen. Somit legt der vorliegende Segmentierungsansatz das Fundament für die *Entwicklung eines Konzeptes für eine differenzierte Bearbeitung des Augenoptikmarktes.* Dabei stünden Überlegungen zur *Auswahl der im Vorfeld identifizierten Marktsegmente* sowie einer *differenzierten Gestaltung des Marketinginstrumentariums* im Mittelpunkt der Betrachtung.[477]

Schließlich kann die Systematik *des empirisch überprüften Segmentierungsansatzes auf andere Konsumgüterbranchen* übertragen werden. Um eine wertbasierte Segmentierung vornehmen zu können, muss das jeweilige Unternehmen über eine Kaufhistorie jedes einzelnen Kunden verfügen. Diese Voraussetzung ist in mehreren Konsumgüterbranchen erfüllt. Beispielhaft seien der *Automobil-,* der *Möbel-* oder der *Apothekenfachhandel* genannt. Darüber hinaus eröffnen sich im Zuge einer fortschreitenden Verbreitung von *Bonusprogrammen* auch in solchen Branchen neue Möglichkeiten der Marktsegmentierung, in denen die Transaktionen in der Vergangenheit weitgehend anonym blieben. Die vorliegende Schrift schließt mit einem Zitat von Russel I. Haley:

> "Now it is generally recognized that fewer costly errors will be made if money is first invested in consumer research aimed at determining the present contours of the market."[478]

---

477 Vgl. Grafik 6, Kap. A 2, S. 13
478 Vgl. Haley, R. I., Benefit Segmentation, S. 34

Anhang

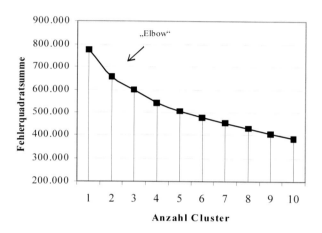

Grafik 18: Visualisierung des „Elbow-Kriteriums" im Rahmen des zweistufigen Segmentierungsansatzes (Feinsegmentierung Mengenkunden)

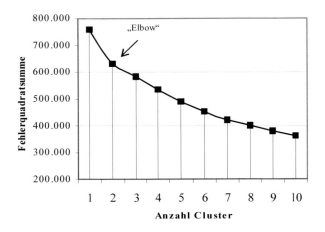

Grafik 19: Visualisierung des „Elbow-Kriteriums" im Rahmen des zweistufigen Segmentierungsansatzes (Feinsegmentierung Gehobene Kunden)

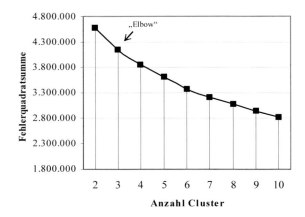

Grafik 20: Visualisierung des „Elbow-Kriteriums" im Rahmen des einstufigen Segmentierungsansatzes

Hauptmerkmalsgruppe	Eigenschaft	Metrik für die Clusteranalyse	Mengen-kunden	Gehobene Kunden
Einstellung gegenüber Brillen	Sex-Appeal	Basierend auf Ausprägung trifft voll zu	ja	ja
Einstellung gegenüber Brillen	Trage gerne Brille	Basierend auf Ausprägung trifft voll zu	ja	ja
Gebrauchsintensität Std./Tag	Immer	Basierend auf Ausprägung Immer	ja	ja
Kaufanlass	Lust	Basierend auf selbstinitiierten Motivationslagen	ja	ja
Kaufanlass	Muss	Basierend auf funktionalinduzierten Motivationslagen	ja	ja
Nutzenerwartung Produkt	Haltbarkeit	Basierend auf der Präferenz des Aspektes Länge der Nutzungsdauer	ja	ja
Nutzenerwartung Produkt	Preis	Basierend auf der Präferenz des Aspektes Preis	ja	ja
Nutzenerwartung Produkt	Ästhetik	Basierend auf der Präferenz der Aspekte Hochwertige Anmutung und Modisches Fassungsdesign	ja	ja
Nutzenerwartung Wirkung	Attraktives Aussehen	Basierend auf der Präferenz des Aspektes Attraktives Aussehen	zusammen-gefasst	ja
Nutzenerwartung Wirkung	Ausdruck Persönlichkeit	Basierend auf der Präferenz des Aspektes Ausdruck der eigenen Persönlichkeit		ja
Wellness-Affinität	Zahlungsbereitschaft Wellnessprodukte	Basierend der Ausprägung trifft voll zu	ja	ja

Tabelle 30: Variable für die Feinsegmentierung der Makrosegmente Mengenkunden und Gehobenen Kunden

Ausprägung	Operationalisierung für die Clusteranalyse
trifft voll zu	100%
trifft zu	75%
trifft mehr oder weniger zu	50%
trifft weniger zu	25%
trifft nicht zu	0%
sehr wichtig	100%
wichtig	75%
mittelmäßig wichtig	50%
eher unwichtig	25%
unwichtig	0%
immer	100%
4 bis 8 Std. pro Tag	50%
weniger als 4 Std. pro Tag	0%
Präferenz liegt vor	100%
Präferenz liegt nicht vor	0%
Kaufanlass liegt vor	100%
Kaufanlass liegt nicht vor	0%

Tabelle 31: Metrik der Merkmale für die Clusteranalyse

Anhang

Forschungsstudie des Institutes für Marketing & Dienstleistungsforschung der Universität Rostock

1. In welcher Situation ist Ihnen Ihre mangelnde Sehschärfe das erste Mal aufgefallen?

2. Wie viele Jahre tragen Sie bereits eine Brille bzw. Kontaktlinsen?   ca. _____ Jahre

3. Wie viele Brillen, mit denen Sie gut sehen können, besitzen Sie zurzeit?

Brillenart	Eine	Zwei	Drei	Vier	Fünf	Mehr als fünf
Fernbrille (Einstärken)	☐₁	☐₁	☐₁	☐₁	☐₁	☐₁
Gleitsichtbrille	☐₂	☐₂	☐₂	☐₂	☐₂	☐₂
Lesebrille (Einstärken)	☐₃	☐₃	☐₃	☐₃	☐₃	☐₃
Sonnenbrille (mit opt. Wirkung!)	☐₄	☐₄	☐₄	☐₄	☐₄	☐₄
Computer-Arbeitsplatz-Brille	☐₅	☐₅	☐₅	☐₅	☐₅	☐₅
Sport-Brille	☐₆	☐₆	☐₆	☐₆	☐₆	☐₆

4.a Meine Brille trage ich ...

immer	☐₁	max. 4 Std. am Tag	☐₃
4 bis 8 Std. am Tag	☐₂	weniger als 4 Std. am Tag	☐₄

4.b Meine Brille putze ich ...

täglich	☐₁		
mehrere Male pro Woche	☐₂	ungefähr einmal im Monat	☐₄
ungefähr einmal pro Woche	☐₃	ziemlich selten	☐₅

5.a Welche 3 der folgenden 5 Nutzenaspekte einer Brille sind Ihnen am wichtigsten?

- Attraktives Aussehen ☐₁
- Lange Nutzungsdauer ☐₂
- Hoher Tragekomfort ☐₃
- Ausdruck der eigenen Persönlichkeit ☐₄
- Aufbau von Respekt und Distanz ☐₅

5.b Welche 3 der 5 folgenden produktbezogenen Nutzenaspekte sind Ihnen am wichtigsten?

- Hohe Belastbarkeit ☐₁
- Hochwertige Anmutung ☐₂
- Modisches Fassungsdesign ☐₃
- Geringes Gewicht ☐₄
- Günstiger Preis ☐₅

Fragebogen: S. 1. S. 2 auf der folgenden Seite.

6. Bitte beurteilen Sie folgende Aussagen:

1 = trifft voll zu, 2 = trifft zu, 3 = trifft mehr oder weniger zu
4 = trifft weniger zu, 5 = trifft nicht zu

Aussage	1	2	3	4	5
Ein Mensch, der Brille trägt, wirkt gebildeter/ intellektueller	☐	☐	☐	☐	☐
Die passende Brille kann einem Menschen Sex-Appeal verleihen	☐	☐	☐	☐	☐
Die heutigen Brillen sind z. T. richtige Kunstwerke	☐	☐	☐	☐	☐
Eine Brille wertet manche Menschen auf	☐	☐	☐	☐	☐
Ich trage gerne Brille	☐	☐	☐	☐	☐

7. In welchen Intervallen kaufen Sie sich ungefähr eine neue Brille?

ca. alle _____ Jahre

8. Aus welchem Anlass haben Sie sich Ihre letzte neue Brille gekauft?
(Mehrfachantworten möglich)

Weil mir die alte Brille nicht mehr gefiel	☐ 1
Weil ich wieder einmal Lust auf etwas Neues hatte	☐ 2
Weil ich festgestellt habe, dass es wieder neue modische Trends gibt	☐ 3
Weil ich eine moderne, schöne Fassung gesehen habe	☐ 4
Weil mir meine alte Brille zerbrochen/ verloren gegangen ist	☐ 5
Weil ich von Menschen in meinem Umfeld zum Kauf einer neuen Brille angeregt worden bin	☐ 6
Weil ich gemerkt habe, dass ich nicht mehr so gut sehe	☐ 7
Weil mir der Augenarzt nach erfolgter Routine-Untersuchung mitgeteilt hat, dass sich meine Werte geändert haben	☐ 8

9. Wie wichtig ist der Brillenkauf für Sie?

Sehr wichtig	☐ 1	weniger wichtig	☐ 4
wichtig	☐ 2	unwichtig	☐ 5
mittelmäßig wichtig	☐ 3		

10. Wie wichtig sind Ihnen folgende Merkmale eines Augenoptikers?

1= sehr wichtig, 2= wichtig
3= mittelmäßig
4= weniger wichtig, 5= unwichtig

Merkmal	1	2	3	4	5
Aussagekräftige Schaufenstergestaltung	☐	☐	☐	☐	☐
Beratung und Verkauf nach Terminabsprache	☐	☐	☐	☐	☐
Kleiner gastronomischer Bereich (Café-/ Getränke-Bar)	☐	☐	☐	☐	☐
Ungestörte Begutachtung des Fassungssortiments	☐	☐	☐	☐	☐
Konservativer Kleidungsstil des Personals	☐	☐	☐	☐	☐
Angebot an Markenfassungen (CK, Rodenstock usw.)	☐	☐	☐	☐	☐
Preisgünstige Brillenkomplettangebote	☐	☐	☐	☐	☐
Angebot der Farb-, Typ- und Stilberatung	☐	☐	☐	☐	☐
Hohe Kontaktlinsen-Kompetenz	☐	☐	☐	☐	☐
Angebot spezieller Sportbrillen	☐	☐	☐	☐	☐
Flexible Bezahlung (Brillen-Leasing, Ratenkauf usw.)	☐	☐	☐	☐	☐
Gespräche über persönliche Angelegenheiten	☐	☐	☐	☐	☐
Veranstaltungen wie Party, Modenschau, Konzert usw.	☐	☐	☐	☐	☐
Übersichtliche, informative Homepage	☐	☐	☐	☐	☐
Möglichkeit des Kaufes über das Internet	☐	☐	☐	☐	☐

11. Könnten Sie sich grundsätzlich vorstellen, Brillen auch über das Internet zu kaufen?
(Bitte unterscheiden Sie nach Fassungen und Gläsern.)

Brillenfassung ☐ 1 Ja   Brillengläser ☐ 1 Ja
              ☐ 2 Nein   ☐ 2 Nein

12. Welche Produkte haben Sie bisher bei uns gekauft?

Korrektionsbrille ☐ 1
Kontaktlinsen ☐ 2
Hörgeräte ☐ 3
Handelsware (Sobri, Etui, Wetterstation, Kontaktlinsen-Flüssigkeit usw.) ☐ 4

13. Bitte beurteilen Sie folgende Aussagen:

1 = trifft voll zu, **2** = trifft zu, **3** = trifft mehr oder weniger zu,
4 = trifft weniger zu, **5** = trifft nicht zu

Aussage	1	2	3	4	5
Ich investiere regelmäßig in mein seelisches und körperliches Wohlbefinden (Sauna-/ Thermenbesuche, Ayurveda, Massagen, Yoga usw.)	☐	☐	☐	☐	☐
Ich bin gerne bereit, etwas mehr Geld für Produkte auszugeben, welche mein Wohlbefinden steigern	☐	☐	☐	☐	☐
Bei meinen Reisen bin ich oft extremer Sonneneinstrahlung ausgesetzt	☐	☐	☐	☐	☐
Eine gesunde Lebensweise ist mir wichtig	☐	☐	☐	☐	☐
Körperliche Fitness ist mir wichtig	☐	☐	☐	☐	☐
Ich treibe jede Woche mindestens 2 Std. Sport	☐	☐	☐	☐	☐

S. Statistik

S1. Kunde

Nachname   Vorname   Geb.-Datum   Kunden-Nr.

S2. Geschlecht   weiblich ☐ 1   männlich ☐ 2

S3. Lebensalter   _____ Jahre

S4. Wohnort   im Stadtgebiet ☐ 1   außerhalb des Stadtgebietes ☐ 2   PLZ ☐☐☐☐☐

S5. Brillenglasstärke
(Bitte dem aktuellen Auftrag entnehmen)

sph.: ____   cyl.: ____   Achse: ____   Addtion: ____   Prisma: ____

S6. Mitarbeiterkürzel _____

S7. Befragungstag ☐☐ . ☐☐ . 2 0 0 8

Fragebogen: S. 3

Z.	Zusatzteil (bitte aus der Kundendatenbank hinzufügen):

Z1. Anzahl Korrektionsbrillen-Käufe in den *letzten zehn Jahren*
(Bitte Korrektionsbrillen-Kaufpreise ohne Mwst. der letzten zehn Jahre aus der Kundendatenbank entnehmen und auf einen € gerundet ohne Komma-Stelle einzeln in die Felder darunter eintragen.)
Bitte DM/ €-Umstellung Anfang 2002 und Mwst-Erhöhung Anfang 2007 beachten!

Kauf 1	Kauf 2	Kauf 3	Kauf 4	Kauf 5	Kauf 6	Kauf 7	Kauf 8	Kauf 9	Kauf 10
€	€	€	€	€	€	€	€	€	€

Z2. Durchschnittspreis des Kunden
*Rechenweg: Bitte die Preise des aktuellen Auftrags und die der Kundendatenbank entnommenen Brillenkaufpreise der **letzten zehn Jahre** aufsummieren und durch die **Gesamtanzahl der Käufe** dividieren.*
Ergebnis: Durchschnittspreis des betrachteten Kunden

Durchschnittspreis: € _____

Z3. Länge der Kundenbeziehung in Jahren

Erster Kauf im Jahr _____   Länge Kundenbeziehung: _____ Jahre

Fragebogen: S. 4

Anhang

Scorecard

1. Meine Brille trage ich ...

- immer ☐ 1
- 4 bis 8 Std. am Tag ☐ 2
- max. 4 Std. am Tag ☐ 3

2.a Welche 3 der folgenden 5 Nutzenaspekte einer Brille sind Ihnen am wichtigsten?

- Attraktives Aussehen ☐ 1
- Lange Nutzungsdauer ☐ 2
- Hoher Tragekomfort ☐ 3
- Ausdruck der eigenen Persönlichkeit ☐ 4
- Aufbau von Respekt und Distanz ☐ 5

2.b Welche 3 der 5 folgenden produktbezogenen Nutzenaspekte sind Ihnen am wichtigsten?

- Hohe Belastbarkeit ☐ 1
- Hochwertige Anmutung ☐ 2
- Modisches Fassungsdesign ☐ 3
- Geringes Gewicht ☐ 4
- Günstiger Preis ☐ 5

3. Bitte beurteilen Sie folgende Aussagen:

1 = trifft voll zu, 2 = trifft zu, 3 = trifft mehr oder weniger zu,
4 = trifft weniger zu, 5 = triffft nicht zu

	1	2	3	4	5
Ein Mensch, der Brille trägt, wirkt gebildeter/ intellektueller	☐	☐	☐	☐	☐
Die passende Brille kann einem Menschen Sex-Appeal verleihen	☐	☐	☐	☐	☐
Die heutigen Brillen sind z. T. richtige Kunstwerke	☐	☐	☐	☐	☐
Eine Brille wertet manche Menschen auf	☐	☐	☐	☐	☐
Ich trage gerne Brille	☐	☐	☐	☐	☐

4. In welchen Intervallen kaufen Sie sich ungefähr eine neue Brille?

ca. alle _____ Jahre

5. Aus welchem Anlass haben Sie sich Ihre letzte neue Brille gekauft?
(Mehrfachantworten möglich)

- Weil mir die alte Brille nicht mehr gefiel ☐ 1
- Weil ich wieder einmal Lust auf etwas Neues hatte ☐ 2
- Weil ich festgestellt habe, dass es wieder neue modische Trends gibt ☐ 3
- Weil ich eine moderne, schöne Fassung gesehen habe ☐ 4
- Weil mir meine alte Brille zerbrochen/ verloren gegangen ist ☐ 5
- Weil ich von Menschen in meinem Umfeld zum Kauf einer neuen Brille angeregt worden bin ☐ 6
- Weil ich gemerkt habe, dass ich nicht mehr so gut sehe ☐ 7
- Weil mir der Augenarzt nach erfolgter Routine-Untersuchung mitgeteilt hat, dass sich meine Werte geändert haben ☐ 8

Scorecard: S. 1

6. Bitte beurteilen Sie folgende Aussagen:

1 = trifft voll zu, 2 = trifft zu, 3 = trifft mehr oder weniger zu,
4 = trifft weniger zu, 5 = trifft nicht zu

Aussage	1	2	3	4	5
Ich investiere regelmäßig in mein seelisches und körperliches Wohlbefinden (Sauna-/ Thermenbesuche, Ayurveda, Massagen, Yoga usw.)	☐	☐	☐	☐	☐
Ich bin gerne bereit, etwas mehr Geld für Produkte auszugeben, welche mein Wohlbefinden steigern	☐	☐	☐	☐	☐
Eine gesunde Lebensweise ist mir wichtig	☐	☐	☐	☐	☐
Körperliche Fitness ist mir wichtig	☐	☐	☐	☐	☐
Ich treibe jede Woche mindestens 2 Std. Sport	☐	☐	☐	☐	☐

S. Statistik

S1. Kunde

Nachname   Vorname   Geb.-Datum   Kunden-Nr.

S2. Geschlecht   weiblich ☐ 1   männlich ☐ 2

S3. Lebensalter

Jahre _____

S4. Mitarbeiterkürzel

S5. Befragungstag   . .

Z. Zusatzteil (bitte aus der Kundendatenbank hinzufügen):

Z1. Anzahl Korrekturbrillen-Käufe in den *letzten zehn Jahren*
(Bitte Korrekturbrillen-Kaufpreise ohne Mwst. der letzten zehn Jahre aus der Kundendatenbank entnehmen und auf einen € gerundet ohne Komma-Stelle einzeln in die Felder darunter eintragen.)
Bitte DM/ €-Umstellung Anfang 2002 und Mwst-Erhöhung Anfang 2007 beachten!

Kauf 1	Kauf 2	Kauf 3	Kauf 4	Kauf 5	Kauf 6	Kauf 7	Kauf 8	Kauf 9	Kauf 10
€	€	€	€	€	€	€	€	€	€

Z2. Länge der Kundenbeziehung in Jahren

Erster Kauf im Jahr   Länge Kundenbeziehung: Jahre

Scorecard: S. 2

Literatur

Ahlert, D. (1973): Probleme der Abnehmerselektion und der differenzierten Absatzpolitik auf der Grundlage der segmentierenden Markterfassung, in: Der Markt, Heft 04, 1973, S. 103-112.
Albers, R., Gofferje, A. V. (2005): Endlich ohne Brille leben, in: Focus, Heft 30, 2005, S. 64-74.
Aygün, T. (2005): Deutschtürkisches Konsumentenverhalten, eine empirische Untersuchung zur Einkaufsstättenwahl im Lebensmitteleinzelhandel, Köln.
Bacher, J. (1994): Clusteranalyse, eine anwendungsorientierte Einführung, München u. a.
Backhaus, K. (2007): Industriegütermarketing, 8. Aufl., München.
Backhaus, K., Plinke, W., Erichson, B., Weiber, R. (2006): Multivariate Analysemethoden, eine anwendungsorientierte Einführung, 11. Aufl., Berlin u. a.
Bauer, E. (1977): Markt-Segmentierung, Stuttgart.
Bauer, H. H. (1989): Marktabgrenzung, Konzeption und Problematik von Ansätzen und Methoden zur Abgrenzung und Strukturierung von Märkten unter besonderer Berücksichtigung von marketingtheoretischen Verfahren, Berlin.
Baum, F. (1994): Marktsegmentierung im Handel, Göttingen.
Baur, N., Fromm, S. (2004): Datenanalyse mit SPSS für Fortgeschrittene, ein Arbeitsbuch, Wiesbaden.
Becker, J. (1993): Marketing-Konzeption, Grundlagen des strategischen Marketing-Managements, 5. Aufl., München.
Benkenstein, M. (2001): Entscheidungsorientiertes Marketing, eine Einführung, Wiesbaden.
Benkenstein, M. (2002): Strategisches Marketing, ein wettbewerbsorientierter Ansatz, 2. Aufl., Stuttgart.
Benkenstein, M., Dröge, R. (1995): Marketing-Management im Augenoptischen Gesundheitshandwerk, Grundlagen und Anwendungen, Forschungsgutachten im Auftrag des ZVA, Heidelberg.
Benkenstein, M., Bastjan, A., Holtz, M. (2001): Profilierungsmöglichkeiten für Augenoptiker, Heidelberg.
Berekoven, L. (2006): Marktforschung, methodische Grundlagen und praktische Anwendung, 11. Aufl., Wiesbaden.
Böhler, H. (1977): Methoden und Modelle der Marktsegmentierung, Stuttgart.
Bortz, J. (2005): Statistik für Human- und Sozialwissenschaftler, 6. Aufl., Heidelberg.
Bruhn, M., Homburg, C. (2001): Gabler Marketing-Lexikon, Wiesbaden
Bücker, R. (2003): Statistik für Wirtschaftswissenschaftler, 5. Aufl., München.
Bühl, A. (2006): SPSS 14, Einführung in die moderne Datenanalyse, 10. Aufl., München.

Carl Zeiss (2004): Relaxed Vision, in: Der Augenoptiker, Heft 11, S. 53.
Cinar, M. (2003): Ethnospezifisches Marketing für Deutschtürken: Probleme und Chancen, in: Thexis, Heft 04, 2003, S. 24-29.
Cornelsen, J. (1996): Kundenwert, Begriff und Bestimmungsfaktoren, Arbeitspapier Nr. 43, Nürnberg.
Cornelsen, J. (2000): Kundenwertanalysen im Beziehungsmarketing, theoretische Grundlagen und Ergebnisse einer empirischen Studie im Automobilbereich, Nürnberg.
Croft, M. J. (1994): Market Segmentation, a Step-by-step Guide to Profitable New Business, London u. a.
DATEV eG (2005): Tabellen und Informationen für den steuerlichen Berater 2006, Nürnberg.
Dean, J. (1951): Managerial Economics, Englewood Cliffs, New York.
Deckers, R., Medelnik, N. (2002): Den Blech- zum Goldkunden entwickeln, in: Deutsche Optikerzeitung (DOZ), Heft 05, 2002, S. 36-37.
Deckers, R., Medelnik, N. (2003): Den Marketingaufwand nach dem Wert der Kundenbeziehung steuern, in: Deutsche Optikerzeitung (DOZ), Heft 01, 2003, S. 56-57.
Deutsche Optikerzeitung (2007): Jahrespressekonferenz, positiver Trend in der Augenoptik, in: Deutsche Optikerzeitung (DOZ), Heft 6, 2007, S. 8-9.
Deutscher Sparkassen- und Giroverband e. V. (Hrsg.) (2009): Branchenreport Augenoptiker 2009, Stuttgart.
Deyle, H.-G. (2006): Ansätze der mehrdimensionalen Segmentierung – Eine Simulationsstudie, Arbeitspapier Nr. 135 des Lehrstuhls für Marketing der Universität Erlangen-Nürnberg, Nürnberg.
Diekmann, A. (2008): Empirische Sozialforschung, Grundlagen, Methoden, Anwendungen, 19, Aufl., Reinbek bei Hamburg.
Diller, H. (2001): Vahlens großes Marketinglexikon, 2. Aufl., München.
Diller, H. (1995): Die Kundenbindung als Zielvorgabe im Beziehungs-Marketing, Erlangen-Nürnberg.
Eckstein, P. P. (1999): Angewandte Statistik mit SPSS, praktische Einführung für Wirtschaftswissenschaftler, 2. Aufl., Wiesbaden.
Eichholz-Klein, S. (2003): BBE-Branchen-Outlook Augenoptik, Köln.
Emödi, A. (1999): Dynamisches Segmentmanagement und Leistungssystem am Beispiel des Private Bankings (PB), Bamberg.
Engel, J., Blackwell, R., Miniard, P. (1995): Consumer Behavior, 8. Aufl., Fort Worth.
Essilor GmbH (2006): „Wellness" bleibt Trend – und bietet große Chancen für die Augenoptik, in: Blickpunkt – Das Essilor Partnermagazin, Heft 03, 2006, S. 10-11.
Fielmann AG (2008): Geschäftsbericht 2007, Hamburg.
Frank, R. E., Massy, W. F., Wind, Y. (1972): Market Segmentation, Englewood Cliffs, New York.
Freter, H. (1983): Marktsegmentierung, Stuttgart u. a.
Freter, H. (2008): Markt- und Kundensegmentierung, kundenorientierte Markterfassung und -bearbeitung, 2. Aufl., Stuttgart.
Friedrichs-Schmidt, S. (2003): Wertorientierte Kundensegmentierung, State of the Art und Praxisbeispiele, München.
Froböse, M. (1995): Mikrogeographische Segmentierung von Einzelhandelsmärkten, Wiesbaden.

Green, P. E. (1977): A New Approach to Market Segmentation, in: Business Horizons, Vol. 20, Issue 1, February 1977, S. 61-73.
Gunter, B., Furnham, A. (1992): Consumer Profiles, an Introduction to Psychographics, London.
Gutsche, J. (1995): Produktpräferenzanalyse, ein modelltheoretisches und methodisches Konzept zur Marktstimulation mittels Präferenzerfassungsmodellen, Berlin.
Härdle, W., Simar, L. (2007): Applied Multivariate Statistical Analysis, 2. Aufl., Berlin u. a.
Haley, R. I. (1968): Benefit Segmentation: A Decision-oriented Research Tool, in: Journal of Marketing, Vol. 32, 1968, S. 30-35.
Haley, R. I. (1985): Developing Effective Communications Strategy, A Benefit Segmentation Approach, New York.
Handelsverband Deutschland (HDE) (2010): Auszug aus HDE-Zahlenspiegel 2009, http://www.einzelhandel.de/pb/site/hde/node/33454/Lde/index.html, Basisdaten Einzelhandel 2009 – Umsatz, Beschäftigung, Verkaufsfläche.
Handl, A. (2002): Multivariate Analysemethoden, Theorie und Praxis multivariater Verfahren unter besonderer Berücksichtigung von S-PLUS, Berlin u. a.
Heinemann, M. (1974): Einkaufsstättenwahl und Firmentreue des Konsumenten, verhaltenswissenschaftliche Erklärungsmodelle und ihr Aussagewert für das Handelsmarketing, Münster.
Hering, E., Baumgärtl, H. (2000): Managementpraxis für Augenoptiker, Heidelberg.
Herzog, R. (2004): Kennzahlen in der Apotheke, Stuttgart.
Hohm, D., Hansen, U., Geisler, S. (2006): Ethische Implikationen einer kundenwertorientierten Marktbearbeitung, in: Günter, B., Helm, S. (Hrsg.): Kundenwert, Grundlagen – Innovative Konzepte – Praktische Umsetzungen, 3. Aufl., Wiesbaden, S. 801-824.
Homburg, C., Daum, D. (1997): Marktorientiertes Kostenmanagement, Kosteneffizienz und Kundennähe verbinden, Frankfurt am Main.
Homburg, C., Schnurr, P. (1999): Was ist Kundenwert?, Institut für Marktorientierte Unternehmensführung, in: Management Know-how, Nr. M41, Mannheim.
Hölscher, A., Perrey, J., Staack, Y. (2008): Die sechs goldenen Regeln der Segmentierung, in: akzente, consumer & service industries, Heft 01, 2008, S. 32-39
Höninger, H. J. (1988): Kaviar und Fast Food, in: Focus, Heft 04, 1988, S. 60-64.
Hoya Lens Deutschland GmbH (2007): „Take care"-Sonnenschutz-Aktion 2007, gültig vom 01.03.-30.09.2007, www.hoya.de
Kaas, K. P. (1991): Marktinformationen: Screening und Signaling unter Partnern und Rivalen, in: Zeitschrift für Betriebswirtschaft, Heft 3, 1991, S. 357-370
Kaiser, A. (1978): Die Identifikation von Marktsegmenten, Berlin.
Keck, C., Goedecke, L. (2005): Erfolgreiche Ausrichtung der Marketing-Instrumente durch Benefit-Segmentierungen, in: planung & analyse, Heft 04, 2005, S. 45-49.
Kermani, O., Gerten, G., Schmiedt, K. (2000): Sehen Sie selbst: Die operative Korrektur der Kurzsichtigkeit, Weitsichtigkeit, Hornhautverkrümmung, Köln.
Klähn, A. (2004): Gedämpfte Stimmung, in: Optic und Vision, Magazin für Augenoptik-Unternehmer, Heft 11/12, 2004, S. 26-28.
Kochanowski, K. (o. J.): Die 15 Schlüsseltrends im Konsumentenverhalten II, BBE-Praxisleitfaden, Köln.
Kockläuner, G. (1988): Angewandte Regressionsanalyse mit SPSS, Braunschweig u. a.

Köhler, J. (1998): Dienstleistungsmarketing, Leitfaden für die Augenoptik, Berlin.
Köhler, J. (2006): Auf die Kunden, fertig, los!, Praxishinweise für Beratung, Marketing und Kundenmanagement in der Augenoptik, Heidelberg.
Kohrmann, O. (2003): Mehrstufige Marktsegmentierung zur Neukundenakquisition, am Beispiel der Telekommunikation, Wiesbaden.
Kotler, P., Bliemel, F. (1995): Marketing-Management, Analyse, Planung, Umsetzung und Steuerung, Stuttgart.
Krämer, A., Wilger, G., Böhrs, S. (2005): Value-to-Value-Segmentation, die Integration von Kundennutzen und Kundenwert als Ansatz für das Kundenmanagement, in: planung & analyse, Heft 04, 2005, S. 55-59.
Kroeber-Riel, W., Weinberg, P. (2003): Konsumentenverhalten, 8. Aufl., München.
Kuß, A., Tomczak, T. (2000): Käuferverhalten, eine marketingorientierte Einführung, 2. Aufl., Stuttgart.
Landes-Gewerbeförderungsstelle des nordrhein-westfälischen Handwerks e. V. (LGH), Zentralverband der Augenoptiker (ZVA) (2004): Betriebsvergleich für das Augenoptikerhandwerk, Berichtsjahr: 2003, Düsseldorf.
Lignel, J., Cadet, A. (1967): The Problems of Market Segmentation, in: The European Marketing Research Review, Vol. 2, 1967, S. 24-34.
Loudon, D. L., Della Bitta, A. J. (1989): Consumer Behavior, Concepts and Applications, 3. Aufl., New York u. a.
McDonald, M., Dunbar, I. (2004): Market Segmentation, How to Do It, How to Profit from It, Oxford u. a.
Meding, J. (2010):Wellnes & Pharma, in: Hauptverband des Deutschen Einzelhandels, BBE Retail Experts Unternehmensberatung GmbH & Co. KG (Hrsg.): Factbook Einzelhandel 2010, Neuwied, S.69-76
Meffert, H., Burmann, C., Kirchgeorg, M. (2008): Marketing, Grundlagen marktorientierter Unternehmensführung; Konzepte, Instrumente, Praxisbeispiele, 10. Aufl., Wiesbaden.
Meffert, H., Bruhn, M. (2006): Dienstleistungsmarketing, Grundlagen, Konzepte, Methoden; mit Fallstudien, 5. Aufl., Wiesbaden.
Michman, R. D. (1991): Lifestyle Market Segmentation, New York.
Müller-Hagedorn, L. (2005): Handelsmarketing, 4. Aufl., Stuttgart.
Nagl, A. (2004): Dienstleistungsmarketing in der Augenoptik, ein Ratgeber für die Praxis, Heidelberg.
Nagl, A., Rath, V. (2005): Customer Relationship Management: Kundenpflege statt Produktverkauf, in: Deutsche Optikerzeitung (DOZ), Heft 03, 2005, S. 24-27.
Nagl, A., Rath, V. (2005): Seniorenmarketing: Potenziale einer reifen Zielgruppe, in: Deutsche Optikerzeitung (DOZ), Heft 12, 2005, S. 34-36.
Newman, J. W. (1957): Motivation Research and Marketing Management, Working Paper, Harvard University, Graduate School of Business, Division of Research, Boston.
Nosch, Thomas (2005): Auf geht's!, in: Deutsche Optikerzeitung (DOZ), Heft 01, 2005, S. 1.
O. V. (1989): Die Krankenversicherungen und ihre Leistungen, Bismarcks Wille: Gebt dem Volk die Brille!, in: Goldene Gesundheit, Heft 08/, 1985, S. 10.

O. V. (2005): ZVA-Jahrespressekonferenz, in: Deutsche Optikerzeitung (DOZ), Heft 05, 2005, S. 12.

O. V: (2006): 5. SPECTARIS-Trendforum, in: Deutsche Optikerzeitung (DOZ), Heft 12, 2006, S. 8-9.

O. V. (2007): Gläser-News von der Opti München, in: Focus, Heft 03, 2007, S. 22-25.

O.V. (2007): Politik heizt Euro-Inflation an, in: Financial Times Deutschland (FTD) vom 17.07.07, www.FTD.de.

O. V. (2007): Selbsttönende Brillengläser fürs Auto, in: Focus, Heft 01, 2007, S. 32-33.

O.V. (2009): Preise steigen langsamer, in: Financial Times Deutschland (FTD) vom 16.07.09, www.FTD.de.

Pepels, W. (2000): Segmentierungsdeterminanten im Käuferverhalten, in: Pepels, W. (Hrsg.): Marktsegmentierung, Marktnischen finden und besetzen, Heidelberg, S. 65-84

Pernica, J. (1974): The Second Generation of Market Segmentation Studies: An Audit of Buying Motivations, in: Wells, W. D.: Life Style And Psychographics, Chicago, S. 279-313.

Perrey, J. (1998): Nutzenorientierte Marktsegmentierung, ein integrativer Ansatz zum Zielgruppenmarketing im Verkehrsdienstleistungsbereich, Wiesbaden.

Perrey, J., Hölscher, A. (2003): Nutzenorientierte Kundensegmentierung – eine Zwischenbilanz nach 35 Jahren, in: Thexis, Heft 04, 2003, S. 8-11.

Pflaumer, P., Heine, B., Hartung, J. (2005): Statistik für Wirtschafts- und Sozialwissenschaften: Deskriptive Statistik, 3. Aufl., München.

Plummer, J. T., (1974): The Concept and Application of Life Style Segmentation, in: Journal of Marketing, Vol. 38, Januar 1974, S. 33-37.

Porep, I. (1969): Maßvolle Maßstäbe, Einstellungen von Zielgruppen – Sorgenkind der Praxis, in: Absatzwirtschaft, Heft 17, 1969, S. 27-28.

Reutterer, T. (2003): Bestandsaufnahme und aktuelle Entwicklungen bei der Segmentierungsanalyse von Produktmärkten, in: Journal für Betriebswirtschaft (JFB), 2/2003, S. 52-74.

Rogers, E. M., Shoemeker, F. F. (1971): Communication of Innovations, a Cross-cultural Approach, New York.

Rudolf-Sipötz, E., Tomczak, T. (2001): Kundenwert in Forschung und Praxis, St. Gallen.

Rudolf-Sipötz, E. (2001): Kundenwert, Konzeption – Determinanten – Management, St. Gallen.

Sachs, L., Hedderich, J. (2006): Angewandte Statistik, Methodensammlung mit R, 12. Aufl., Berlin u. a.

Schemuth, J. (1996): Möglichkeiten und Grenzen der Bestimmung des Wertes eines Kunden für ein Unternehmen der Automobilindustrie, Darstellung am Beispiel eines Käufers der C-Klasse von Mercedes-Benz, München.

Schlittgen, R. (2003): Einführung in die Statistik, Analyse und Modellierung von Daten, 10. Aufl., München u. a.

Schnell, R., Hill, P. B., Esser, E. (2008): Methoden der empirischen Sozialforschung, 8. Aufl., München u. a.

Schreiber, U. (1974): Psychologische Marktsegmentierung mit Hilfe multivariater Verfahren, München.

Scobel, C.-H. (1995): Trends im Konsumentenverhalten, eine Analyse der Veränderung von Verbrauchersensibilität und Verbraucherverhalten, München.

Seinsche, P. (2004): Kalkulation im Augenoptikerbetrieb, eine praxisnahe Anleitung mit Fallbeispielen, Heidelberg.

Seinsche, P. (2007): Ergebnisse und Entwicklungen aus dem Betriebsvergleich 2006, in: Deutsche Optikerzeitung (DOZ), Heft 07, 2007, S. 8-12.

Smith, W. R. (1956): Product Differentiation and Market Segmentation as Alternative Marketing Strategies, in: Journal of Marketing, Vol. 21, 1956, No. 1, S. 3-8.

Salomon, M., Bamossy, G., Askegaard, S. (2001): Konsumentenverhalten, der europäische Markt, München.

Schemuth, J. (1996): Möglichkeiten und Grenzen der Bestimmung des Wertes eines Kunden für ein Unternehmen der Automobilindustrie, Darstellung am Beispiel eines Käufers der C-Klasse von Mercedes-Benz, München.

Schweikl, H. (1985): Computergestützte Präferenzanalyse mit individuell wichtigen Produktmerkmalen, Berlin.

SPECTARIS, Zentralverband der Augenoptiker (2003/ 2004): Die Augenoptik, Markt und Tendenzen, Berlin, Düsseldorf.

Statistisches Bundesamt Deutschland (2010): Lange Reihen ab 1970, Bruttoinlandsprodukt (Vierteljahres- und Jahresangaben), http://www.destatis.de/jetspeed/portal/cms/Sites/destatis/Internet/DE/Navigation/Statistiken/VolkswirtschaftlicheGesamtrechnungen/Inlandsprodukt/Tabellen.psml

Stegmüller, B., Hempel, P. (1996): Empirischer Vergleich unterschiedlicher Marktsegmentierungsansätze über die Segmentpopulationen, in: Marketing – Zeitschrift für Forschung und Praxis (ZFP), Heft 01, 1996, S. 25-31.

Stuhldreier, U. (2002): Mehrstufige Marktsegmentierung im Bankmarketing, ein Erfolgsfaktor für das Privatkundengeschäft, Wiesbaden.

Stumpf, J. (2010): Branchen- und Betriebsformenentwicklung, in: Gutknecht, K., Stumpf., J. Funck, D. (Hrsg.): Erfolgreich im mittelständischen Handel, Erprobte Methoden, Hilfsmittel und Erfolgsstrategien, Wolnzach, S. 3-32.

Tomczak, T., Dittrich, S. (1997): Erfolgreich Kunden binden, eine kompakte Einführung, Zürich.

Trommsdorff, V. (2004): Konsumentenverhalten, 6. Aufl., Stuttgart.

Unkelbach, W. (1979): Marktsegmentierung im Einzelhandel, dargestellt am Beispiel des modisch orientierten Damenoberbekleidungs-Einzelhandels, Düsseldorf.

Verband der Spezialkliniken Deutschlands für Augenlaser und Refraktive Chirurgie e. V. (2004): Newsarchiv 2004, http//www.vsdar.de/news/newsarchiv2004.html

Verband der Spezialkliniken Deutschlands für Augenlaser und Refraktive Chirurgie e. V. (2005): Scharfer Blick: LASIK-Boom in Deutschland, Newsarchiv, http//www.vsdar.de/news/news.html

Verband der Spezialkliniken Deutschlands für Augenlaser und Refraktive Chirurgie e. V. (2008):12 Jahre LASIK, http://www.vsdar.de/presse/download/PM_12_JAhre_Lasik_082008.pdf

Vossebein, U. (2000): Grundlegende Bedeutung der Marktsegmentierung für das Marketing, in: Pepels, W., Ammann, P. (Hrsg.): Marktsegmentierung, Marktnischen finden und besetzen, Heidelberg, S. 19-46.

Wedel, M., Kamakura, W. A. (2001): Market Segmentation, Conceptual and Methodological Foundations, 2. Aufl., Boston, Mass. u. a.

Weinstein, A. (2004): Handbook of Market Segmentation, Strategic Targeting for Business and Technology Firms, 3. Aufl., New York u. a.

Weissman, A., Tröger, G., Adlwarth, W. (1983): Psychographische Marktsegmentierung, Arbeitspapier des Lehrstuhls für Marketing und Handel der Universität Erlangen-Nürnberg, Nürnberg.

Zdrowomyslaw, N. (1989): Der bundesdeutsche Augenoptikmarkt im Wandel, Daten, Fakten und Perspektiven; ein Beitrag zur praktischen Marktforschung, Spardorf.

Zentralverband der Augenoptiker (2006): ERFA-Auswertung für das Jahr 2006, Mehrjahresvergleich, Auswertung Brillenoptik gesamt, Düsseldorf.

Zezelj, G. (2000): Customer-Lifetime-Value-Management, in: Hofmann, M., Mertiens, M. (Hrsg.): Customer-Lifetime-Value-Management, Kundenwert schaffen und erhöhen: Konzepte, Strategien, Praxisbeispiele, Wiesbaden, S. 9-29.

Von der Promotion zum Buch

WWW.GABLER.DE

Sie haben eine wirtschaftswissenschaftliche Dissertation bzw. Habilitation erfolgreich abgeschlossen und möchten sie als Buch veröffentlichen?

Zeigen Sie, was Sie geleistet haben.
Publizieren Sie Ihre Dissertation als Buch bei Gabler Research.
Ein Buch ist nachhaltig wirksam für Ihre Karriere.
Nutzen Sie die Möglichkeit mit Ihrer Publikation bestmöglich sichtbar und wertgeschätzt zu werden – im Umfeld anerkannter Wissenschaftler und Autoren.
Qualitative Titelauswahl sowie namhafte Herausgeber renommierter Schriftenreihen bürgen für die Güte des Programms.

Ihre Vorteile:

- Kurze Produktionszyklen: Drucklegung in 8-12 Wochen
- Dauerhafte Lieferbarkeit print und digital: Druck + E-Book in SpringerLink
- Umfassende Marketingaktivitäten: E-Mail-Newsletter, Flyer, Kataloge, Rezensionsexemplar-Versand an nationale und internationale Fachzeitschriften, Präsentation auf Messen und Fachtagungen etc.
- Zielgruppengerechter Vertrieb an Wissenschaftler, Bibliotheken, Fach- und Hochschulinstitute und (Online-)Buchhandel

▶ Möchten Sie Autor beim Gabler Verlag werden? Kontaktieren Sie uns!

Außerdem ganz neu:
DoktorArbeit | Das Promotionsforum.
Hier bieten wir News und Wissenswertes rund um das Thema Promotion. Seien Sie dabei:
www.facebook.com/promotionsforum

Marta Grabowski | Lektorat Wissenschaftliche Monografien
Tel. +49 (0)611.7878-237 | marta.grabowski@springer.com

KOMPETENZ IN SACHEN WIRTSCHAFT

GABLER

Printed by Books on Demand, Germany